Beiträge zur Rechtsgeschichte des 20. Jahrhunderts

herausgegeben von

Thomas Duve, Hans-Peter Haferkamp, Joachim Rückert
und Christoph Schönberger

103

Heike Stopp

Hans Welzel und der Nationalsozialismus

Zur Rolle Hans Welzels in der nationalsozialistischen Strafrechtswissenschaft und zu den Auswirkungen der Schuldtheorie in den NS-Verfahren der Nachkriegszeit

Mohr Siebeck

Heike Stopp, geboren 1984; Studium der Rechtswissenschaft an der Universität Regensburg; Rechtsreferendariat im Bezirk des OLG Nürnberg; Lehrkraft für besondere Aufgaben an der Universität Regensburg; 2017 Promotion; seit 2016 Staatsanwältin bei der Bayerischen Justiz.

ISBN 978-3-16-156410-9 / eISBN 978-3-16-156411-6
DOI 10.1628/978-3-16-156411-6

ISSN 0934-0955 / eISSN 2569-3875 (Beiträge zur Rechtsgeschichte des 20. Jahrhunderts)

Die Deutsche Nationalbibliothek verzeichnet diese Publikation in der Deutschen Nationalbibliographie; detaillierte bibliographische Daten sind im Internet über *http://dnb.dnb.de* abrufbar.

Das Buch wurde von epline in Böblingen gesetzt und von Gulde Druck in Tübingen auf alterungsbeständiges Werkdruckpapier gedruckt und gebunden.

Printed in Germany.

Geleitwort

Vor fünfzehn Jahren fand in Bayreuth die Tagung der deutschsprachigen Strafrechtslehrer statt. Es war die erste, an der ich teilnehmen durfte – noch als Habilitand –, und auch deshalb habe ich sie deutlich in Erinnerung. Ein weiterer Grund dafür war der Vortrag Joachim Vogels, damals schon Ordinarius in Tübingen und mir aus gemeinsamen Freiburger Tagen bestens bekannt; ich bin ihm für seine freundschaftliche Unterstützung in jener Zeit noch immer dankbar und vermisse ihn als Strafrechtslehrer und Menschen.[1] Auch in Bayreuth tat Joachim, was er überall tat, wo er sprach: Er gewann die Zuhörer durch Sachkenntnis, klare Worte und einen sympathischen Auftritt. Sein Thema waren die *Einflüsse des Nationalsozialismus auf das Strafrecht.*[2] Wir hatten im Vorfeld telefoniert, und in jenem Gespräch hatte er angekündigt, „Namen zu nennen“; also auch etwas zu einzelnen Strafrechtslehrern zu sagen. Ich hielt das für eine mutige, aber gute Idee. Doch in Joachims Vortrag fielen dann keine Namen. Nicht aus Mutlosigkeit, sondern weil er den Einfluss des Nationalsozialismus auf die Strafrechtswissenschaft anhand von Ideen und ihrer Wirkungsgeschichte erläutern wollte und nicht anhand einzelner Akteure. Ich hingegen war etwas enttäuscht, weil mich Personengebundenes und Biografisches in diesem Fall mindestens ebenso interessierte wie die Ideengeschichte; auch in der Überzeugung, dass sich beides nur zusammen erklären lässt.

Mein Hauptinteresse galt Hans Welzel. Denn ich hatte schon als Student Schwierigkeiten gehabt, die Irrtumsregeln des deutschen Strafrechts für klug und gerecht zu halten – die auf den Lehren Welzels beruhen und von ihm in den 30er und 40er Jahren entwickelt worden sind, genauer und redlicher gesagt: deren Kern schon andere, namentlich Alexander Graf zu Dohna, vor ihm entwickelt hatten und die Welzel aufgriff und mit seinem „finalistischen“ Ansatz verband. Hatten dabei nationalsozialistische Strafrechtsideen und -themen eine Rolle gespielt? Und was war Welzels Einstellung zum Nationalsozialismus gewesen, was hatte er in jener Zeit geschrieben und gedacht? Das interessierte mich um so stärker, als Welzel nach dem Krieg einer der Stars der deutschen Strafrechtsszene wurde und sein „Finalismus“ zum Exportschlager avancierte.

---

[1] Siehe auch schon im Vorwort meiner Dissertation *Betrugsstrafrecht in Frankreich und Deutschland,* 1999, S. VI. Siehe ferner die Nachrufe auf Joachim Vogel von unserem akademischen Lehrer Klaus *Tiedemann,* JZ 2013, 933 f., sowie von Kristian *Kühl,* ZStW 125 (2013) S. 439–442.

[2] Siehe *Vogel,* Joachim, Einflüsse des Nationalsozialismus auf das Strafrecht, ZStW 115 (2003) S. 638–670, in erweiterter Fassung unter dem gleichen Titel 2004 als kleines Buch im Berliner Wissenschaftsverlag erschienen.

Am erfolg- und folgenreichsten – auch international – waren die schon erwähnten Lehren Welzels zum Irrtum, also die Unterscheidung von Tatbestands- und Verbotsirrtum und die meist ungnädige Behandlung des Verbotsirrtums nach Art des § 17 StGB. Und gerade die Geschichte dieser Norm berührt auf wenig bekannte Weise den Nationalsozialismus: Ihr richterrechtlicher Vorläufer war ein Beschluss des Bundesgerichtshofes vom 18. März 1952, seine berühmte Fundstelle in der amtlichen Sammlung des Gerichts ist BGHSt. 2, 194. Er stammte zwar vom Großen Senat für Strafsachen, betraf aber einen kleinen, gänzlich apolitischen Fall der Nötigung; ein Anwalt hatte seine Mandantin rechtswidrig unter (Zahlungs-)Druck gesetzt. Doch dieser Beschluss wirkte sich sofort in großen, hochpolitischen Verfahren aus: in den Verfahren gegen NS-Verbrecher. Und zwar zugunsten der Beschuldigten. Denn deren Standardverteidigung war der Einwand, an die Rechtmäßigkeit ihres Verhaltens geglaubt zu haben, weil sie lediglich Befehlen und Vorschriften gehorcht hätten. Nach der Rechtsprechung, die bis zur Entscheidung des Großen Senats vorgeherrscht hatte, war dieser Einwand unbeachtlich, denn er berief sich auf einen sogenannten strafrechtlichen Rechtsirrtum, und der kam keinem Täter zugute; vielmehr galt für ihn *error iuris nocet,* also „Unwissenheit schützt vor Strafe nicht". Doch ab BGHSt. 2, 194 handelte es sich um einen Verbotsirrtum, der, wenn er unvermeidbar gewesen war, ganz von einer Strafe befreite oder, wenn vermeidbar, immerhin deutliche Milderungen erlaubte. Zwar betrachteten die Gerichte damals und betrachten sie heute Verbotsirrtümer kaum einmal als unvermeidbar oder strafmildernd. Anders indes in den Verfahren gegen die NS-Verbrecher. Dort erwiesen die Gerichte den Angeklagten die nun ermöglichte Gnade mit erstaunlicher Großzügigkeit. Die neue Rechtsprechung zum Verbotsirrtum wurde ein wichtiger Hebel, um die Strafverfolgung der Mörder und ihrer Helfershelfer in mildere bis harmlose Bahnen zu wuchten. Zufall?

Heike Stopp ist dieser Frage ebenso nachgegangen wie der ganz allgemeinen, wie sich Hans Welzel in seinem Wirken zum Nationalsozialismus verhielt. Damit liefert sie einen weiteren Beitrag dazu, das bedrückendste Kapitel in der Geschichte der deutschen Strafrechtswissenschaft neu und dieses Mal vollständig zu schreiben.[3] Und da sie diesen Beitrag nicht nur gründlich und klug, sondern auch gut lesbar, manchmal fast spannend geschrieben hat, verdient er viele Leser. Die wünsche ich diesem Buch – verbunden mit einem Glückwunsch an die Autorin!

Regensburg, im Juni 2018 *Tonio Walter*

[3] Siehe neben Joachims *Vogels* Veröffentlichungen (Fußnote 2) etwa schon *Kubiciel,* Michael, Welzel und die Anderen – Positionen und Positionierungen Welzels vor 1945, in: Wolfgang Frisch u. a. (Hg.), Lebendiges und Totes in der Verbrechenslehre Hans Welzels, 2015, S. 135–155.

Vorwort

Die vorliegende Arbeit wurde von der Juristischen Fakultät der Universität Regensburg im Sommersemester 2017 als Dissertation angenommen. All denjenigen, die mich bei ihrer Er- und Fertigstellung unterstützt haben, möchte ich an dieser Stelle danken.

An erster Stelle gilt mein Dank meinem Doktorvater, Herrn Professor Dr. Tonio Walter, für die hervorragende Betreuung meiner Arbeit. Für seine stets hilfreichen Anregungen und die beständige Unterstützung bei der Erstellung dieser Arbeit möchte ich ihm herzlich danken.

Für die zügige und sorgfältige Erstellung des Zweitgutachtens danke ich Herrn Professor Dr. Martin Löhnig. Ferner darf ich mich bei Herrn Professor Dr. Dr. h. c. Michael Kubiciel bedanken, der mich unter anderem auf einige interessante Fundstellen für meine Arbeit aufmerksam machte.

Weiterhin danke ich meinem guten Freund, Herrn Dr. Niki Hölzel, für die sorgfältige Korrektur der Arbeit ebenso wie für zahlreiche gute Ratschläge während des Schreibens, die ich immer gerne angenommen habe. Daneben danke ich meiner Freundin Regina Düzgün, die ebenfalls die Mühen der Korrektur dieser Arbeit auf sich genommen hat. Sie beide waren mir eine wertvolle Hilfe.

Und schließlich gilt mein größter Dank meinem Ehemann, Herrn Rechtsanwalt Sebastian Stopp. Nicht nur, aber natürlich auch, weil er ebenfalls die Korrektur der Arbeit übernommen hat, sondern weil er mich von Beginn an in diesem Vorhaben ermutigt und mir immer den Rücken gestärkt hat. Für seine unermüdliche Geduld mit mir und dafür, dass er mir täglich zur Seite steht, danke ich ihm von ganzem Herzen. Ihm widme ich diese Arbeit.

Regensburg, im August 2018 *Heike Stopp*

Inhaltsverzeichnis

Einleitung

Der deutsche Strafrechtsprofessor Hans Welzel ist vor 40 Jahren verstorben. Vergessen ist er in der juristischen Fachwelt aber noch lange nicht. Hiervon zeugen nicht nur die Beiträge, die 2004 anlässlich seines 100. Geburtstages in den Fachzeitschriften erschienen sind, sondern zuletzt auch die internationale Tagung an der Albert-Ludwigs-Universität Freiburg im Breisgau über „Lebendiges und Totes in der Verbrechenslehre Hans Welzels" im April 2014. Mit seiner finalen Handlungslehre prägte Hans Welzel die strafrechtsdogmatische Diskussion der Nachkriegszeit. In den 1950er Jahren wirkte er im Rahmen der Großen Strafrechtsreform als Mitglied der Kommission an der Neugestaltung unseres Strafgesetzbuches mit. Darüber hinaus übte Hans Welzel auch auf das Strafrecht in anderen Ländern bis in die 1970er Jahre hinein großen Einfluss aus. Doch seine wissenschaftliche Karriere begann nicht erst nach 1945. Die für seine Verbrechenslehre grundlegenden „Studien zum System des Strafrechts" etwa veröffentlichte Hans Welzel bereits 1939.

Die vorliegende Arbeit befasst sich daher in ihrem ersten Teil mit einem vergleichsweise kurzen, aber wesentlichen Abschnitt in Welzels wissenschaftlicher Laufbahn: den Anfangsjahren seiner Karriere, die in die für Deutschland so bedeutsamen 1930er und beginnenden 40er Jahre fallen. Mit den zu jener Zeit von Welzel veröffentlichten Texten befasste sich auch *Kubiciel* schon in seinem Vortrag auf der Welzel-Tagung in Freiburg – und fand hierzu durchaus kritische Worte. Fast 30 Jahre vorher bezeichnete *I. Müller* Welzel sogar als einen der „Strafrechtsideologen der Hitler-Diktatur"[1]. Dies gibt Anlass zu der Frage, ob und inwieweit Hans Welzel mit seinen Publikationen nicht nur die deutsche Strafrechtswissenschaft der Nachkriegszeit, sondern auch die des Nationalsozialismus beeinflusst hat. Dies nicht, um seine Verdienste im Rahmen der deutschen Strafrechtsdogmatik in Frage zu stellen. Sondern weil es der juristischen Fachwelt auch nach über 70 Jahren nach Ende des Zweiten Weltkrieges in Deutschland noch immer nicht gelungen ist, ihre eigene nationalsozialistische Vergangenheit hinlänglich aufzuarbeiten. Hiervon zeugt auch die Eröffnungsveranstaltung des 71. Deutschen Juristentags im September 2016, in der fünf namhafte Juristen[2] über die Verantwortung der deutschen Juristen in der NS-

[1] I. MÜLLER, S. 223.

[2] Bettina LIMPERG (Präsidentin des BGH), Prof. Dr. Thomas MAYEN (Rechtsanwalt), Prof.

Zeit diskutierten.[3] Denn es waren die Juristen, die den Verbrechen des NS-Regimes eine rechtliche Grundlage gaben – und es waren ebenso die Juristen, die bei der Ahndung derselben Verbrechen nach 1945 versagten. Die Aufarbeitung der nationalsozialistischen Vergangenheit und des von den damaligen Juristen hierzu geleisteten Beitrags ist bislang keineswegs abgeschlossen und sie bleibt auch für unsere Juristengeneration nicht zuletzt deshalb wichtig, um vergleichbaren heutigen und künftigen Gefahren vorzubeugen.

Die vorliegende Arbeit will ihren Beitrag leisten zur Aufarbeitung der nationalsozialistischen Vergangenheit der Rechtswissenschaft – anhand der Person Hans Welzels. Dies geschieht in zweierlei Hinsicht: Zum einen wird sein Beitrag zum nationalsozialistischen Strafrecht untersucht. Dazu werden die einzelnen Veröffentlichungen Welzels aus der Zeit zwischen 1933 und 1945 dahingehend analysiert, ob sie einen ideologischen Gehalt aufweisen und ob – oder inwieweit – sie das Strafrecht des Nationalsozialismus beeinflusst haben. Es geht vorliegend also nicht um persönliche Verstrickungen Welzels in das Nazi-Regime, sondern in erster Linie um seinen wissenschaftlichen Beitrag. Zum anderen beschäftigt sich diese Arbeit mit der vornehmlich von Welzel bereits seit 1939 vertretenen Schuldtheorie, die sich vor allem nach 1945 mit der sogenannten Vorsatztheorie um die „richtige" Behandlung des Verbotsirrtums stritt. Diesen Streit beendete der Bundesgerichtshof mit seinem berühmten Beschluss vom 18. März 1952 zugunsten der Schuldtheorie. Daher wird jene höchstrichterliche Entscheidung der Nachkriegszeit stets zu Welzels großen wissenschaftliche Erfolgen gezählt. Der Verbotsirrtum war nach 1945 – bis in die 1980er Jahre hinein – jedoch vor allem in den NS-Verfahren praktisch bedeutsam. Zahlreiche NS-Täter, die als Angeklagte vor Gericht standen, beriefen sich zu ihrer Verteidigung auf einen Verbotsirrtum. Daher wird die vorliegende Arbeit auch der Frage nachgehen, wie sich der Verbotsirrtum und die Entscheidung des Bundesgerichtshofs von 1952 auf die Verurteilung und die Bestrafung von NS-Tätern ausgewirkt haben.

Die Arbeit gliedert sich damit in insgesamt drei Teile: Zunächst wird die Person Hans Welzel im Rahmen einer biographischen Einführung vorgestellt (Teil 1). Anschließend wird Welzels Beitrag zur Strafrechtswissenschaft im Nationalsozialismus anhand seiner strafrechtlichen Veröffentlichungen aus jener Zeit untersucht (Teil 2). Der letzte Teil beschäftigt sich schließlich mit dem Beschluss des Bundesgerichtshofes vom 18. März 1952 zum Verbotsirrtum. Die Untersuchung der Auswirkungen dieser höchstrichterlichen Entscheidung auf

---

Dr. Bernd Rüthers (Professor emeritus für Rechtstheorie und Zivilrecht, Universität Konstanz), Prof. Dr. Christoph Safferling (Inhaber des Lehrstuhls für Strafrecht, Strafprozessrecht, Internationales Strafrecht und Völkerrecht, Universität Erlangen-Nürnberg) und Prof. Dr. Dr. h. c. Richard Schröder (emeritierter Hochschullehrer für Philosophie und Theologie, Humboldt-Universität zu Berlin).

[3] Siehe dazu die auszugsweise wiedergegebene Diskussion in NJW 2016, 3698 ff.

die Bestrafung von NS-Tätern in der Nachkriegszeit bildet den Hauptgegenstand des dritten Teils der Arbeit (Teil 3).

Naturgemäß zitiert diese Arbeit überwiegend aus älteren Quellen, denen noch andere Rechtschreibregeln zugrunde lagen. Um die Lektüre der folgenden Arbeit angenehmer zu machen, wurde daher die Rechtschreibung in wörtlichen Zitaten den heute geltenden Rechtschreibregeln angepasst.

Teil 1

Das Leben Hans Welzels im Überblick

I. Biographischer Abriss[1]

Der deutsche Strafrechtswissenschaftler und Rechtsphilosoph Hans Welzel wurde am 25. März 1904 in Artern an der Unstrut in Thüringen geboren – ein kleiner Ort, aus dem auch Goethes Großvater väterlicherseits stammte, wie Welzel zeitlebens wohl gerne anmerkte.[2] Als Schüler besuchte Welzel das Gymnasium in Sangerhausen, an dem er im März 1923 sein Abitur machte. Anschließend begann er sein juristisches Studium an der Thüringischen Landesuniversität Jena. Neben der Rechtswissenschaft interessierte ihn vor allem die Philosophie; beides studierte er zwischenzeitlich auch in Heidelberg. Sein Referendarexamen legte er 1927 in Jena mit der Note „gut" ab. Anschließend promovierte er bei dem Zivilrechtler und Rechtsphilosophen Hans Albrecht Fischer, dessen Tochter er einige Jahre später heiratete. Mit seiner rechtsphilosophischen Doktorarbeit über „Die Naturrechtslehre Samuel Pufendorfs"[3] wurde er 1928 an der Universität Jena zum Doctor juris promoviert. Kurz darauf folgte er seinem Doktorvater nach Breslau, um sich dem Aufbau eines rechtsphilosophischen Seminars zu widmen.

Im Juli 1930 ging Welzel nach Köln, wo er an der Universität eine Stelle als wissenschaftlicher Assistent im Dekanat der Rechtswissenschaftlichen Fakultät antrat. Noch im selben Jahr wechselte er jedoch an das dortige Kriminalwissenschaftliche Institut, um bei dem damaligen Institutsdirektor Gott-

---

1 Dazu Engisch ZStW 90 (1978), 1 (1 ff.); Jakobs NJW 1977, 1186 (1186 f.); Kleinheyer In memoriam Hans Welzel, S. 7 (7 f.); Loos JZ 2004, 1115 (1115); ders. Suche nach dem Überpositiven, S. 486 (488 ff.); Schöne Lexikon, S. 667 f.; Sticht, S. 17 ff.; Stratenwerth Hans Welzel, Rn. 1.

2 Jakobs NJW 1977, 1186 (1186); Loos Suche nach dem Überpositiven, S. 486 (488).

3 Von der Dissertation wurde 1930 zunächst nur ein Teildruck unter dem Sondertitel „Die Socialitas als oberstes Prinzip der Naturrechtslehre Samuel Pufendorfs" veröffentlicht. Einen weiteren Teil der Arbeit publizierte Welzel in der Deutschen Vierteljahresschrift für Literaturwissenschaft und Geistesgeschichte 9 (1931), S. 585: „Die kulturphilosophischen Grundlagen der Naturrechtslehre Samuel Pufendorfs und ihre kulturhistorische Bedeutung". Die vollständige Veröffentlichung der Dissertation – mit Ergänzungen des Autors – erfolgte schließlich im Jahr 1958 unter dem Titel „Die Naturrechtslehre Samuel Pufendorfs. Ein Beitrag zur Ideengeschichte des 17. und 18. Jahrhunderts".

hold Bohne zu habilitieren.[4] Dessen Forschungsschwerpunkte lagen neben dem Strafrecht in der Kriminologie sowie in der Kriminalistik. Eines seiner Spezialgebiete war die Erbgesundheitslehre.[5] Welzel befasste sich jedoch in seiner Habilitationsschrift mit einer ganz anderen Thematik. In „Naturalismus und Wertphilosophie. Über die ideologischen Grundlagen der Strafrechtswissenschaft“[6] untersuchte er die philosophischen Grundlagen des Strafrechts und ihre Auswirkungen auf die moderne Strafrechtsdogmatik.[7] Seine Habilitation erfolgte 1935. Drei Jahre zuvor hatte er bereits seine Assessorprüfung in Berlin abgelegt. Welzel veröffentlichte in seiner Kölner Zeit die ersten wissenschaftlichen Aufsätze: 1930 erschien „Strafrecht und Philosophie“ in der Kölner Universitätszeitung[8] und ein Jahr darauf der für seine finale Handlungslehre grundlegende Aufsatz „Kausalität und Handlung“ in der Zeitschrift für die gesamte Strafrechtswissenschaft[9]. 1933 wurde der Aufsatz „Über Wertungen im Strafrecht“ in der Zeitschrift „Der Gerichtssaal“ publiziert.[10]

Im Oktober 1936 erhielt Welzel eine Professur für Strafrecht und Strafprozessrecht an der Universität Göttingen. Schon im vorhergehenden Sommersemester hatte er dort eine Lehrvertretung im Strafrecht übernommen, offenbar zur Zufriedenheit der Fakultät.[11] Mit Wirkung zum 1. Januar 1937 wurde er in Göttingen zum außerordentlichen Professor ernannt. Im selben Jahr wurde sein Lehrauftrag auf das Zivilprozessrecht und die Rechtsphilosophie ausgeweitet. Im Februar 1940 folgte die Ernennung des inzwischen 35-jährigen Welzel zum ordentlichen Professor. Während dieser Göttinger Zeit hielt Welzel 1937 zwei Vorträge, die ebenfalls publiziert wurden: Der Vortrag „Über die Ehre von Gemeinschaften“, wurde in der Zeitschrift für die gesamte Strafrechtswissenschaft[12] veröffentlicht. Darin beschäftigt Welzel sich mit der Frage, ob Personengemeinschaften, wie das Volk als Gesamtheit, die Partei als solche oder die Wehrmacht, eine Ehre besitzen und somit beleidigungsfähig sind. Den zweiten Vortrag in jenem Jahr hielt Welzel „Über die Grundlagen der Staatsphilosophie Hegels“. Er wurde in dem Sammelband „Volk und Hochschule im Um-

---

4 Zu Welzel und seinem Lehrer Bohne siehe KUBICIEL Welzel und die Anderen, S. 135 (138 ff.).

5 DILLMANN Beschweigen ist unverfänglicher, S. 98 (103); Anm. d. Verfasserin: In dem Text von DILLMANN ist zwar die Rede von „Herman“ Bohne, dabei dürfte es sich jedoch um ein Versehen handeln; aus dem Kontext wird deutlich, dass der Autor unzweifelhaft Gotthold Bohne meint; zudem war „Hermann“ der zweite Vorname von Gotthold Bohne.

6 Mannheim 1935.

7 Dazu ausführlich unter Teil 2 I.

8 Jetzt veröffentlicht in WELZEL Abhandlungen zum Strafrecht und zur Rechtsphilosophie, Berlin u. a. 1975, S. 1–6.

9 ZStW 51 (1931), 703 ff.

10 GS 103 (1933), 340 ff.

11 HALFMANN Die juristische Abteilung, S. 102 (123).

12 ZStW 57 (1938), 28 ff.

bruch“[13] veröffentlicht. Welzel untersucht darin die Bedeutung der Hegelschen Staats- und Rechtsphilosophie für den NS-Staat. Beide Texte sind aus heutiger Sicht überaus problematisch, da sie eindeutige Bekenntnisse Welzels zum Nationalsozialismus enthalten.[14] Dies dürfte auch der Grund dafür sein, dass der Beitrag „Über die Grundlagen der Staatsphilosophie Hegels“ im Schriftenverzeichnis der Welzel zum 70. Geburtstag dargebrachten Festschrift fehlt. Dort aufgeführt ist dagegen der Aufsatz „Über die Ehre von Gemeinschaften“, was nach *Kubiciels* Ansicht jedoch eher der „prominenten“ Veröffentlichung in der Zeitschrift für die gesamte Strafrechtswissenschaft (ZStW) geschuldet sein dürfte.[15]

Ebenfalls im Jahr 1937 zog Welzel sich als Soldat bei der Wehrmacht eine schwere Lungentuberkulose zu, aufgrund deren er nicht feldtauglich war und daher 1939 vom Kriegsdienst entpflichtet wurde. Welzel war daher einer der wenigen Dozenten – und der einzige Strafrechtler –, die während der Kriegszeit an der Universität Göttingen noch lehrten. Wegen seiner Lungenerkrankung musste er sich jedoch längeren Kuraufenthalten in der Schweiz und im Schwarzwald unterziehen, die seine Lehrtätigkeit in Göttingen 1937/38 und nochmals 1940 unterbrachen. Seine wissenschaftliche Arbeit führte er jedoch fort und publizierte auch während der Kriegszeit: 1939 erschienen seine „Studien zum System des Strafrechts“[16], im darauffolgenden Jahr veröffentlichte er die erste Auflage des hierauf aufbauenden Lehrbuchs[17]; die zweite Auflage des Lehrbuchs folgte 1943, die dritte Auflage ein Jahr später.[18] 1944 erschien in der Festschrift für Eduard Kohlrausch der Aufsatz „Über den substanziellen Begriff des Strafgesetzes“[19], in dem Welzel sich mit dem materiellen Gehalt, dem Schutzzweck der Strafrechtsnormen befasst und hieraus schließlich bemerkenswerte Folgerungen für die Normen des Kriegsstrafrechts zieht.[20]

Nach Ende des Zweiten Weltkrieges nahm die Universität Göttingen im September 1945 als erste deutsche Universität den Lehrbetrieb wieder auf.[21] Sie sah sich Tausenden von Studenten gegenüber, die ein Studium beginnen oder nach dem Krieg fortsetzen wollten.[22] Welzel gehörte zu den Professoren, die ohne Unterbrechung während des Entnazifizierungsverfahrens und danach wei-

---

[13] Schürmann (Hg.), Volk und Hochschule im Umbruch, Oldenburg u. a. 1937, S. 87 ff.

[14] Dazu im Einzelnen unter Teil 2 II und III.

[15] So Kubiciel Welzel und die Anderen, S. 135 (148 in Fn. 104).

[16] ZStW 58 (1939), 491.

[17] Veröffentlicht als „Der allgemeine Teil des deutschen Strafrechts in seinen Grundzügen“, Berlin 1940.

[18] Welzel Der allgemeine Teil des deutschen Strafrechts in seinen Grundzügen, 2. Auflage, Berlin 1943 und 3. Auflage, Berlin 1944.

[19] FS Kohlrausch, S. 101 ff.

[20] Dazu ausführlich unter Teil 2 V.

[21] Gödecke Juristische Fakultäten nach 1945, S. 85 (90); Schumann Göttinger Rechtsfakultät, S. 65 (107).

[22] Zur Situation der Universität Göttingen in der Nachkriegszeit Meinhardt, S. 113 ff.;

ter amtierten und ihren Beamtenstatus beibehielten. Im ersten Studienjahr nach Kriegsende bekleidete er zudem das Amt des Dekans der Rechts- und Staatswissenschaftlichen Fakultät. Sein Schüler *Armin Kaufmann* schilderte später einmal seine Eindrücke vom ersten Nachkriegssemester im Winter 1945/46: Welzel hatte vor der gerade heimgekehrten Kriegsgeneration im überfüllten, ungeheizten Hörsaal mit Lautsprecherübertragung in weitere Säle die „Einführung in die Rechtswissenschaft" gelesen. Diese sei „zur philosophischen Auseinandersetzung und Abrechnung mit der vergangenen Periode [geraten], zum Appell an Vernunft und Gewissen, dessen Tiefenwirkung mancher bis heute spürt".[23] Dies nach *Stratenwerth* auch deshalb, „weil alles das ganz offenbar auch seine eigene Verstrickung betraf"[24]. Der 1947 in der Süddeutschen Juristenzeitung erschienene Beitrag *Welzels* „Über die ethischen Grundlagen der sozialen Ordnung"[25] ist vermutlich ein Teil des Manuskripts jener Vorlesung.[26] *Welzel* forderte darin „den Abbau der unsere Zeit so verhängnisvoll beherrschenden kollektivistischen Auffassung, die den Einzelnen nur als Exemplar eines Gruppenallgemeinen sieht: einer Nation, eines Volkes, einer Rasse […]"; denn der Grund für die „tiefe Antihumanität unseres Zeitalters" liege gerade darin, dass der Mensch nur als Gruppenangehöriger, nicht als Mitmensch gesehen werde. Es müsse jedoch vor aller Zugehörigkeit zu einer Gruppe der Mensch stehen, vor allem Dienst am Kollektiv stünden die Werte der einfachen humanitären Sittlichkeit. So werde der Mensch wieder „zur sittlichen Person und […] nicht zum bloßen Mörtel einer Kollektiv-Pyramide".[27] Auch ohne ausdrücklichen Bezug zu der von den Nationalsozialisten propagierten Idee der Volksgemeinschaft wird hier deutlich, wovon *Welzel* spricht. Er selbst zitiert den in der NS-Zeit geläufigen Satz „Der Einzelne ist nichts, das Volk ist alles" als den „adäquate[n] Ausdruck der heteronomen Gegenethik", gegen die er sich in seinem Vortrag so scharf wendet und welcher der Einzelne entkommen müsse, um ein autonomes Selbst wiederherzustellen. Schon hieraus wird deutlich, was *Armin Kaufmann* meinte, als er von der „philosophischen Auseinandersetzung" mit der jüngsten Vergangenheit und dem „Appell an Vernunft und Gewissen" sprach. Und wenn *Welzel* in seinem Aufsatz vor einem überbetonten Gemeinschaftsdenken warnt und vor der Umkehr des Rangverhältnisses von Autonomie (als primäre Eigenschaft) und Gruppenzugehörigkeit (als „nur" sekundäres Merkmal) des Menschen,[28] wird auch die von *Stratenwerth* angesprochene eigene Verstrickung Welzels erkennbar: Schließlich hatte dieser

---

speziell zur Rechts- und Staatswissenschaftlichen Fakultät SCHUMANN Göttinger Rechtsfakultät, S. 65 (107) mit weiteren Nachweisen.

[23] ARMIN KAUFMANN Hans Welzel zum Gedenken, S. 279 (280).

[24] STRATENWERTH Hans Welzel, Rn. 4.

[25] SJZ 1947, 409.

[26] So STRATENWERTH Hans Welzel, Rn. 4.

[27] WELZEL SJZ 1947, 409 (414).

[28] WELZEL SJZ 1947, 409 (414).

jenes Rangverhältnis zehn Jahre zuvor in seinem Vortrag „Über die Ehre von Gemeinschaften"[29] noch selbst umgekehrt.[30]

Nach Ende des Zweiten Weltkrieges wurde Welzel ferner Mitherausgeber der Zeitschrift für die gesamte Strafrechtswissenschaft, welche nach mehrjähriger Unterbrechung ab 1951 wieder erschien. Nachdem er 1950 einen Ruf an die Universität Hamburg abgelehnt hatte, ging er 1952 nach Bonn, wo er am Lehrstuhl für Strafrecht und Rechtsphilosophie die Nachfolge des verstorbenen Alexander Graf zu Dohna antrat.[31] 1954 berief man Welzel in die Strafrechtskommission des Bundesjustizministeriums ein, wo er maßgeblich an der Neugestaltung des Allgemeinen Teils des Strafgesetzbuches im Rahmen der Großen Strafrechtsreform in den Jahren 1954 bis 1959 mitwirkte. Beispielsweise stammte die neue, auch heute noch geltende Definition des Versuchs nach § 22 StGB aus Welzels Lehrbuch[32]. In seiner Bonner Zeit erlangte Welzel auch international Bekanntheit. Seine Arbeiten wurden in zahlreiche europäische und ostasiatische Sprachen übersetzt: ins Italienische, Spanische, Griechische sowie Japanische und Koreanische. Strafrechtler aus den entsprechenden Ländern kamen nach Bonn, um Welzel zu hören und seine Lehren in ihren Heimatländern zu verbreiten.[33] Von seiner internationalen Wirkung zeugt auch die Festschrift für Hans Welzel zum 70. Geburtstag, in der Autoren aus Südeuropa, Ostasien und Südamerika mitwirkten. Darüber hinaus wurden ihm mehrere ausländische Ehrendoktorwürden durch Rechtsfakultäten in Frankreich, Japan, Spanien, Korea und Griechenland verliehen.[34]

Zu Welzels Schülern zählen Hans Joachim Hirsch, Günther Jakobs, Armin Kaufmann, Fritz Loos, Hans-Ludwig Schreiber und Günther Stratenwerth. Sie alle habilitierten sich in Bonn bei Welzel. Die Eindrücke, die sie von dem Professor Hans Welzel gewonnen haben, sind ähnlich: Welzels breite Wirkung habe, so sein Schüler *Loos*[35], zweifellos auf dem gedruckten Wort beruht. In der Vorlesung sei er dagegen – nur mit einer leisen Stimme ausgestattet, leicht lispelnd – „das Gegenteil eines Kathederlöwen" gewesen. Beeindruckend sei es jedoch gewesen, wenn er in seinen Vorlesungen „tastend formulierend, den Eindruck zu vermitteln verstand, dass hier nicht ein fertig fabrizierter Gedankengang vorgetragen wurde, sondern während des Vortrages die Sache, um die

---

29 ZStW 57 (1938), 28.

30 Dazu ausführlich unter Teil 2 II.

31 Den Lehrstuhl Welzels in Göttingen übernahm Friedrich Schaffstein, GÖDECKE Juristische Fakultäten nach 1945, S. 85 (96).

32 Siehe WELZEL Das deutsche Strafrecht², S. 97; DENS. Das deutsche Strafrecht⁴, S. 144: „Der Versuch beginnt mit derjenigen Tätigkeit, mit der der Täter nach seinem Verbrechensplan unmittelbar zur Verwirklichung des Verbrechenstatbestandes ansetzt".

33 LOOS Die Suche nach dem Überpositiven, S. 486 (491); LOOS JZ 2004, 1115 (1115).

34 ARMIN KAUFMANN Nachruf, S. 43 (44); KLEINHEYER In memoriam Hans Welzel, S. 7 (7 f.).

35 LOOS Die Suche nach dem Überpositiven, S. 486 (490).

es ging, erneut durchdacht und die Denkresultate einer erneuten Prüfung unterzogen wurden". Diese Einschätzung teilt auch *Armin Kaufmann*, für den Welzel weder ein großer Redner noch ein eleganter Debattierer war. Doch habe Welzel seine Hörer zum Mitdenken gebracht; „er zwang zur Sache und ließ so *seine* Sache oft auch zu derjenigen des Zuhörers werden"[36]. *Stratenwerth* erinnert schließlich an die rechtsphilosophischen und strafrechtlichen Seminare Welzels, in denen „höchst eindrücklich spürbar [wurde], in der strengen Bindung an die Sache selbst, die zugleich Offenheit bedeutete für die immer erneute Überprüfung bisheriger Einsichten, mit welcher Ausschließlichkeit *Welzel* selbst Vernunft und Gewissen als maßgebende Instanzen anerkannte"[37]. Sein Kollege und Mitherausgeber der ZStW *Karl Engisch* gedachte Welzel als eines „Gelehrten und Lehrer[s] ersten Ranges", der nicht nur auf seine Hörer eine starke Wirkung ausgeübt, sondern ebenso auf die gleichaltrigen Kollegen beträchtlichen Einfluss gewonnen habe.[38]

Welzel blieb an der Rheinischen Friedrich-Wilhelms-Universität Bonn bis zu seiner Emeritierung im Jahr 1972. Einen erneuten Ruf nach Göttingen Ende der 50er Jahre lehnte er ab. Im Studienjahr 1962/63 wurde er zum Rektor der Universität gewählt. Der von seinem Schüler *Schreiber* 1974 zum 70. Geburtstag entgegengebrachte Wunsch vieler weiterer gesunder und fruchtbarer Jahre[39] sollte sich nicht erfüllen. Welzel starb drei Jahre später am 5. Mai 1977 in Andernach in Rheinland-Pfalz im Alter von 73 Jahren. Seine letzten Lebensjahre waren von Altersbeschwerden überschattet.[40]

II. Hans Welzel und der Nationalsozialismus

Hans Welzel trat schon 1933 der Hitlerjugend und dem Bund Nationalsozialistischer Deutscher Juristen (BNSDJ) bei. Der BNSDJ war eine nationalsozialistische Juristenorganisation unter der Leitung von Hans Frank, den Adolf Hitler 1928 ins Leben gerufen hatte. 1936 wurde er in den „Nationalsozialistischen Rechtswahrerbund" (NSRB) umbenannt.[41] Die Umbenennung sollte „die Überwindung des einer abstrakten Normenordnung und formeller Gesetzesinhalte dienenden ‚Juristen' durch den in der nationalsozialistischen Rechtsidee verwurzelten Rechtswahrer"[42] symbolisieren. Der BNSDJ war ursprünglich dafür zuständig, „zu allen Fragen rechtlicher Art, die die Partei und ihre

[36] Armin Kaufmann Hans Welzel zum Gedenken, S. 279 (281).
[37] Stratenwerth JZ 1977, 530 (530).
[38] Engisch ZStW 90 (1978), 1 (1 f.).
[39] Schreiber NJW 1974, 735 (735).
[40] Engisch ZStW 90 (1978), 1 (2).
[41] H. J. Fischer, S. 83; Sunnus, S. 40.
[42] Gauweiler, S. 49.

Idee oder Angehörige derselben betreffen, Stellung zu nehmen und die Entwicklung des deutschen Rechtslebens vom nationalsozialistischen Standpunkt aus ideell und praktisch zu beeinflussen" sowie den Rechtsschutz der „Kämpfer der Bewegung" zu organisieren.[43] Nach der Machtübernahme wurden im Zuge der Gleichschaltung jedoch andere bestehende Juristenorganisationen aufgelöst, wie etwa der Deutsche Richterbund, der Bund Deutscher Rechtspfleger und der Deutsche Anwaltverein, so dass dem BNSDJ als berufsständischer Vereinigung auf dem juristischen Gebiet eine Monopolstellung zukam. Eine Zwangsmitgliedschaft gab es jedoch nicht.[44] Der Juristenbund wurde in acht Fachgruppen unterteilt, darunter die Fachgruppe Hochschullehrer. Diese sollte dafür Sorge tragen, dass juristische Hochschullehrer „von dem nationalsozialistischen Gedankengut erfasst werden."[45] Die Fachgruppe Hochschullehrer wurde erst am 01. 11. 1933 gegründet und damit deutlich später als die anderen sieben Fachgruppen – für *Sunnus* ein Zeichen dafür, dass es dem BNSDJ nicht zuletzt an den Hochschulen schwer gefallen sei, Fuß zu fassen.[46] Die Aufgabe des BNSDJ lag nach der Machtübernahme vor allem in der Verwirklichung der nationalsozialistischen Weltanschauung auf dem Gebiet des Rechts.[47] Tatsächlich war die Rolle des BNSDJ hierbei insgesamt jedoch eher dürftig.[48] Insbesondere fielen dem Juristenbund im Rahmen der geplanten Rechtserneuerung keinerlei Aufgaben zu. Vorbereitende Arbeiten zur Rechtsreform sollte vielmehr die Akademie für Deutsches Recht wahrnehmen, der Welzel jedoch nicht angehörte. Die Akademie war eine 1933 gegründete und kurz darauf zur öffentlich-rechtlichen Körperschaft erhobene Organisation – bis 1942 ebenfalls unter der Leitung Hans Franks –, welche die „Erneuerung des deutschen Rechts im Sinne der nationalsozialistischen Weltanschauung" wissenschaftlich vorbereiten sollte.[49]

Zum 1. Mai 1937 wurde Welzel Mitglied der NSDAP. Für die NSDAP war mit Wirkung zum 1. Mai 1933 eine Aufnahmesperre verfügt worden, um den seit der Machtübernahme im Januar immensen Zustrom neuer Parteimitglieder auszubremsen. Diese Aufnahmesperre galt grundsätzlich bis zum 1. Mai 1939, wurde jedoch für Bewerber, die sich in Nebenorganisationen der NSDAP bewährt hatten, bereits im Frühjahr 1937 gelockert.[50] 1941 wurde Welzel ferner Mitglied des Nationalsozialistischen Deutschen Dozentenbundes (NSDDB

---

[43] H. Frank NS-Handbuch, S. 1561 f.; dazu auch Sunnus, S. 21.

[44] Sunnus, S. 25.

[45] C. Schmitt DR 1934, 17 (17).

[46] Sunnus, S. 59; zur Gründung der Fachgruppe Hochschullehrer siehe die Anordnung Nr 40 von Hans Frank, abgedruckt in DR 1933, 235 f.

[47] H. Frank NS-Handbuch, S. 1564; Gauweiler, S. 51.

[48] Sunnus, S. 39, 89 ff.

[49] H. Frank NS-Handbuch, S. 1568 f.; Hattenhauer JuS 1986, 680 (680; 683 f.).

[50] Broszat, S. 252 f.

oder auch NS-Dozentenbund). Der NS-Dozentenbund war eine der NSDAP angeschlossene berufsständische Vereinigung für Hochschullehrer. Von den Aktivitäten des Dozentenbundes war nach außen hin jedoch kaum etwas zu bemerken, weswegen er eine insgesamt nur schwache Stellung im System des Nationalsozialismus hatte. Bedeutung hatte der NS-Dozentenbund dagegen für die Stellenbesetzungen an Hochschulen.[51] So wurde ihm insbesondere die Aufgabe zugewiesen, „bei der Auswahl der Hochschullehrer maßgeblich mitzuwirken, von der nationalsozialistischen Weltanschauung aus an der Neugestaltung von Wissenschaft und Hochschule mitzuarbeiten und das gesamte Hochschulwesen in Einklang mit den Bestrebungen der Bewegung zu bringen“[52]. Welzel war zudem gemeinsam mit Schürmann, Rath, Siegert[53] und Saure in den Jahren 1938 und 1939 Mitglied der „Akademie der Wissenschaften des NS-Dozentenbundes“,[54] eine vom NS-Dozentenbund im Jahr 1937 unter anderem an der Hochschule Göttingen gegründete Institution, welche jedoch nur bis 1939 existierte.[55]

Vor Welzels Amtsantritt an der Universität Göttingen qualifizierte die dortige Rechts- und Staatswissenschaftliche Fakultät in einer Stellungnahme vom 2. Januar 1936 an den Reichs- und Preußischen Minister für Wissenschaft, Erziehung und Volksbildung Welzels Haltung zum Nationalsozialismus als „aufgeschlossen und ehrlich, was auch seine Schriften bezeugen“[56]. Welzel war zum damaligen Zeitpunkt zwar noch nicht Mitglied der NSDAP; er wurde jedoch wissenschaftlich in Richtung der Kieler Schule Dahms und Schaffsteins angesiedelt,[57] weswegen die fehlende Parteimitgliedschaft offenbar kein Hindernis für die Berufung nach Göttingen war. Zudem war er, wie gezeigt, bereits Mitglied im BNSDJ und der Hitlerjugend sowie Führer der juristischen Dozentenschaft in Köln.[58] Der Göttinger Professor *Karl Siegert,* dessen „Wunschkandidat“ für den freien Lehrstuhl eigentlich Friedrich Schaffstein war,[59] bescheinigte Welzel im Vorfeld der Berufung nach Göttingen, dass dieser „vor der Machtübernahme uninteressiert gewesen sei, aber sicher nicht bewegungs-

---

[51] H. J. Fischer, S. 74, 76 f.; Schumann Juristische Fakultäten, S. 39 (109) mit weiteren Nachweisen.

[52] Gauweiler, S. 123.

[53] Zur sogenannten Terroristengruppe Schürmann-Rath-Siegert siehe Schumann Göttinger Rechtsfakultät, S. 65 (69, 103 ff., 112); die Gruppenbezeichnung erhielten die drei Göttinger Professoren im Entnazifizierungsverfahren aufgrund ihrer aggressiven Personalpolitik an der Universität Göttingen.

[54] Schumann Göttinger Rechtsfakultät, S. 65 (90 f. in Fn. 103); dies. Juristische Fakultäten, S. 39 (110 in Fn. 207); Sticht, S. 19.

[55] Dahms Einleitung, S. 29 (55 f.).

[56] Zitiert nach Halfmann Die juristische Abteilung, S. 102 (123).

[57] So der Leiter der Göttinger Studentenschaft im Januar 1936, siehe Sticht, S. 22.

[58] Siehe dazu die wörtliche Wiedergabe der Stellungnahmen des Göttinger Dekans Niedermeyer und des Kölner Dekans Lehmann bei Sticht, S. 22 f.

[59] Schumann Göttinger Rechtsfakultät, S. 65 (115).

feindlich, dass er sich aber nach der Machtübernahme immer für die Bewegung eingesetzt habe“[60]. *Siegert* war seit Anfang 1935 Vertrauensmann des NS-Dozentenbundes in der Rechts- und Staatswissenschaftlichen Fakultät in Göttingen. Er beabsichtigte eine vollständige Umgestaltung der Fakultät durch „negative Auslese“ der „nicht-arischen“ und „liberalen“ Professoren und anschließende Neubesetzung der Stellen mit überzeugten Nationalsozialisten.[61] Das Kreispersonalamt der NSDAP Göttingen kam in seinem Gutachten im Januar 1937 zu dem Schluss, dass Welzel „politisch gewertet nicht als aktiver Kämpfer, sehr wohl aber als ein Hochschullehrer bezeichnet werden kann, der ehrlich zum Nationalsozialismus steht und der Bewegung zu dienen geeignet[,] willens und bestrebt ist“[62].

In Anbetracht dieser Aussagen ist zweifelhaft, ob die Behauptung *Armin Kaufmanns*, die Berufung Welzels nach Göttingen sei „nicht ohne Schwierigkeiten seitens der damaligen Machthaber“ erfolgt,[63] so tatsächlich zutreffend ist.[64] Die damaligen Beurteilungen Welzels zeigen vielmehr, dass ihm weder eine dem NS-Regime gegenüber ablehnende noch eine aktive, „kämpferische“ Haltung zugeschrieben wurde. Seine politische Einstellung wurde aber jedenfalls als hinreichend aufgeschlossen bewertet, um 1936 an den Göttinger Lehrstuhl berufen und kurz darauf auch zum außerordentlichen Professor ernannt zu werden. Jene Einschätzung hinsichtlich Welzels „politischer Zuverlässigkeit“ scheint sich zunächst auch nicht geändert zu haben. So berichtete *Siegert* – inzwischen Dekan der Fakultät – im Oktober 1937, Welzel sei zwar „kein Aktivist“ und habe „nach wie vor gewisse persönliche altbürgerliche Hemmungen“; er vertrete aber wenigstens „nationalsozialistische Rechtsauffassungen“.[65] Letzteres hatte Welzel jedenfalls mit seinen beiden im selben Jahr gehaltenen Vorträgen klar zum Ausdruck gebracht: In dem Vortrag „Über die Ehre von Gemeinschaften“[66] behandelte er die damals aktuelle Frage, ob Personengesamtheiten eine Ehre besitzen und damit beleidigungsfähig sein können. In Übereinstimmung mit der nationalsozialistischen Auffassung bejahte er die Frage und sprach sich für die Ehrfähigkeit und damit den strafrechtlichen Schutz von Gemeinschaften aus – wobei er zu den beleidigungsfähigen Gemeinschaften insbesondere das deutsche Volk und die NSDAP mit ihren Unterorganisationen zählte. Der zweite Vortrag Welzels aus dem Jahr 1937 „Über die Grundlagen der

---

60 Zitiert nach Sticht, S. 23.

61 Halfmann Die juristische Abteilung, S. 102 (113); Schumann Göttinger Rechtsfakultät, S. 65 (69, 100 ff.).

62 Zitiert nach Sticht, S. 23.

63 Armin Kaufmann Nachruf, S. 43 (43); ders. Hans Welzel zum Gedenken, S. 279 (280).

64 So schon Sticht, S. 22: Die Behauptung Kaufmanns lasse sich mit den Quellen nicht belegen.

65 Zitiert nach Halfmann Die juristische Abteilung, S. 102 (123) und Sticht, S. 23.

66 Veröffentlicht in ZStW 57 (1938), 28.

Staatsphilosophie Hegels"[67] enthielt ebenfalls Gedanken des nationalsozialistischen Weltbildes. So hob er darin etwa die Bedeutung der „naturhaft-geschichtlichen Einheit" des Volkes und des „blutmäßige[n] Zusammenhang[s]" hervor und argumentierte – erst- und einmalig – mithilfe eines Beispiels, das ganz klar den zu jener Zeit verbreiteten Antisemitismus ansprach.[68] Wenige Jahre später, im Mai 1939, zeigte sich Dekan *Siegert* sogar noch stärker von Welzels politischer Zuverlässigkeit überzeugt. Im Zusammenhang mit Welzels Ernennung zum ordentlichen Professor schrieb er einen Brief an den Reichsminister für Wissenschaft, Erziehung und Volksbildung, in dem er erklärte, Welzel nehme „erfolgreich an der Arbeit zum Durchbruch des nationalsozialistischen Gedankenguts in der Rechtswissenschaft teil"[69].

In der heutigen Literatur sieht *Schumann* Welzels Beitrag „Über die Grundlagen der Staatsphilosophie Hegels" in dem von Schürmann herausgegebenen Sammelband sowie seine Mitgliedschaft in der Göttinger Akademie für Wissenschaften zusammen mit Schürmann, Siegert, Rath und Saure als Beleg dafür an, dass Welzel zwar mit den Nationalsozialisten der Fakultät zusammenarbeitete; aus der Fakultätspolitik habe er sich aber weitgehend herausgehalten.[70] Letzteres wird jedenfalls auch durch die genannten Stellungnahmen des Kreispersonalamtes und *Karl Siegerts* gestützt, welche Welzel insgesamt keine politisch „aktive" oder gar „kämpferische" Rolle zuschreiben. Anders als etwa Dahm, Kohlrausch, Mezger oder Schaffstein war Welzel auch kein Mitglied der amtlichen Strafrechtskommission, die im Rahmen der von den Nationalsozialisten geplanten Strafrechtserneuerung am Entwurf eines neuen Strafgesetzbuches arbeiteten.[71]

Im Entnazifizierungsverfahren hatte zunächst der Unterausschuss für den Lehrkörper der Universität Göttingen die Einstufung Welzels in die Kategorie IV („Mitläufer") empfohlen. Der damalige amtierende Dekan Eberhard Schmidt sowie der damalige Rektor Ludwig Raiser setzten sich jedoch erfolgreich für Welzel ein, indem sie „an geeigneter Stelle" Entlastungsmaterial vorlegten. Im November 1948 entschied dann der Entnazifizierungs-Hauptausschuss der Stadt Göttingen, Welzel in die Kategorie V („Entlastete") einzustufen.[72] Wichtigste Grundlage für die Einstufung in eine der insgesamt sechs Kategorien im Rahmen des Entnazifizierungsverfahrens waren die Fragebögen, die die Betreffenden ausfüllen mussten. Neben erforderlichen Angaben zu Personalien, Schul-/Hochschulabschlüssen, beruflichen Qualifikationen und beruf-

---

[67] Veröffentlicht in Artur Schürmann (Hg.), Volk und Hochschule im Umbruch, Oldenburg u. a. 1937, S. 87 ff.

[68] WELZEL Über die Grundlagen, S. 87 (101 ff.); dazu ausführlich unter Teil 2 III.

[69] Zitiert nach STICHT, S. 23.

[70] SCHUMANN Göttinger Rechtsfakultät, S. 65 (90 f. mit Fn. 103).

[71] Zu den Mitgliedern der Strafrechtskommission siehe SCHUBERT/REGGE Quellen II/2.1, S. XVIII ff.

[72] Dazu STICHT, S. 28 f. sowie SCHUMANN Göttinger Rechtsfakultät, S. 65 (91 mit Fn. 104).

lichem Werdegang enthielten diese insbesondere Fragen zu Mitgliedschaften in NS-Organisationen. Welzel erläuterte in seinem Fragebogen zu seiner Mitgliedschaft in der NSDAP, dass ihn ein Kollege des radikalen Flügels der Fakultät zum Beitritt veranlasst habe. Weiter führte er dort aus: „Eine Weigerung hätte bei dem Radikalismus, der damals die Fakultät beherrschte, und bei der Schwäche meiner Position in der Fakultät […] verhängnisvoll für mich werden müssen, vollends als ich im gleichen Jahr erkrankte und zu befürchten stand, dass die Krankheit zum Vorwand genommen werden könnte, einen missliebigen Kollegen zwangsweise zu pensionieren“[73]. Dem Fragebogen beigefügte entlastende Gutachten und eidesstattliche Erklärungen über Welzel stammten von seinem Habilitationsvater Gotthold Bohne, Welzels Fakultätskollegen Rudolf Smend und Hans Niedermeyer, seinem langjährigen Freund Eberhard Schmidt sowie von Siegfried A. Kaehler und dem Rechtsreferendar Günther Krause. Sie bescheinigten Welzel insgesamt eine ablehnende, distanzierte Haltung zum NS-Regime.[74] Zu derartigen Leumundszeugnissen ist jedoch anzumerken, dass sie nicht ohne Grund umgangssprachlich auch als „Persilscheine“ bezeichnet wurden, weil Belastete sie zur gegenseitigen „Reinwaschung“ nutzten. Häufig handelte es sich auch um Gefälligkeitsgutachten aus dem engeren privaten oder beruflichen Bereich.[75]

Letztlich lassen sich somit allein aus der Einstufung Welzels im Entnazifizierungsverfahren als „Entlasteter“ keine entsprechenden Schlüsse hinsichtlich seiner persönlichen Einstellung zum Nationalsozialismus ziehen. Den genannten Aussagen aus der NS-Zeit lässt sich zwar entnehmen, dass Welzel wohl kein aktiver „Kämpfer“ war; eine eindeutig ablehnende, kritische und distanzierte Haltung gegenüber dem NS-Regime kann ihm jedoch aufgrund seiner Zusammenarbeit mit klar nationalsozialistisch orientierten Fakultätskollegen und aufgrund seiner Mitgliedschaft in der NSDAP und mehreren Unterorganisationen ebenfalls nicht zugeschrieben werden. Was seinen wissenschaftlichen Beitrag zum nationalsozialistischen Strafrecht angeht, bleibt festzuhalten, dass zumindest die beiden genannten Vorträge Welzels von 1937 klar nationalsozialistische Inhalte aufweisen. Ob und inwiefern Welzel daneben auch mit seinen anderen Publikationen aus jener Zeit einen Beitrag zur nationalsozialistischen Strafrechtswissenschaft und der von den Nationalsozialisten angestrebten Rechtserneuerung geleistet hat, soll im folgenden Teil beleuchtet werden.

---

73 Zitiert nach STICHT, S. 25.

74 Dazu im Einzelnen STICHT, S. 25 ff.

75 BRÜDERMANN Entnazifizierung, S. 97 (106 f.).

Teil 2

Die Beiträge Welzels zur Strafrechtswissenschaft in Deutschland zwischen 1933 und 1945

Hans Welzel war einer der führenden Strafrechtler der Nachkriegszeit, der nach dem Zweiten Weltkrieg ein Vierteljahrhundert lang die strafrechtsdogmatische Diskussion „in erheblichem Maße beherrscht"[1] hat. Durch seinen Ruf, so sein Schüler *Loos*, hat „[b]esonders die deutsche Strafrechtsdogmatik" in der Nachkriegszeit wieder ein Ansehen erreicht, „wie sie es unter sehr viel günstigeren äußeren Umständen in den Zeiten *v. Liszts* und *Belings* gehabt hatte".[2] Hingegen sei Welzel, so liest man, vor 1945 für die (straf-)rechtswissenschaftliche Lehre ein Unbekannter gewesen: Seine Auffassung habe während der NS-Zeit keine Rolle gespielt.[3] Er habe sich mit seinen dogmatischen Ansichten in einer „schier hoffnungslosen Minderheitenposition" befunden.[4]

Entgegen dieser „gängigen Historisierung"[5] Welzels hat nun *Kubiciel* in seinem Vortrag über „Positionen und Positionierungen Welzels vor 1945"[6] gezeigt, dass Welzel zu jener Zeit keineswegs ein Unbekannter war, dem erst in der Nachkriegszeit der wissenschaftliche Durchbruch gelang. Das Jahr 1945 bedeutete für Welzel keine „Stunde Null", von der an etwas Neues begann. Vielmehr kam in der Nachkriegszeit „eine biographische und wissenschaftliche Entwicklung" Welzels zum Abschluss, die bereits 1930 ihren Anfang genommen hatte[7] – also zu jener Zeit, zu der Welzel seine Habilitation bei Gotthold Bohne in Köln begonnen hatte.[8] Schon seit dieser Zeit in Köln publizierte Welzel Beiträge in bedeutenden Fachzeitschriften: Mit „Kausalität und Handlung"[9], der 1931 in der Zeitschrift für die gesamte Strafrechtswissenschaft erschienen war, legte Welzel damals bereits den ersten Grundstein für seine finale Handlungslehre, mit der er später sowohl in Deutschland als auch international Bekanntheit erlangen sollte. Bis 1945 folgten zahlreiche Aufsätze, die Publika-

---

[1] Hirsch ZStW 116 (2004), 1 (1).
[2] Loos JZ 2004, 1115 (1115).
[3] Hirsch ZStW 116 (2004), 1 (3).
[4] Loos Suche nach dem Überpositiven, S. 486 (493).
[5] Kubiciel Welzel und die Anderen, S. 135 (136).
[6] So der Untertitel des publizierten Vortrags; vollständiger Titel: „Welzel und die Anderen. Positionen und Positionierungen Welzels vor 1945".
[7] Kubiciel Welzel und die Anderen, S. 135 (138).
[8] Dazu bereits Teil 1 I.
[9] ZStW 51 (1931), 703 ff.

tion seiner Habilitationsschrift sowie die ersten Auflagen seines Lehrbuches, das erstmals 1940 erschien.

Die Frage, ob Hans Welzel schon vor 1945 in der Strafrechtswissenschaft bekannt und vor allem anerkannt war, geht einher mit der Frage, ob und inwieweit seine wissenschaftlichen Publikationen nationalsozialistisches Gedankengut enthalten. Denn nur ideologiekonforme Texte konnten in der Strafrechtswissenschaft des Dritten Reichs überhaupt Anerkennung finden. Es wurde bereits angesprochen, dass aus den dreißiger Jahren zwei publizierte Vorträge Welzels existieren, in denen sich ganz offenkundig die nationalsozialistische Weltanschauung niederschlägt: die beiden 1937 gehaltenen Vorträge „Über die Ehre von Gemeinschaften" und „Über die Grundlagen der Staatsphilosophie Hegels". Jedoch erschöpft sich hierin Welzels Beitrag zum nationalsozialistischen Strafrecht nicht. Auch der ein Jahr später erschienene Aufsatz „Tradition und Neubau in der Rechtswissenschaft" ist deutlich ideologiebelastet. In den Kriegsjahren folgten drei weitere Zeitschriftenbeiträge, die sich mit rechtsdogmatischen Themen befassen. Sie zeigen, dass Welzels Ansichten denen nationalsozialistischer Autoren zumindest nahe standen. Die auf der finalen Handlungslehre aufbauende Verbrechenslehre weist ideologische Einbrüche auf und spätestens die 1944 veröffentlichten Ausführungen zum Kriegsstrafrecht machen deutlich, dass Welzel auch in Bezug auf seine dogmatischen Arbeiten nicht als „unbelasteter" Strafrechtler der NS-Zeit gelten kann.

Hinsichtlich der folgenden Untersuchung soll vorab jedoch noch ein möglicher Einwand vorweggenommen werden: Konnten Rechtswissenschaftler seinerzeit denn überhaupt etwas anderes veröffentlichen als linientreue Texte? – Im Zuge der allgemeinen Gleichschaltung der Presse wurden auch juristische Fachzeitschriften schon früh personell und inhaltlich umgestaltet. Mit dem zum 01. Januar 1934 erlassenen Reichsschriftleitergesetz[10] „säuberten" die Nationalsozialisten die Redaktionen von innenpolitischen Gegnern und „Rassenfremden". Durch weitere Einzelmaßnahmen wurden „Kontrollinstanzen" geschaffen, die die juristische Literatur überwachten.[11] Damit hatten die Nationalsozialisten sichergestellt, dass abweichende oder kritische Meinungen zum Nationalsozialismus in juristischen Fachzeitschriften kein Gehör finden konnten und auch die juristische Fachliteratur ganz im Lichte der nationalsozialistischen Erneuerung stand. Wie *Rüthers* und *M. Schmitt* in ihrem Beitrag zur Entwicklung der juristischen Fachpresse nach der Machtergreifung festgestellt haben, gab es jedoch trotz alledem „keinen durch Existenzangst oder politischen Druck erzeugten Schreibzwang". Insoweit besteht ein Unterschied zu anderen juristischen Berufsgruppen:

---

[10] RGBl. 1933 I, S. 713.

[11] Dazu HEINE Juristische Zeitschriften zur NS-Zeit, S. 272 (278 f.).

„Richter mussten richten. Verwaltungsbeamte mussten verwalten. Professoren mussten lehren. Aber niemand ‚musste' zu weltanschauungsträchtigen Themen linientreue Beiträge schreiben. Man konnte z. B. andere oder auch keine Aufsätze schreiben. [...] Man schrieb im wesentlichen freiwillig."[12]

Natürlich hätte ein Schweigen zum NS-Staat und seinen Machthabern einem jungen Wissenschaftler auch sicher keine Karrierevorteile gebracht. Doch „Schreiben oder Schweigen – das ist in der Rückschau schon ein wichtiger Unterschied"[13].

I. Naturalismus und Wertphilosophie im Strafrecht (1935)

Welzels Schrift „Naturalismus und Wertphilosophie im Strafrecht. Über die ideologischen Grundlagen der Strafrechtswissenschaft" wurde 1935 in Köln als Habilitationsschrift angenommen.

1. Inhalt

In der knapp neunzigseitigen Habilitationsschrift beschäftigt sich *Welzel* mit den philosophischen Grundlagen der Strafrechtsdogmatik. Den Anlass zu diesem Thema gab ihm, wie *Welzel* im Vorwort seiner Arbeit schildert, das „ungeheure politische Geschehen der nationalsozialistischen Revolution", welche „uns allen die Frage nach unserem geschichtlichen Standort und die Auseinandersetzung mit dem Vergangenen mit unmittelbarer Kraft aufzwang".[14] Im ersten Teil der Arbeit erläutert er zunächst das Weltbild des Positivismus und untersucht die philosophischen Grundlagen des strafrechtlichen Systems *Franz von Liszts*, den er als Repräsentant des philosophischen Positivismus kennzeichnet. Im zweiten Teil seiner Habilitationsschrift behandelt *Welzel* die Wertphilosophie der südwestdeutschen Schule und zeigt darauf aufbauend den philosophischen Gehalt der modernen Strafrechtsdogmatik auf, insbesondere der Tatbestandslehre.

Welzel schildert einleitend das Weltbild des Positivismus, welcher nach dem Zusammenbruch der Hegelschen Philosophie in Deutschland Einzug gehalten habe, um die „Lücke deutschen Geistes" zu füllen.[15] Kennzeichnend für den Positivismus sei seine mechanisch-technische Denkweise, wonach alle Erscheinungen einer mechanischen Kausalität, einer blind-kausalen Gesetzmäßigkeit unterlägen. Die positivistische Philosophie lehne alles Metaphysische und damit alles ab, was das Gebiet menschlicher Beobachtung übersteige,

---

[12] RÜTHERS/M. SCHMITT JZ 1988, 369 (376).
[13] RÜTHERS/M. SCHMITT JZ 1988, 369 (377).
[14] WELZEL Naturalismus und Wertphilosophie, S. VII.
[15] Siehe – auch zum Folgenden – WELZEL Naturalismus und Wertphilosophie, S. 1 ff.

und verzichte auf alles Begreifen und Erklären, das über die Feststellung von Tatsachen und deren äußere Zusammenhänge hinausgehe. Damit habe der Positivismus alle geistig-ideellen Gehalte aus dem Leben verdrängt. Dieses Bestreben, nicht nur die Natur, sondern auch das gesamte geistige, gesellschaftliche und kulturelle Leben vollständig und ausschließlich einer berechenbaren, mechanischen Gesetzmäßigkeit zu unterwerfen, sieht *Welzel* im Macht- und Herrschaftswillen des positivistischen Menschen begründet. Hier offenbare sich der Positivismus als die philosophische Grundhaltung einer aufsteigenden bürgerlichen Gesellschaft in der technisch-industriellen Epoche.[16]

Anhand einer umfassenden Darstellung zeigt *Welzel* sodann, dass sich das strafrechtliche System *Franz von Liszts* als „eine der vollkommensten Anwendungen positivistischen Gedankenguts auf den Bereich einer Einzelwissenschaft überhaupt" erwiesen habe.[17] Bereits die Ausführungen in seinem Marburger Programm zur Zweckstrafe[18] zeigten ein „typisch evolutionistisches Gepräge"[19]. Entsprechend dem positivistischen Einfluss seiner Zeit habe *von Liszt* die Aufgabe der Strafrechtswissenschaft in der kausalen Erklärung von Verbrechen und Strafe anhand der naturwissenschaftlichen Methode gesehen: die systematische Massenbeobachtung, vorbereitet, geprüft und ergänzt durch wissenschaftlich-exakte Beobachtung einzelner Fälle. Dabei sei nach *von Liszts* grundlegendem Lehrsatz der Kriminologie das Verbrechen „das Produkt aus der Eigenart des Täters im Augenblick der Tat und aus den in diesem Augenblick ihn umgebenden äußeren Verhältnissen". Hier wie praktisch überall in seiner positivistischen Rechtslehre zeige sich der mechanisch-kausale Ausgangspunkt *von Liszts*. So war auch die Handlung für *Liszt* „notwendiges Produkt ihrer Faktoren", welche „notwendig in der Richtung des stärksten Motivs erfolgt". Seine naturalistische Einstellung habe *von Liszt* ferner zu einer objektiven Versuchstheorie geführt, wo er angesichts seiner kriminalpolitischen Haltung eigentlich einen subjektiven Ansatz hätte befürworten müssen. Somit habe sich *von Liszt* in jeder Hinsicht ganz in den Gesamtrahmen des Positivismus eingegliedert, nicht zuletzt auch mit seinem Bestreben, eine allgemeine Rechtslehre aufzubauen, welche als „positivistischer Ersatz"[20] an die Stelle der totgesagten Rechtsphilosophie treten sollte.

Im zweiten Teil seiner Arbeit schildert *Welzel* einleitend das Wiedererwachen des philosophischen Geistes in Deutschland in der zweiten Hälfte des 19. Jahrhunderts und den Beginn des Neukantianismus. Für seine Untersuchung be-

---

[16] WELZEL Naturalismus und Wertphilosophie, S. 3 ff., 18 ff.; ebenso schon in dem kurz zuvor veröffentlichten Vortrag „Die Wahrheitspflicht im Zivilprozess", S. 13.

[17] Siehe – auch zum Folgenden – WELZEL Naturalismus und Wertphilosophie, S. 22 ff.

[18] v. LISZT Aufsätze I, S. 126 ff.

[19] WELZEL Naturalismus und Wertphilosophie, S. 22, 33; v. LISZT Aufsätze I, S. 133 hatte selbst für seine Zwecktheorie die Bezeichnung als „evolutionistische Theorie" vorgeschlagen.

[20] RADBRUCH elegantiae juris criminalis, S. 80.

schränkt sich *Welzel* dabei auf die Darstellung der Wertphilosophie der südwestdeutschen Schule, zu deren Hauptvertreter *Windelband*, *Rickert* und *Lask* gehören. *Welzel* setzt sich zunächst ausführlich mit der Wertphilosophie *Rickerts* auseinander, dessen Schüler *Lask* jene wertphilosophischen Gedanken auf die Rechtswissenschaft anwandte. *Welzel* ist der Ansicht, dass die neukantische Wertphilosophie der südwestdeutschen Schule den Positivismus zwar bekämpft, aber keinesfalls überwunden habe.[21] Aufgrund ihrer Gemeinsamkeiten, wie der „szientistischen" Grundhaltung und der Ablehnung jeglicher Metaphysik, insbesondere aber des übereinstimmenden Wirklichkeitsbegriffs beider Lehren sei der Neukantianismus vielmehr eine „Komplementärtheorie"[22] des Positivismus. Der Neukantianismus habe mit seinem Dualismus von Wert und Wirklichkeit die positivistische Wirklichkeit mit „Ergänzungsstücken" einer irrealen Sphäre, dem Reich der Werte, ergänzt.[23] Die Wertphilosophie stelle damit der Wirklichkeit als realer Seinswelt eine irreale Wertwelt gegenüber. *Welzel* kritisiert diese „Zerreißung" beider Sphären und die daraus folgende Abstraktheit der neukantischen Werte.[24] Aufgabe sei es daher nunmehr, die konkreten, „wirklichen" Werte zu ergründen, um die Wissenschaft von einer „unwirklichen Begriffswelt" wieder zu den „konkreten Notwendigkeiten der historischen Situation" und damit zum wirklichen Leben zurückzuführen. Entsprechendes gelte für den Bereich der Rechtswissenschaft, wo die „wertphilosophisch-szientistischen" Gedanken der südwestdeutschen Schule vor allem das Strafrecht und dort insbesondere die Tatbestandslehre erfasst hätten. Wie die Wertphilosophie im Bereich der allgemeinen Philosophie, so sei die moderne Dogmatik, welche die Lehren *von Liszts* abgelöst habe, im Bereich des Strafrechts die Komplementärtheorie des Positivismus: Die nach wie vor positivistisch verstandene bedeutungsfremde empirische Wirklichkeit werde durch das rechtliche Geschehen, welches in eine „untatsächliche" begriffliche Bedeutungswelt abgedrängt worden sei, ergänzt.[25] *Welzel* kritisiert insoweit wiederum das Abrücken der rechtlichen Begriffswelt von der unmittelbaren Lebenswirklichkeit durch begrifflich-theoretische Umformungsprozesse, die das Recht in ein Produkt methodologischer Begriffsbildungen auflöse. So seien auch hier die Werte in begrifflichen Abstraktionen „steckengeblieben", ihnen fehle jegliche „wahre Konkretion".[26] *Welzel* bemängelt die Verkennung der „echten Werte eines staatlich gestalteten Volkstums", welche „in diesem Volkstum selbst wurzeln". Ideen und Werte seien für den Szientismus etwas grundsätzlich

---

21 WELZEL Naturalismus und Wertphilosophie, S. VIII, 71.
22 WELZEL Naturalismus und Wertphilosophie, S. 42, 59.
23 WELZEL Naturalismus und Wertphilosophie, S. 43.
24 WELZEL Naturalismus und Wertphilosophie, S. 53 ff., 57 ff., 72 f.
25 WELZEL Naturalismus und Wertphilosophie, S. 64, 70.
26 WELZEL Naturalismus und Wertphilosophie, S. 68 f.; 72 f.

Irreales, wohingegen das Reale, „Rasse und Volkstum", zum „bloß Naturhaften" geworden seien.[27]

So möchte *Welzel* die neukantische Wertphilosophie und mit ihr den noch immer vorhandenen Positivismus überwinden. Anders als der Positivismus und der Neukantianismus sieht *Welzel* im Sein kein chaotisches Material, welches erst durch begriffliche Umformung geordnet und gestaltet werden müsse, vielmehr trage es von Anfang an diese Ordnung und Gestaltung bereits in sich und sei daher ein „werthaftes Sein".[28] Darum seien auch die juristischen Begriffe keine Umformungen, durch die das sinnfreie reale Sein erst einen Sinn erhielte, sondern Deskriptionen eines bereits sinnhaften Seins. Aufgabe der Rechtswissenschaft sei es daher, durch die gesetzlichen Begriffe hindurch wieder „zu den konkreten realen Lebensgestaltungen" hinabzusteigen, um die jeweiligen Werthaltungen derjenigen historischen Epoche zu ergründen, denen die rechtlichen Normierungen entsprängen und denen sie Sinn und Inhalt verdankten. *Welzel* fordert eine Abkehr von der teleologischen Begriffsbildungstheorie des Neukantianismus und stattdessen ein „neues" juristisches Denken als ein „Denken in konkreten Lebensordnungen". Oberster Orientierungspunkt dieses Ordnungsdenkens sei die konkrete Volksgemeinschaft mit ihren wirklichen, lebendigen Werten, welche „auf rechtlichem Felde vor allem in dem geäußerten Führerwillen, d. h. im Gesetz ihren sichtbaren Niederschlag finden".

Damit will *Welzel* in seiner Habilitationsschrift zeigen, dass die philosophischen Grundlagen der modernen Strafrechtsdogmatik in der neukantischen Wertlehre mit deren positivistischer Verwurzelung liegen, wie er abschließend noch am Beispiel der Handlungslehre mit ihrem natürlichen Handlungsbegriff und der Schuld erläutert[29]. Diese philosophische Grundhaltung gelte es nun mit Hilfe einer „neuen Metaphysik" zu überwinden, wozu „der geistige Umbruch des Jahres 1933", den *Welzel* in seinen abschließenden Worten hervorhebt, eine „unersetzliche Bedeutung" habe.[30]

2. *Analyse*

Die Ansichten zu *Welzels* Habilitationsschrift im Zusammenhang mit der NS-Zeit sind in der heutigen Literatur durchaus verschieden. Während man in der Festschrift der Rechtswissenschaftlichen Fakultät der Universität Köln liest, *Welzels* Habilitation sei „allein auf Grund herausragender wissenschaftlicher Befähigung" erfolgt,[31] wollen andere die Habilitationsschrift der „Kampflite-

[27] WELZEL Naturalismus und Wertphilosophie, S. 72.

[28] Dazu und zum Folgenden WELZEL Naturalismus und Wertphilosophie, S. 74 ff; siehe hierzu auch WINKLER, S. 370 f.

[29] WELZEL Naturalismus und Wertphilosophie, S. 77 ff.

[30] WELZEL Naturalismus und Wertphilosophie, S. 88.

[31] BECKER 600 Jahre Rechtswissenschaft in Köln, S. 3 (28).

ratur" zuordnen[32]. Durchaus beinhaltet die Arbeit Passagen, die letztere Auffassung stützen. So spricht *Welzel* etwa von der Idee der Volksgemeinschaft, die erst „das gewaltige Programm des Nationalsozialismus" geworden sei und mit der „unser künftiges staatliches und nationales Eigenleben steht und fällt".[33] Er verweist auf die Bedeutung der „Rassenmischung" für den Verfall des alten Roms, die diesen „maßgeblich mitbeeinflußt" habe.[34] Der Eugenik und Rassenforschung misst er große Bedeutung für die Neugestaltung des Strafrechts bei[35] und betont schließlich die „unersetzliche Bedeutung", die der Umbruch von 1933 für die Strafrechtswissenschaft habe.[36] Und wenn *Welzel* am modernen Intellektualismus beklagt, dass dieser „die kluge Berechnung der wirtschaftlichen, gesellschaftlichen, politischen Strömungen an die Stelle aller letzten ethischen und existenziell-blutmäßigen Bindungen" gesetzt habe,[37] so beschleicht den Leser aus heutiger Sicht ein gewisses Unbehagen. Andere halten wiederum *Welzels* Ausführungen zwar stellenweise für „ideologielastig"[38], qualifizieren die Arbeit insgesamt aber nicht als „Kampfschrift", wenngleich geprägt „vom geisteswissenschaftlich-intellektuellen Großklima der 1930er Jahre"[39].

Jedenfalls Letzterem ist zuzustimmen: Etwa geht *Welzels* Kritik am Positivismus und der hiervon geprägten Strafrechtslehre *von Liszts* mit dem antipositivistischen Rechtsdenken des NS-Regimes konform. Im Nationalsozialismus fehlte es an einer eigenen, in sich geschlossenen (Rechts-)Philosophie. Vielmehr existierten mehrere konkurrierende, inhaltlich unterschiedliche Rechtslehren, aus denen pragmatisch nur diejenigen Fragmente herangezogen wurden, die der Durchsetzung der Ideologie dienlich waren.[40] Dabei charakterisierte sich die so verstandene „Rechtsphilosophie" zunächst insbesondere durch eine Reihe verschiedener Negativpositionen, wozu auch der Anti-Positivismus gehörte.[41] Die von *von Liszt* betonte, im Positivismus verankerte Idee der Selbstbeschränkung der Strafgewalt zugunsten der individuellen Freiheitssphäre und die damit verbundenen Grundsätze „nullum crimen sine lege" und „nulla poena sine lege" – für *von Liszt* das „Bollwerk" des Staatsbürgers gegenüber der staat-

[32] FROMMEL Welzels finale Handlungslehre, S. 86 (90).

[33] WELZEL Naturalismus und Wertphilosophie, S. 36.

[34] WELZEL Naturalismus und Wertphilosophie, S. 49.

[35] WELZEL Naturalismus und Wertphilosophie, S. 77; die „Rassenforschung" spricht WELZEL in diesem Zusammenhang auch bereits im Vorwort seiner Arbeit an, siehe S. VIII.

[36] WELZEL Naturalismus und Wertphilosophie, S. 88.

[37] WELZEL Naturalismus und Wertphilosophie, S. 6.

[38] STICHT, S. 19; ähnlich auch STRATENWERTH Hans Welzel, Rn. 3: Die Habilitationsschrift Welzels enthalte „manche Formulierungen, die als Konzession an den damaligen Zeitgeist im Nachhinein durchaus als anstößig empfunden werden können".

[39] KUBICIEL Welzel und die Anderen, S. 135 (137).

[40] RÜTHERS/FISCHER/BIRK Rechtstheorie, Rn. 548; I. SCHRÖDER, S. 17.

[41] ANDERBRÜGGE, S. 34 f.; I. SCHRÖDER, S. 17.

lichen Allgewalt[42] – passten bekanntlich nicht in das Bild einer autoritären nationalsozialistischen Strafgewalt. Überdies beanspruchte der Positivismus für sich, eine „unpolitische" Wissenschaft zu sein, was der Vorstellung der Nationalsozialisten von der Rechtswissenschaft als einer bewusst „politischen Wissenschaft"[43], die „an der Gestaltung des völkischen Rechtsgeistes schöpferisch und verantwortlich mitwirken" sollte,[44] widersprach. Auch *Welzel* betonte ausdrücklich die „politische Aufgabe" der Strafrechtswissenschaft.[45] Ziel seiner Arbeit war es ja, die angeblich falschen ideologischen Grundlagen der Strafrechtswissenschaft durch die angeblich richtigen zu ersetzen.[46] Der gesamte erste Teil seiner Arbeit ist geradezu eine „Abrechnung"[47] mit dem Positivismus und der darauf aufbauenden Strafrechtslehre Franz von Liszts. Damit fügt sich *Welzels* Polemik gegen den Positivismus als „definitorischer Gegner"[48] der Nationalsozialisten jedenfalls inhaltlich in die herrschenden Anschauungen der NS-Zeit.

Die „neue deutsche Rechtswissenschaft" des NS-Regimes sollte „jenseits von Naturrecht und Positivismus" als konkretes Ordnungsdenken gekennzeichnet sein.[49] Das von *Carl Schmitt* geprägte „konkrete Ordnungsdenken"[50] war ein Instrument zur Inhaltsänderung geltender Gesetze allein mittels Auslegung, ohne Umweg über den Gesetzgeber. Es setzte die nationalsozialistisch und rassisch gedeuteten konkreten Ordnungen vor die abstrakt-allgemeinen Rechtsnormen und wurde damit zu einer neuen Rechtsquelle im NS-Staat, die Vorrang vor dem geltenden Gesetz hatte. Das konkrete Ordnungsdenken ermöglichte somit ideologische Wertvorstellungen und gewünschte Rechtsfolgen auch entgegen dem Wortlaut und dem historischen Zweck bestehender Normen durch „Wesensargumente" zu rechtfertigen, etwa aus dem „Wesen" der Familie, der Ehe oder des Betriebs.[51] Oberstes Auslegungsprinzip war dabei der „Geist des Nationalsozialismus", der das gesamte deutsche Recht beherrschen sollte; jede Auslegung hatte eine „Auslegung im nationalsozialistischen Sinne" zu sein.[52]

---

[42] v. Liszt Aufsätze II, S. 60, 80; siehe auch Welzel Naturalismus und Wertphilosophie, S. 35.

[43] Dazu etwa Schaffstein Politische Strafrechtswissenschaft, Hamburg 1934.

[44] Larenz Rechts- und Staatsphilosophie, S. 151.

[45] Welzel Naturalismus und Wertphilosophie, S. 57 f., 76.

[46] Marxen Straftatlehre im NS, S. 55 (59).

[47] Dulckeit ZfDKPhil 1935, 291 (292); vgl. auch Winkler, S. 368, für den „Naturalismus und Wertphilosophie" im Kern eine „Kampfschrift gegen den Positivismus" ist.

[48] Frommel Von Strafrechtsreform zu Rechterneuerung, S. 45 (45).

[49] Larenz Rechts- und Staatsphilosophie, S. 150 ff., 168.

[50] Dazu C. Schmitt Über die drei Arten, S. 7 ff.; sowie die Besprechungen bei Dahm ZgS 1935, 181 ff. und Larenz ZfDKPhil 1934, 112 ff.

[51] Rüthers Ideologie des NS, S. 17 (24 f.); ders./Fischer/Birk Rechtstheorie, Rn. 558 ff.; ders. Unbegrenzte Auslegung, S. 299 f.; zur damaligen Literatur siehe Larenz Gegenstand und Methode, S. 30 f. und C. Schmitt Über die drei Arten, S. 20 f.

[52] C. Schmitt JW 1934, 713 (717).

Eben dieses konkrete Ordnungsdenken forderte aber auch *Welzel* zur Überwindung des Positivismus. Sein Ausgangspunkt, dass die Wirklichkeit vom Ursprung an Ordnung und Gestalt in sich trage und dieses „werthafte Sein“ *vor* aller Theorie und *vor* den „Begriffe[n] innerhalb der rechtlichen Normierungen“ stehe,[53] ist nichts anderes als die Kernthese des konkreten Ordnungsdenkens.[54] Wo *Schmitt* es aber noch vermieden hatte, die konkreten Lebensordnungen näher zu beschreiben,[55] da hob *Welzel* – in Anlehnung an *Larenz* und *Dahm*[56] – die Volksgemeinschaft ausdrücklich hervor als die große Einheit, in der die konkreten Lebensordnungen gesehen werden müssten. Zwar besitze das konkrete Ordnungsdenken im Gesetz seine wertvollste Stütze, es gehe aber „in ihm und durch es hindurch stets auf die wirklichen, lebendigen Werte der konkreten Volksgemeinschaft“ zurück.[57]

In diesem Zusammenhang kommt auch der „völkische Gedanke“ bei *Welzel* zum Ausdruck, der sich als wesentlicher Bestandteil nationalsozialistischen Denkens auch in der Rechtswissenschaft als „völkisches Rechtsdenken“ niederschlug,[58] sowie die damit eng verbundene Idee der Volksgemeinschaft. Diesbezüglich weist *Kubiciel* zwar zu Recht darauf hin, dass nicht schon die Idee der Gemeinschaftsbindung des Individuums nationalsozialistisches Denken kennzeichne, sondern erst deren Übersteigerung, die „restlose Inpflichtnahme des einzelnen für die Volksgemeinschaft“ – was er bei *Welzel* aber nicht zu finden vermag.[59] Doch wenn *Welzel* in seiner Habilitationsschrift im Jahr 1935 die Bedeutung der Volksgemeinschaft derart hervorhebt und sich auf die Werte der „staatlich-völkischen Gemeinschaft“ beruft,[60] kann man kaum unterstellen, dass sich dies nur zufällig gut mit der damals herrschenden Ideologie vertragen habe. Zudem sah ja auch *Welzel* mit seiner Hinwendung zum konkreten Ordnungsdenken das Individuum ausschließlich als Teil konkreter Lebensordnungen,[61] welche wiederum ihren „obersten Orientierungspunkt“ in der Volksgemeinschaft haben.[62] Auch er ordnete damit das Individuum in jeder Hinsicht der (Volks-)Gemeinschaft unter. Zudem benutzte *Welzel* schon auf den ersten Seiten seiner Arbeit eine Ausdrucksweise, die das nationalsozialistische Bild der Volksgemeinschaft unterstrich. Denn nach nationalsozialistischer Anschauung war die „Volksgemeinschaft“ bedingt durch ihre „blutsmäßige Zusammen-

---

53 Welzel Naturalismus und Wertphilosophie, S. 74 f.
54 Siehe Rüthers Unbegrenzte Auslegung, S. 293; hierzu auch Winkler, S. 377 f.
55 Dahm ZgS 1935, 181 (184); Larenz ZfDKPhil 1934, 112 (115).
56 Dahm ZgS 1935, 181 (186); Larenz Gegenstand und Methode, S. 29, 33.
57 Welzel Naturalismus und Wertphilosophie, S. 76.
58 Dazu aus heutiger Sicht Anderbrügge Völkisches Rechtsdenken, S. 68 ff., 132 ff.
59 Kubiciel Welzel und die Anderen, S. 135 (146).
60 Welzel Naturalismus und Wertphilosophie, S. 76.
61 So schon Wapler, S. 245.
62 Welzel Naturalismus und Wertphilosophie, S. 74 ff.

setzung".[63] Deren Bedeutung nicht erkannt zu haben, kritisierte *Welzel* zu Beginn seiner Arbeit am Positivismus: Dieser habe „[u]nter der Parole ‚Wissen ist Macht'" die kluge Berechnung der wirtschaftlichen, gesellschaftlichen und politischen Strömungen an die Stelle aller letzten „existenziell-blutmäßigen Bindungen" gesetzt.[64]

Bei der Untersuchung der Frage, inwieweit sich *Welzels* Habilitationsschrift in die NS-Ideologie einfügt, empfiehlt sich ferner ein Blick in damalige Buchbesprechungen. Dies nicht zuletzt deshalb, weil die Rezensionsteile der großen juristischen Fachzeitschriften im Dritten Reich als „Forum für eine politische Zuverlässigkeitsprüfung"[65] dienten: Hier wurden die jeweiligen Autoren danach „sortiert", ob sie dem NS-Staat aufgeschlossen gegenüberstanden oder noch im „alten Denken" verhaftet geblieben waren.[66] Liest man vor diesem Hintergrund die Rezension in der Juristischen Wochenschrift[67], so wurde Welzel dort eindeutig „aussortiert": Der Rezensent *Adami*[68] hielt den Wert der Habilitationsschrift für „sehr problematisch", weil die dort untersuchten philosophischen Systeme „für unsere Zeit und für unsere Aufgabe, ein nationalsozialistisches Strafrecht zu schaffen, nichts zu geben vermögen". Gerade in der Gegenwart habe „das Schicksal [uns] so ungeheure Aufgaben von unabsehbarer Tragweite gestellt, dass wir es uns nicht leisten können, versunkene Systeme vergangener Zeiten heraufzubeschwören und in wissenschaftlicher Arbeit zu durchforschen". Damit warf er Welzel eine konservative Haltung vor. Er vermisste eine Beziehung zu den ideologischen Grundlagen des Nationalsozialismus. Zwar qualifizierte er Welzels Würdigung der Auswirkungen der positivistischen Philosophie als „an sich durchaus zutreffend", doch betrachte Welzel diese Erscheinungen im „luftleeren Raum". Ferner kritisierte *Adami,* dass Welzels Arbeit einen philosophisch geschulten Hörerkreis voraussetze und „nur in die Kreise der Intelligenz westlerischer Prägung Eingang finden" werde. In einer anderen Besprechung wird deutlich, was sich *Adami* stattdessen gewünscht hätte: Die ebenfalls von ihm rezensierte Rektoratsrede *Dahms* sei sowohl „von wissenschaftlichem Geist getragen" als auch „in volkstümlicher und allgemeinverständlicher Weise" gehalten. Beides zusammen bilde „das Wesen jeder *nationalsozialistischen* Wissenschaft überhaupt".[69] *Adami* bezweifelte also nicht nur den Wert der Habilitationsschrift für die nationalsozialistische Rechtserneuerung, sondern ihre Tauglichkeit *als* nationalsozialistische Wissen-

---

[63] H. Frank NS-Handbuch, S. 34.

[64] Welzel Naturalismus und Wertphilosophie, S. 6.

[65] Kubiciel Welzel und die Anderen, S. 135 (147).

[66] Stolleis Geschichte des öffentlichen Rechts III, S. 322; Kubiciel Welzel und die Anderen, S. 135 (147).

[67] Zur JW im Nationalsozialismus siehe Heine Juristische Zeitschriften zur NS-Zeit, S. 272 (285 f.) sowie Rüthers/M. Schmitt JZ 1988, 369 (372 f.).

[68] Adami JW 1935, 2348 (2348).

[69] Adami JW 1935, 2348 (2348).

schaft überhaupt. Diese Einschätzung ließ somit auch Welzel selbst nicht gut aussehen.

Kaum gegensätzlicher könnte die Einordnung der Habilitationsschrift in der Zeitschrift der Akademie für Deutsches Recht[70] sein, einer nach der Machtübernahme gegründeten Zeitschrift, die ausschließlich mit linientreuen Nationalsozialisten besetzt war.[71] Nach ihr ist Welzels „wissenschaftliche [sic!] beachtliche Arbeit gerade in der Zeit der Entstehung eines neuen deutschen Strafrechts" zu „begrüßen". Seine Darstellung der ideologischen Grundlagen des Rechts sei ihm „in hervorragender Weise" gelungen.[72] Ebenfalls positiv im genannten Sinne fiel die Beurteilung Welzels – weniger seiner Arbeit – in der Deutschen Justiz aus, dem „Sprachrohr und Organ des Reichsjustizministeriums"[73]: So anerkannte *Mezger* – trotz mancher inhaltlicher Bemängelung – Welzels „Streben nach und seine Mitarbeit an einer neuen, in sich selbst gefestigten, dem Leben der Gegenwart zugewandten Strafrechtslehre".[74] Lobende Worte finden sich auch in der Buchbesprechung *Berges'* im Deutschen Strafrecht: „Zukunftsweisend und unabdingbar" gemahnten die Feststellungen Welzels zu *Liszts* Strafrechtslehren „an eine gemeinschaftserfüllte und soziale Ausgestaltung unseres künftigen Strafrechts".[75] *Schaffstein* schließlich schrieb in seinem Literaturbericht Welzels Arbeit das Verdienst zu, „die Erneuerung des strafrechtlichen Denkens um ein wesentliches Stück vorwärts getragen zu haben"[76]. Er zählte sie sogar zu „den wichtigsten und wertvollsten strafrechtswissenschaftlichen Arbeiten der letzten Jahre".[77] Insbesondere lobte *Schaffstein* Welzels „Bemühungen um eine Neuorientierung der Handlungslehre durch eine Überwindung des kausal-mechanischen Willensbegriffs". Er bezweifelte jedoch, dass die herkömmlichen Begriffe und Kategorien noch in der Lage seien, „den Anforderungen einer neuen Denkweise in der Dogmatik Genüge zu leisten", und ob das „philosophisch-methodologische Moment" in Welzels Arbeit „den entscheidenden Ansatzpunkt für einen wirklichen Durchbruch durch das in der Vergangenheit angehäufte Begriffsgestrüpp" geben könne. Interessant ist an dieser Besprechung *Schaffsteins*, dass sie sich im Literaturbericht zum „Strafrecht Allgemeiner Teil" befindet und nicht im später folgenden Literaturbericht zur Rechts- und Staatsphilosophie. Für die Habilitationsschrift

---

[70] Zur Zeitschrift der Akademie für Deutsches Recht siehe HEINE Juristische Zeitschriften zur NS-Zeit, S. 272 (288 f.) und STOLLEIS Geschichte des öffentlichen Rechts III, S. 308.

[71] HEINE Juristische Zeitschriften zur NS-Zeit, S. 272 (288).

[72] N. N. ZAkDR 1935, 704 (704 f.).

[73] HEINE Juristische Zeitschriften zur NS-Zeit, S. 272 (283); zur „Deutschen Justiz" im NS siehe auch RÜTHERS/M. SCHMITT JZ 1988, 369 (375 f.).

[74] MEZGER DJ 1935, 1394 (1395).

[75] BERGES DStR 1936, 60 (61).

[76] SCHAFFSTEIN ZStW 56 (1937), 112 (113).

[77] SCHAFFSTEIN ZStW 56 (1937), 112 (115).

bedeutete das in einer an Rechtsphilosophie im Wesentlichen desinteressierten Strafrechtswissenschaft des Dritten Reiches eine Aufwertung.[78]

Die hier wiedergegebenen Rezensionen zeigen, dass auch zur damaligen Zeit die Einschätzungen hinsichtlich Welzels politischer Gesinnung, gemessen an seiner Habilitationsschrift, durchaus uneinheitlich waren: Während *Adami,* der Rezensent der Juristischen Wochenschrift, wohl starke Zweifel an einer dem NS aufgeschlossenen Haltung Welzels hatte, lobten die anderen seinen Beitrag zur nationalsozialistischen Rechtserneuerung. Die Besprechungen zeigen also auch, dass Welzel bereits zu jener Zeit innerhalb der nationalsozialistischen Strafrechtswissenschaft durchaus positive Beachtung fand.[79] Eine dagegen nicht politisch motivierte Kritik stellt die Rezension *Radbruchs* dar, einer der ersten Juristen, die nach der Machtergreifung von den Nationalsozialisten aus dem Amt vertrieben worden waren.[80] Der Sozialdemokrat lobte Welzel immerhin insoweit, als dieser sich „von der unerfreulichen Neigung, durch die Bloßlegung ihrer ideologischen, zumal ihrer ‚liberalistischen', Grundlagen die Leistung wissenschaftl. Lehrsysteme entwerten zu wollen, ferner [hält] als andere Autoren".[81] Gleichzeitig bemängelte *Radbruch* jedoch, dass Welzel auf das soziale Element in von Liszts Ansatz nicht eingeht, nur weil es mit der nach Welzels Ansicht positivistischen Lehre nicht in Einklang stand. Denn beide Elemente, das liberale und das soziale, seien kennzeichnend für von Liszts Auffassung gewesen. Zudem bedauerte *Radbruch,* dass Welzel sich bei seinen Ausführungen zur Kennzeichnung des neuen Denkens, das dieser dem Positivismus und der Wertphilosophie gegenüber gestellt hatte, „merkwürdig dunkler und unausgereifter Wendungen" bediene.[82]

Der Grund für die – damals wie heute – unterschiedlichen Beurteilungen von „Naturalismus und Wertphilosophie" dürfte darin liegen, dass sich in der Arbeit zwar Elemente nationalsozialistischen Denkens niederschlagen, wie insbesondere der Anti-Positivismus, der von den Nationalsozialisten wirkungsvoll propagierte, über allem stehende Gedanke einer völkischen Gemeinschaft sowie das konkrete Ordnungsdenken als Werkzeug zur „völkischen Rechtserneuerung". Jedoch tauchen diese Bekenntnisse nur in schwacher Form und in der sehr ausführlichen Darstellung der philosophischen Systeme fast verschwindend auf.[83] Der Tonfall der Arbeit ist insgesamt moderat, die Sprache nicht immer leicht verständlich.[84] Insoweit kann die Arbeit nicht der „Kampf-

78 FROMMEL Von Strafrechtsreform zu Rechtserneuerung, S. 45 (52 f.).

79 Siehe auch die Besprechung von v. GEMMINGEN ARSP 31 (1937/1938), 244 ff.

80 HASSEMER Radbruchs Rechtsphilosophie III (Vorwort), S. VII.

81 RADBRUCH Rechtsphilosophie III, S. 29 (29); dazu aus heutiger Sicht KUBICIEL Welzel und die Anderen, S. 135 (147 f.), der hierin das „gerechteste Urteil" über „Naturalismus und Wertphilosophie" sieht.

82 RADBRUCH Rechtsphilosophie III, S. 29 (30 f.).

83 KUBICIEL Welzel und die Anderen, S. 135 (147).

84 So schon SCHÖNKE in seiner damaligen Rezension, DStR 1936, 191 (192).

literatur" zugeordnet werden, wenngleich sich die Einflüsse des „nationalsozialistischen Umbruchs" auf den Autor nicht leugnen lassen. Zu bedenken bleibt jedoch auch, dass Welzel zu jener Zeit am Anfang seiner universitären Karriere stand, für deren weiteren Weg die Habilitationsschrift entscheidend sein konnte – was sicher auch Welzel bewusst war.

Betreut wurde die Habilitationsschrift, wie bereits erwähnt, von Gotthold Bohne, zu dessen Spezialgebieten der Bereich der strafrechtlichen Eugenik gehörte.[85] Diese betrachtete *Bohne* als Aufgabe des Staates zur „Erhaltung seines kraftvollen Bestandes im Inneren und nach außen".[86] Da er die primäre Ursache der Verbrechensentstehung in erbbedingten Anlagefaktoren sah, sprach er sich für die „eugenische Reinigung des Volkes" zur Kriminalitätsbekämpfung aus. Es sei staatliche Aufgabe „Rassenhygiene zu treiben oder, was dasselbe besagt, sich eugenisch zu betätigen". Zudem bewirkten Kastration und Sterilisation seiner Meinung nach nicht nur eine Reduzierung der Kriminalität, sondern befreiten den Staat auch „von finanziellen Lasten, die er zur Pflege Erbkranker, insbes. Geisteskranker, Psychopathen, Tuberkulöser, Erbblinder, Tauber und körperlicher Krüppel, zu tragen hat". Möglicherweise findet sich hier der Grund dafür, dass *Welzel* in seiner Arbeit die Bedeutung gerade der Eugenik und der Rassenforschung für die Neugestaltung des Strafrechts hervorhob.[87] Ein weitergehender (politischer) Einfluss Bohnes auf Welzel lässt sich der Habilitationsschrift jedoch nicht entnehmen.

Zusammenfassend lässt sich sagen, dass *Welzel* sich mit seiner Habilitationsschrift thematisch wie terminologisch in die philosophischen wie rechtswissenschaftlichen Anschauungen seiner Zeit fügte, ohne dabei jedoch in seiner Ausdrucksweise „kämpferisch" oder in der Sache wegweisend zu sein.[88] Allerdings wird man sagen können, dass der junge Welzel sich mit seiner Arbeit durchaus um „Anschluss an den Zeitgeist"[89] bemühte.

II. Über die Ehre von Gemeinschaften (1937)

Auf einer Tagung der strafrechtlichen Arbeitsgemeinschaft der Reichsfachgruppe „Hochschullehrer" im NS-Rechtswahrerbund am 30. und 31. März 1937 in Eisenach hielt *Hans Welzel* den Vortrag „Über die Ehre von Gemeinschaften".

---

[85] Dillmann Beschweigen ist unverfänglicher, S. 98 (103); siehe dazu bereits oben Teil 1 I.

[86] Dazu und zum Folgenden Bohne DJZ 1934, Sp. 17 (25 f.).

[87] Welzel Naturalismus und Wertphilosophie, S. 77.

[88] Letzteres so schon Dulckeit ZfDKPhil 1935, 291 (292), der hinsichtlich des ersten Teils der Habilitationsschrift konstatiert, dass Welzel hier „rein sachlich nichts eigentlich Neues bietet".

[89] Kubiciel Welzel und die Anderen, S. 135 (143).

Der Vortrag wurde in der Zeitschrift für die gesamte Strafrechtswissenschaft veröffentlicht.[90]

1. Inhalt

In dem Vortrag setzt sich *Welzel* mit der Frage auseinander, ob und inwieweit neben der Ehre des Einzelnen auch die Ehre von Gemeinschaften strafrechtlichen Schutz genießen könne. Hierzu erläutert er in umfassender Weise die geschichtliche Entwicklung des Ehrbegriffs als Kernbestandteil des strafrechtlichen Beleidigungstatbestandes.

Ausgangspunkt *Welzels* ist, dass die Ehre eine „zutiefst geschichtliche Größe" sei.[91] Einen allgemeinen, zu aller Zeit in allen Völkern einheitlich geltenden Ehrbegriff gebe es daher nicht. Was unter Ehre und damit auch unter Ehrverletzung zu verstehen sei, unterliege vielmehr historischen Unterschieden und lasse sich nur im jeweiligen gesellschaftlichen Kontext bestimmen. *Welzel* erläutert daher zunächst den antiken Ehrbegriff, um anschließend den Wandel dieses Ehrbegriffs zum modernen christlich-sittlichen Ehrbegriff aufzuzeigen: In der Antike habe die Ehrverletzung nicht die Persönlichkeit als solche betroffen, sondern vielmehr „sachliche Güter" wie Eigentum, Stand oder Pflicht, „in denen eine Anerkennung des Ruhms und der Tapferkeit gelegen hätte". Auch bei den Germanen seien Anerkennung, Ehre und Ruhm das „höchste Gut" und das „stärkste treibende Motiv ihrer Handlungen" gewesen.[92] Dahinter habe der Glaube der heidnischen Völker an das Diesseits gestanden, der Glaube an „die unerschütterliche Geltung der menschlichen Ordnungen und ihrer Werte" in einer Welt, „in der die Tüchtigkeit ihre Anerkennung findet und fordern kann". Nur dieser Glaube konnte Ehre und Ruhm zum höchsten Gut erheben: „alle übrigen Güter sind vergänglich, nur die Ehre ist ewig". Dem habe eine „entschieden aristokratisch-herrenmäßige" Lebenshaltung zugrunde gelegen: größere Ehre dem größeren Helden, wobei insbesondere die kriegerisch-heroischen Tugenden eine Rolle spielten. Aristoteles habe hier die „ewigen Werte der antiken Herrenethik" sehr anschaulich in dem Bild des „Großgesinnten", des Mannes „von großer Art" gezeichnet: „[S]eine Größe bemesse sich nach der Größe der Ziele, deren er würdig ist und deren er sich für würdig hält; vor allem aber strebe er nach Ehre: ‚denn sie ist doch das Größte der äußern Güter'". Nur auf diesen Großgesinnten, den „Herrenmenschen"[93], sei die vorchristlich-antike und germanische Ehre ausgerichtet gewesen.

Der moderne christliche Ehrbegriff werde dagegen durch das in der Antike noch unbekannte „Prinzip der Subjektivität" geprägt. Die Verletzung der

[90] ZStW 57 (1938), 28.
[91] Dazu und zum Folgenden WELZEL ZStW 57 (1938), 28 (28 ff.).
[92] WELZEL ZStW 57 (1938), 28 (32 f.).
[93] WELZEL ZStW 57 (1938), 28 (35).

Ehre betreffe nach diesem Verständnis die Persönlichkeit als solche und den Wert, den das Subjekt sich selbst zuschreibe. Damit habe durch das Christentum eine „ungeheure Umwertung der Werte“ stattgefunden, die es nunmehr schwer mache, die Berechtigung und die Werte eines Ehrbegriffs zu sehen, dessen Grund gerade nicht in der „Innerlichkeit“ und im Gewissen des Einzelnen liege.[94] Mit dem Einzug des christlich-sittlichen Ehrbegriffs und seiner Verankerung in der Subjektivität und im Gewissen des Einzelnen habe sich das Verständnis von Ehre geändert. So verankerte *Kant* die Ehre „in der Idee des Menschen als eines moralischen Wesens, in der allgemeinen Menschenwürde“.[95] Achtung und Ehre galten also nicht mehr, wie nach dem antiken Ehrbegriff, nur dem „Großgesinnten“, dem „Mann großer Art“, sondern dem „Menschen als moralischem, seine Pflicht höchstschätzendem Wesen“. Dieser „subjektiv-verinnerlichte“ christliche Ehrbegriff sei zum „eigentlichen“ Ehrbegriff erhoben worden mit der Folge, dass auch nur der Einzelne ehrfähig sein konnte. Auf dieser Grundlage sei auch *Binding* Anfang des 20. Jahrhunderts zu dem Schluss gekommen, dass Gemeinschaften zwar allenfalls einen Anspruch auf Respekt, mangels eigenen Gewissens jedoch keine Ehre haben könnten.[96] Eine Gemeinschaftsehre habe es nach diesem Verständnis nicht geben können. Denn wo die Ehre in der Subjektivität, im „Selbstgefühl“, im „Bewusstsein als sittlich-moralischer Person“ liege, da müsse Gemeinschaften die „wahre“, „echte“, „eigentliche“ Ehre abgehen.

Welzel wehrt sich jedoch dagegen, dass dieser christlich-sittliche Ehrbegriff der einzig mögliche, der „wahrhafte“ oder „echte“ Ehrbegriff sein soll. Er sei vielmehr nur die Ehrvorstellung „einer bestimmten existenziellen Daseinsweise“.[97] Zwar erkennt auch *Welzel*, dass der antike Ehrbegriff, der nur dem „Großgesinnten“ galt, in der heutigen Zeit nicht mehr gelten könne. Denn nach den gegenwärtigen Grundwerten habe auch der „niedrig-gemeine Mann“ die gleiche Ehre und den gleichen Anspruch auf Achtung seiner Person, wie schon *Kant* gezeigt hatte. Im Gegensatz zu *Kant* aber, der dieses Ehrverständnis in der Menschenwürde begründet sah, liegt für *Welzel* der Grund für die Ehre eines Menschen in der „Treue eines jeden vor sich selbst, vor seinem tiefsten Wesenskern, der nicht lediglich individuell ist, sondern der in der Einheit leiblichen und geistigen Seins die ganze organische und geschichtliche Vergangenheit des ihn prägenden Volkstums in sich schließt“. Damit weise „die Ehre des Einzelnen über sich selbst zu überindividuellen Gesamtheiten hinaus und zeigt uns denjenigen Lebensraum an, in dem diese Gemeinschaften ihr spezifisches Dasein führen: die Geschichte“. Für *Welzel* ist „der Boden der Gemeinschaftsehre“ somit die Geschichte.

---

94 Dazu und zum Folgenden WELZEL ZStW 57 (1938), 28 (35).
95 WELZEL ZStW 57 (1938), 28 (38).
96 WELZEL ZStW 57 (1938), 28 (31, 39) mit Verweis auf BINDING Lehrbuch BT I, S. 140 f.
97 Dazu und zum Folgenden WELZEL ZStW 57 (1938), 28 (39 ff.).

Der Einzelne sei als *geschichtliches* Wesen „Geschöpf, Glied und Gestalter überindividueller Gemeinschaften". Die Geschichtlichkeit sei für ihn also nur „Bezug". Für die Gemeinschaften aber sei sie „unmittelbare Wesensbestimmung". Während der Einzelne geschichtlich nur *innerhalb* der Gemeinschaft existiere, sei Geschichtsträger „im eigentlichen Sinne" nur die Gemeinschaft selbst. Die Ehre der Gemeinschaft umfasse zwar auch die sittliche Haltung ihrer Glieder, gehe aber weit darüber hinaus und beinhalte auch „die Leistungen und Taten und überhaupt die ganze geschichtliche Bedeutung und Größe einer Gemeinschaft". Der Ehrbegriff der Gemeinschaft sei daher ein wesentlich anderer als der christlich-sittliche Ehrbegriff des Einzelnen. Er nähere sich vielmehr in seiner Eigenart stark dem antiken und altgermanischen Ehrbegriff an. Dies zeige sich am deutlichsten bei derjenigen Gemeinschaft, die im Zentrum der Gemeinschaftsehre überhaupt stehe – dem „zum Bewusstsein seiner selbst und damit zum Bewusstsein seiner historischen Aufgabe gekommenen Volk". Die Ehre des Volkes beinhalte nämlich – ähnlich dem antiken Ehrbegriff – auch sachliche Güter, Schöpfungen und Werke, „die den welthistorischen Rang des Volkes begründen". Dazu gehörten etwa „die Leistungen und das Wirken seiner großen Repräsentanten als Verkörperung seines Wesens" und „die Großtaten seiner Heere". Neben dem Volk in seiner Gesamtheit spricht *Welzel* vor allem den „staatstragenden Gemeinschaftskräften" eine Gemeinschaftsehre zu. Hierunter sollen insbesondere „die staatstragende Bewegung mit ihren Gliederungen und die Wehrmacht" fallen. Zu ihrer Ehre gehöre, ebenso wie zur Ehre des Reiches, „auch die Ehre der höchsten Führung".[98]

Welchen Gemeinschaften darüber hinaus eine Ehre zuzusprechen sei, müsse ebenfalls nach Kriterien beurteilt werden, die sich aus dem Moment der Geschichtlichkeit ergeben – wobei Geschichtlichkeit „die objektive Bedeutsamkeit im völkischen Dasein" meine und „nicht nur die aus der Vergangenheit weiterwirkenden, sondern vor allem auch die neuen, Gegenwart und Zukunft des völkischen Daseins gestaltenden Gemeinschaftskräfte" umfasse.[99] Diese Kriterien sind für *Welzel*: die geschichtliche (volkswichtige) Bedeutsamkeit durch Erfüllung volkswichtiger Funktionen, die geschichtliche Konstanz sowie die innere Geschlossenheit der Gesellschaft.[100]

---

[98] Nach dem Bericht der amtlichen Strafrechtskommission war insoweit die Aufnahme eines Tatbestandes der *„Verunglimpfung des Führers und Reichskanzlers"* vorgesehen. Mit diesem Tatbestand sollte „der im Laufe der liberalen Zeit verlorengegangene politisch wichtige Autoritätsschutz wieder gewährt" werden und alle öffentlichen Verunglimpfungen des Führers und Reichskanzlers umfasst werden, NAGLER/Gürtner, Das kommende deutsche Strafrecht BT, S. 109 f.

[99] WELZEL ZStW 57 (1938), 28 (42).

[100] WELZEL ZStW 57 (1938), 28 (43 f.).

2. Analyse

Für seinen Vortrag „Über die Ehre von Gemeinschaften" im Jahr 1937 wählte *Welzel* ein damals aktuelles Thema. Die Ehrfähigkeit von Gemeinschaften war zu jener Zeit sowohl in der rechtswissenschaftlichen Literatur als auch in der Praxis ein lebhaft diskutiertes Problem. Denn die Anschauung über Wesen und Wert der Ehre hatte sich im Dritten Reich deutlich gewandelt: Die „Ehre" war ein Zentralbegriff der nationalsozialistischen Weltanschauung, sie galt als „das höchste Gut, wertvoller als das Leben".[101] Dabei stand im Mittelpunkt der Betrachtung jedoch weniger die Ehre des Einzelnen, als vielmehr die Ehre der Gemeinschaft.[102] Ehrenträger sollten daher nicht mehr nur Einzelpersonen sein, sondern auch Gemeinschaften, in erster Linie das deutsche Volk. *Hitler* selbst hatte dies in einer Rede am 12.03.1936 in Karlsruhe deutlich gemacht. Er war

> „eingetreten für die deutsche Ehre in der Überzeugung, dass, wie ein einzelner Mensch nicht ohne Ehre zu leben vermag, auch ein Volk nicht ohne Ehre leben kann. Nur charakterlose Menschen können glauben, dass solche Ehrbegriffe für das Vaterland nicht nötig sind. Ich bin überzeugt, dass, wenn das deutsche Volk nicht bewusst zu dieser Ehre erzogen wird und gewillt ist, für sie einzustehen, ihm auch auf die Dauer das tägliche Brot auf dieser Welt nicht gesichert sein wird"[103].

Hinter dem Gedanken einer Gemeinschaftsehre stand die nationalsozialistische Idee einer Volksgemeinschaft, welche „vor und über der Einzelpersönlichkeit"[104] stehen sollte. Prinzipien wie „Du bist nichts, dein Volk ist alles" und „Gemeinnutz geht vor Eigennutz"[105] zeigen, dass der Einzelne im Dritten Reich nur als dienendes Glied des Volksganzen gesehen wurde. Ehre besaß der Einzelne „nur dadurch, dass er als Glied in einer Gemeinschaft lebt, der er angehört".[106] Zwar wurde der Ehre des einzelnen „Volksgenossen" ein hoher Stellenwert zugesprochen, dies jedoch nur deswegen, weil eine Verletzung der Ehre des Einzelnen stets „zugleich ein Angriff auf die Ehre des Volkstums" bedeutete, „dessen Glied der Einzelne ist"[107]. Eine solche Auffassung wird auch bei *Welzel* deutlich, wenn er in seinem Vortrag ausführt, der Einzelne existiere „geschichtlich nur *innerhalb* der Gemeinschaft als Glied, Repräsentant, Führer oder Widersacher; Geschichtsträger im eigentlichen Sinne, als dasjenige, an dem etwas geschieht", sei aber „nur die Gemeinschaft".[108] Auch sonst fehlt es

---

101 H. Frank NS-Handbuch, S. 13; Kerrl Denkschrift, S. 80.

102 Dazu Waldow, S. 15 ff., 31 f., 39 ff.

103 Zitiert nach Ritter ZAkDR 1936, 580 (580).

104 Schäfer DJ 1936, 608 (608).

105 So bereits in Punkt 24 des Parteiprogramms der NSDAP von 1920, siehe Anderbrügge, S. 48, 78 in Fn. 68; Stolleis Gemeinwohlformeln, S. 76.

106 Brandt DR 1934, 393 (393); ebenso Dahm DR 1934, 417 (417).

107 Kerrl Denkschrift, S. 80.

108 Welzel ZStW 57 (1938), 28 (40 f.); Hervorhebung im Original.

in *Welzels* Vortrag nicht an Anklängen an die „völkische Idee“[109]: Mit der Betonung der „Ehre des politischen Volkes“, die „von jeher […] im Mittelpunkt des Ehrbewusstseins eines zu historischer Bedeutung aufsteigenden Volkes gestanden [hat]“, in der sich „wie in einem Hohlspiegel das ganze Wissen von der Macht und Größe des Volkes“ sammle und die „der Ruhm und das Ansehen [ist], worauf es [das Volk] durch seine Leistung und Tüchtigkeit bei Freund und Feind einen berechtigten Anspruch hat“,[110] lag *Welzel* inhaltlich wie terminologisch ganz auf der Linie der Nationalsozialisten.

Nationalsozialistisches Denken kennzeichnet ebenso *Welzels* mehrfacher Bezug auf den germanischen Ehrbegriff, den er als den „Grundwert ihres sozialen Daseins überhaupt“ bezeichnete, das „höchste Gut und das stärkste treibende Motiv ihrer Handlungen“[111]. Die Verherrlichung des Germanentums im Nationalsozialismus dürfte auch ein weiterer Grund für den hohen Stellenwert der Ehre gewesen sein. So erklärte schon *Alfred Rosenberg* in seinem „Mythus des 20. Jahrhunderts“: „Wenn irgendwo der Begriff der Ehre Zentrum des ganzen Daseins gewesen ist, so im nordischen, im germanischen Abendland.“[112] Zwar stellte *Welzel* insoweit klar, dass der Ehrbegriff „unserer Gegenwart“ im Unterschied zum germanischen Ehrbegriff nicht mehr nur auf den „Herrenmenschen“, den „Großgesinnten“ ausgerichtet sein könne. Vielmehr gelte Ehre auch, wie *Kant* es formulierte, dem Mann „kleinen Zuschnitts“.[113] Im Übrigen behielt *Welzel* den Bezug zum Germanentum jedoch bei und verankerte die Ehre des Menschen entgegen *Kant* nicht in der Menschenwürde, sondern „im Anklang an einen *germanischen* Grundwert“ in der „Treue eines jeden vor sich selbst, vor seinem tiefsten Wesenskern, der […] die ganze organische und geschichtliche Vergangenheit des ihn prägenden Volkstums in sich schließt“.[114] Gleichzeitig wird hier auch die Verknüpfung von Ehre und Treue in der nationalsozialistischen Weltanschauung deutlich: Die Treue war für die Nationalsozialisten eine grundlegende Tugend und sichtbare Äußerung der Ehre.[115] Entsprechend sah auch *Welzel* die Ehre des Einzelnen „in der Treue gegenüber seiner geschichtlichen Substanz“[116].

Als Träger einer Gemeinschaftsehre nannte *Welzel* neben dem deutschen Volk insbesondere die dessen „geschichtliche Gestalt tragenden und gliedernden Gemeinschaftskräfte“, wozu insbesondere „die staatstragende Bewegung

---

[109] ANDERBRÜGGE, S. 68.
[110] WELZEL ZStW 57 (1938), 28 (41).
[111] WELZEL ZStW 57 (1938), 28 (33).
[112] ROSENBERG, S. 152.
[113] WELZEL ZStW 57 (1938), 28 (34 f., 39 f.).
[114] WELZEL ZStW 57 (1938), 28 (40); Hervorhebung durch die Verfasserin.
[115] Siehe BRANDT DR 1934, 393 (394); sowie der Wahlspruch der Schutzstaffel („SS“): „Meine Ehre heißt Treue“; dazu aus heutiger Sicht WALDOW, S. 46 f.
[116] WELZEL ZStW 57 (1938), 28 (40).

mit ihren Gliederungen“ und die Wehrmacht gehörten.[117] Ersteres meint hier unzweifelhaft die NSDAP mit ihren Unterorganisationen wie die SA, die SS oder die Hitlerjugend. Nicht ehrfähig sollten dagegen solche Gemeinschaften sein, die keine geschichtlich bedeutsame Funktion erfüllten oder destruktive Ziele haben, etwa Verbrecherorganisationen sowie „volkszerstörende, z. B. hoch- und landesverräterische Verbindungen“.[118] Hierunter dürften vor allem ausländische Vereinigungen fallen sowie bestimmte (nicht ideologiekonforme) religiöse und wissenschaftliche Vereinigungen. Dies geht insbesondere aus den – deutlich schärferen – Ausführungen *Dahms* zum Ehrenschutz von Gemeinschaften hervor, in denen er ausländischen Vereinigungen mit dem Hinweis auf die fehlende „sinnvolle Funktion in der Volksgemeinschaft“ eine Gemeinschaftsehre absprach.[119] Ferner konnten für *Dahm* religiöse und wissenschaftliche Vereinigungen nicht ohne Weiteres ehrenfähige Gemeinschaften sein. Die Übereinstimmung in bestimmten Ideen und Anschauungen allein könnten eine solche Gemeinschaft nämlich noch nicht begründen; vielmehr müsse diese Gemeinsamkeit „sichtbarer und dauerhafter sein, und zwar nicht nur in Gestalt einer ‚Organisation‘“, sondern auch durch das „Zusammensein und Füreinandereintreten der Gesinnungsgenossen“ – für *Dahm* übrigens „ein wahrhaft germanischer Rechtsgedanke“[120]. Das alles lässt sich unschwer dahingehend deuten, dass Ehrfähigkeit nur mit Ideologiekonformität einhergehen konnte.[121] Das dürfte ebenso für *Welzels* Ausführungen gelten. Wie dieser nämlich ausdrücklich klarstellte, konnten ehrfähige Gemeinschaften nur solche sein, „die *positive* Bedeutung im gesamtvölkischen Dasein haben“[122]. Daher forderte er die „Erfüllung volkswichtiger Funktionen“ und schloss Organisationen mit „destruktiven Zielen“ aus dem Kreis der ehrfähigen Gemeinschaften aus.[123]

Mit seiner Forderung nach einer strafrechtlich geschützten Gemeinschaftsehre war *Welzel* 1937 allerdings kein juristischer Vorreiter.[124] Vielmehr bewegte er sich damit ganz im Strom der herrschenden Auffassung des juristischen Schrifttums[125]. Schon seit der Machtergreifung der Nationalsozialisten hatte sich die bis dahin in Wissenschaft und Praxis herrschende Auffassung[126],

[117] Welzel ZStW 57 (1938), 28 (42).
[118] Welzel ZStW 57 (1938), 28 (43).
[119] Dahm FS Gleispach, S. 1 (34 ff., 47).
[120] Dahm FS Gleispach, S. 1 (37).
[121] So schon Sticht, S. 21.
[122] Welzel ZStW 57 (1938), 28 (42 in Fn. 55); Hervorhebung im Original.
[123] Welzel ZStW 57 (1938), 28 (43).
[124] So schon Kubiciel Welzel und die Anderen, S. 135 (149).
[125] Stellvertretend Adami DRiZ 1935, 337 f.; Dahm FS Gleispach, S. 1 ff.; ders. DR 1934, 417 (418); ders./Gürtner, Das kommende deutsche Strafrecht BT, S. 419; Freisler DJ 1936, 1458 ff.; ders. DStR 1936, 65 (84 f.); v. d. Goltz DStR 1936, 209 (210 f.); Kuhn DJ 1935, 1494 ff.; Ramm, S. 76 f.; Ritter ZAkDR 1936, 580 ff.; Siegert Grundzüge, S. 110; siehe dazu aus heutiger Sicht Brezina, S. 36 f.; Waldow, S. 81 ff.
[126] RGSt 1, 178 (178) = Urt. v. 31.01.1880; RGSt 3, 246 (247) = Urt. v. 07.01.1881;

dass Träger der Ehre nur der Einzelne sein könne, gewandelt. In der Zeitschrift „Deutsches Recht" schrieb etwa schon 1934 der SS-Sturmhauptführer *Günther Brandt*:

„In einem wahrhaften Gemeinschaftsleben des Volkes sind die Grundvorstellungen in der Gemeinschaft lebendig, und die Wertungen, die Entwicklung und die Gestaltung [...] des Ehrbegriffs vollzieht sich nicht in dem privaten Gewissen des Einzelmenschen, sondern unmittelbar aus dem Gemeinschaftsgeist heraus. Mit Notwendigkeit ergibt sich somit die Erkenntnis, dass je stärker der Gemeinschaftsgedanke lebendig ist [...], eine umso größere Rolle der Gedanke der Ehre im Volksleben spielen muss. Das Recht aber ist nur der unmittelbare Ausdruck solchen Gemeinschaftslebens. Daher wird in unserer Zeit, die den Gemeinschaftsgedanken von Grund auf bejaht und ihn im nationalsozialistischen Geiste pflegt und ausgestaltet, auch im Rechtsleben die Ehre und ihr Schutz eine immer größere Rolle spielen müssen."[127]

Dementsprechend fand auch der Landgerichtsrat *Kuhn* ein Jahr später, dass es im dritten Jahre des Nationalsozialistischen Staates „erstaunlich" sei, feststellen zu müssen, dass die SA, die SS oder andere Gliederungen der NSDAP als solche, als Gesamtheit, nach der herrschenden Ansicht in Lehre und Praxis nicht beleidigungsfähig seien.[128] Denn diese Gliederungen seien nicht nur eine Summe von Einzelnen, sondern eine von der Summe der sie bildenden Menge losgelöste, selbständige „reale Macht", welche „mit vollem Recht [beansprucht], dass ihre Ehre vom Staat anerkannt und geschützt wird". Die Ehre der SA, der SS und sonstiger Gliederungen der NSDAP seien „etwas anderes und mehr [...], als die Ehre der einzelnen Angehörigen".[129] Ähnlich äußerte sich *Adami* im selben Jahr, für den die Ablehnung der Beleidigungsfähigkeit der SA durch das Oberlandesgericht Breslau[130] „dem Wesen der NSDAP und ihren Gliederungen nicht gerecht" werde und „das individualistische Rechtsdenken einer überwundenen Epoche" offenbare.[131] Bereits 1936 konnte *Dahm* dann jedoch zufrieden feststellen, dass sich die Auffassung über den Ehrenschutz der Gemeinschaft seit der nationalsozialistischen Revolution wesentlich gewandelt und das neue Schrifttum die zuvor herrschende Auffassung „vom Standpunkt eines neuen völkischen Rechtsgedankens bekämpft" habe.[132]

Auch der nationalsozialistische Gesetzgeber war in diesem Bereich zwar schon tätig geworden: In den § 90f StGB a. F.[133], §§ 134a, 134b StGB a. F.[134]

RGSt 4, 75 (75) = Urt. v. 12.04.1881; RGSt 68, 120 (123) = Urt. v. 17.04.1934; BINDING Lehrbuch BT I, S. 140 f.

127 BRANDT DR 1934, 393 (394).

128 Dazu und zum Folgenden KUHN DJ 1935, 1494 (1494 f.).

129 KUHN DJ 1935, 1494 (1496).

130 Urt. v. 24.05.1935, DRiZ 1935, 557 f.

131 ADAMI DRiZ 1935, 337 (337).

132 DAHM FS Gleispach, S. 1 (1).

133 RGBl. 1934 I, S. 343.

134 RGBl. 1932 I, S. 549 und RGBl. 1935 I, S. 841.

sowie den §§ 1 und 2 des Heimtückegesetzes[135] war bereits ein Sonderrechtsschutz für das Volk und seine tragenden Gemeinschaftskräfte normiert worden.[136] Doch wurden diese Regelungen nicht als ausreichend erachtet, um sämtliche Angriffe auf die Ehre vor allem der NSDAP und ihren Gliederungen strafrechtlich zu erfassen. Das Heimtückegesetz etwa schützte zwar die Partei und ihre Gliederungen vor entstellenden Behauptungen tatsächlicher Art, nicht jedoch vor reinen Werturteilen. Zudem sollte dem Schutz der Ehre im künftigen nationalsozialistischen Strafrecht generell ein höherer Stellenwert zukommen.[137] Die mit der Strafrechtserneuerung befasste amtliche Strafrechtskommission plante daher die Einführung weiterer Tatbestände zum Schutz der Ehre von Volk und Bewegung sowie zum Schutz der Wehrmacht, der Rassenehre sowie der Gemeinschaftsehre.[138] *Welzel* begrüßte diese geplante Erweiterung des Ehrenschutzes, namentlich den vorgesehenen Strafschutz „gegen Herabwürdigung der historischen Leistungen des deutschen Volkes und seiner Repräsentanten". Denn die Ehre der Gemeinschaft umfasse auch die Leistungen und Taten und überhaupt die ganze geschichtliche Bedeutung und Größe einer Gemeinschaft, die Schöpfungen und Werke, die den welthistorischen Rang des Volkes begründen, sowie die Großtaten seiner Heere.[139]

Zuletzt hatte auch die Rechtsprechung eine Gemeinschaftsehre – außerhalb der bis dahin gesetzlich normierten Fälle – anerkannt. Trotz der neuen rechtspolitischen Entwicklungen war das Reichsgericht seiner Linie[140] zunächst treu geblieben: 1934 hatte es darüber zu entscheiden, ob die Äußerung „Die SA und SS sind lauter Lumpe" den Tatbestand des § 3 Abs. 1 der Heimtückeverordnung vom 21. März 1933[141] erfülle.[142] Danach wurde bestraft, wer „eine unwahre oder gröblich entstellte Behauptung tatsächlicher Art aufstellt oder verbreitet, die geeignet ist, das Wohl des Reichs oder eines Landes oder das Ansehen der Reichsregierung oder einer Landesregierung oder der hinter diesen Regierungen stehenden Parteien oder Verbände schwer zu schädigen". Dies war im ge-

---

135 RGBl. 1934 I, S. 1269 f.

136 Dahm nennt im Zusammenhang mit dem Ehrenschutz des deutschen Volkes auch das Gesetz zum Schutz des deutschen Blutes und der deutschen Ehre (RGBl. 1935 I, S. 1146 f.), Dahm FS Gleispach, S. 1 (1 in Fn. 2).

137 Siehe Dahm/Gürtner, Das kommende deutsche Strafrecht BT, S. 397.

138 Siehe Dahm/Gürtner, Das kommende deutsche Strafrecht BT, S. 71 ff. (Schutz der Bewegung), S. 100 f., 109 f. (Schutz der Ehre des deutschen Volkes und des deutschen Reiches, der „großen Vertreter des deutschen Volkes", der Taten der deutschen Volksheere, des Führers und Reichskanzlers sowie der deutschen Vergangenheit), 264 ff. (Schutz der politischen Führung), S. 114 f. (Schutz der „Rassenehre"), S. 123, 127 f. (Schutz der Wehrmacht) und S. 418 f. (zum Schutz der Gemeinschaftsehre überhaupt).

139 Welzel ZStW 57 (1938), 28 (40 f.)

140 Vgl. RGSt 1, 178 (178) = Urt. v. 31.01.1880; RGSt 3, 246 (247) = Urt. v. 07.01.1881; RGSt 4, 75 (75) = Urt. v. 12.04.1881; RGSt 68, 120 (123) = Urt. v. 17.04.1934.

141 RGBl. 1933 I, S. 135.

142 RGSt 68, 120 = Urt. v. 17.04.1934

nannten Fall zu verneinen, da es sich bei der Aussage nicht um eine Behauptung tatsächlicher Art, sondern um ein Werturteil handelte. Damit lag aber eine Beleidigung vor. Die Beleidigungsfähigkeit von Personenmehrheiten als solche lehnte das Reichsgericht weiterhin ab. Eine Strafbarkeit des Angeklagten bejahte es trotzdem, weil es „die unter den Sammelbegriff fallenden einzelnen Personen" als beleidigt ansah.[143] Zwei Jahre später gab das Reichsgericht seine bisherige Rechtsprechung jedoch ausdrücklich auf[144] – nachdem auch schon 1935 das Oberlandesgericht Hamburg die passive Beleidigungsfähigkeit des Nationalsozialistischen Frontkämpferbundes („Stahlhelm") bejaht hatte.[145] Wie das Reichsgericht hierzu ausführte, könne die Ablehnung der Beleidigungsfähigkeit von Gemeinschaften „nach der jetzigen Rechtsanschauung, die die Gemeinschaften [...] in den Mittelpunkt der rechtlichen Betrachtungsweise stellt, nicht in dieser Allgemeinheit aufrechterhalten werden"[146]. Im juristischen Schrifttum wurde die Entscheidung allgemein begrüßt.[147] *Dahm* etwa meinte: „Damit hat auch die Rechtsprechung eine Ansicht überwunden, die in der Tat unhaltbar ist und nationalsozialistischem Rechtsempfinden geradezu ins Gesicht schlägt".[148]

Trotz der somit in Lehre und Praxis nahezu einhelligen Befürwortung einer Gemeinschaftsehre – primär für das deutsche Volk, die NSDAP mit ihren Gliederungen und die Wehrmacht – blieben jedoch die meisten Autoren einer tragfähigen Begründung für die passive Beleidigungsfähigkeit von Personengesamtheiten schuldig.[149] Frühere Versuche, die Ehre einer Gemeinschaft an deren Rechtspersönlichkeit zu knüpfen,[150] waren – auch von *Welzel* – abgelehnt worden.[151] Stattdessen leiteten ihre Verfechter die Gemeinschaftsehre im Wesentlichen aus dem nationalsozialistischen Gedanken der über der Einzelpersönlichkeit stehenden (Volks-)Gemeinschaft ab.[152] Eine Gemeinschaft ohne Ehre war nach nationalsozialistischem Selbstverständnis „schlechterdings undenkbar", denn die Ehre war „Voraussetzung und Kern ihres Daseins".[153] Eine Stütze fand man auch im geltenden Strafrecht: So wurde den Bestimmungen

---

[143] RGSt 68, 120 (123 f.) = Urt. v. 17.04.1934.

[144] RGSt 70, 140 = Urt. v. 12.03.1936.

[145] OLG Hamburg, Urt. v. 18.03.1935, Ss 15/35 = OLG Hamburg, HRR 1935, S. 1348.

[146] RGSt 70, 140 (141) = Urt. v. 12.03.1936.

[147] Etwa DAHM FS Gleispach, S. 1 (2); H. FRANK DR 1937, 265 (268); FREISLER DJ 1936, 1458 (1460); V. D. GOLTZ DStR 1936, 209 (210); SCHÄFER DJ 1936, 608 (608).

[148] DAHM/Gürtner, Das kommende deutsche Strafrecht BT, S. 418 f.

[149] So bereits BREZINA, S. 36.

[150] Etwa KOHLER GA 1900, 98 (141 f.); dazu R. FRANK vor § 185 II 4 (S. 402) mit weiteren Nachweisen.

[151] WELZEL ZStW 57 (1938), 28 (44, 48); ferner etwa DAHM FS Gleispach, S. 1 (23 ff., 32); FREISLER DJ 1936, 1458 (1461 f.).

[152] ADAMI DRiZ 1935, 337 (338); V. D. GOLTZ DStR 1936, 209 (210); KUHN DJ 1935, 1494 (1497); SCHÄFER DJ 1936, 608 (608); RGSt 70, 140 (141) = Urt. v. 12.03.1936.

[153] DAHM FS Gleispach, S. 1 (22).

der §§ 196, 197 StGB a. F.[154] ganz überwiegend entnommen, dass der Gesetzgeber die passive Beleidigungsfähigkeit von Gesamtpersönlichkeiten grundsätzlich voraussetze, in den genannten Normen habe er nur das Strafantragsrecht regeln wollen.[155] Die zuvor herrschende Auffassung, dass Träger einer Ehre nur Einzelpersonen sein könnten, wurde als „individualistisch" und „liberalistisch" abgelehnt[156] – das „Zeitalter des Individualismus" sei vorbei. Nach nationalsozialistischer Weltanschauung seien vielmehr „die Gemeinschaften das Wichtigste und Entscheidende […] und nicht die einzelnen, die die Gemeinschaft bilden".[157]

Welzel dagegen argumentierte nicht unmittelbar mit dem Gemeinschaftsgedanken oder nationalsozialistischem Rechtsempfinden. Er nannte als Grund für die zuvor herrschende Nichtanerkennung einer Gemeinschaftsehre vielmehr den subjektivierten christlich-sittlichen Ehrbegriff, der den Weg zur Anerkennung einer Gemeinschaftsehre „versperren" musste. Der „Boden der Gemeinschaftsehre" sei jedoch nicht – wie für die Einzelehre – die Ethik, sondern die Geschichte. Die Geschichtlichkeit sei „unmittelbare Wesensbestimmung", „das spezifische Medium" der Gemeinschaftsehre.[158] Erst über diese Verknüpfung – die Ehre der Gemeinschaft als „Moment der Geschichtlichkeit" – kam *Welzel* dann wieder zurück auf das Germanentum und erklärte, dass sich der Ehrbegriff der Gemeinschaft „in seiner Eigenart stark dem antiken und altgermanischen Ehrbegriff [nähert]."[159] *Welzel* stützte seine Begründung für die Anerkennung der Gemeinschaftsehre somit zwar vordergründig zentral auf die Geschichtlichkeit. In geschickter Weise stellte er jedoch immer wieder die Verbindung mit zentralen Elementen des nationalsozialistischen Weltbildes her, wie der über allem stehenden Volksgemeinschaft, dem Germanentum und der Treuepflicht des Einzelnen.

---

154 RGBl. 1871, S. 164 f.:

§ 196 StGB a. F.: „Wenn die Beleidigung gegen eine Behörde, einen Beamten, einen Religionsdiener oder ein Mitglied der bewaffneten Macht, während sie in der Ausübung ihres Berufs begriffen sind, oder in Beziehung auf ihren Beruf, begangen ist, so haben außer den unmittelbar Betheiligten auch deren amtliche Vorgesetzte das Recht, den Strafantrag zu stellen."

§ 197 StGB a. F.: „[1] Eines Antrags bedarf es nicht, wenn die Beleidigung gegen eine gesetzgebende Versammlung des Reichs oder eines Bundesstaats, oder gegen eine andere politische Körperschaft begangen worden ist.

[2] Dieselbe darf jedoch nur mit Ermächtigung der beleidigten Körperschaft verfolgt werden."

155 ADAMI DRiZ 1935, 337 (338); GERLAND GS 110 (1938), 9 (22); KUHN DJ 1935, 1494 (1496); OLG Hamburg, Urt. v. 18.03.1935, HRR 1935, S. 1348; anderer Ansicht FREISLER DJ 1936, 1458 (1459); DERS. DStR 1936, 65 (84).

156 ADAMI DRiZ 1935, 337 (338); DAHM FS Gleispach, S. 1 (4 f., 18 f.); FREISLER DJ 1936, 1458 (1459).

157 KUHN DJ 1935, 1494 (1497).

158 WELZEL ZStW 57 (1938), 28 (40).

159 WELZEL ZStW 57 (1938), 28 (40).

Damit zeigte *Welzel* in seinem Vortrag aus dem Jahr 1937 eine klare Hinwendung zum Nationalsozialismus. Im Gegensatz zur noch eher zurückhaltenden Habilitationsschrift aus dem Jahr 1935 finden sich hier durchgängig eindeutig ideologische Inhalte. So leistete *Welzel* mit dem Vortrag „Über die Ehre von Gemeinschaften" seinen Beitrag zur Umsetzung des nationalsozialistischen Weltbildes im Bereich des materiellen Strafrechts.

III. Über die Grundlagen der Staatsphilosophie Hegels (1937)

In einer Ringvorlesung an der Universität Göttingen hielt *Welzel* 1937 den Vortrag „Über die Grundlagen der Staatsphilosophie Hegels". Der Vortrag wurde im selben Jahr in dem von Artur Schürmann herausgegebenen Sammelband „Volk und Hochschule im Umbruch" veröffentlicht. Im „Verzeichnis der Schriften von Hans Welzel", welches seiner Festschrift vorangestellt ist, ist er jedoch nicht aufgeführt.

1. Inhalt

Welzel befasst sich in diesem Vortrag mit der Frage, „ob und inwieweit die Grundstützen der Hegelschen Rechts- und Staatsphilosophie für die Neugestaltung unseres Rechts noch tragfähig sind".[160] Grundlage der hegelschen Staatsphilosophie sei die „idealistische Zweiweltentheorie", der Dualismus von Geist und Natur, in dem sich „das Reich des Geistes" über das der Natur erhebt. Nach *Hegel* gehe der Geist aus dem Tode der Natur hervor. Die natürlich-existenziellen Bedingungen, das „Biologische" im umfassenden Sinne, seien für den Geist etwas Gleichgültiges.[161] Das „Reich des Geistes" erhebe sich über das Reich der Natur. Der Mensch als geistiges Wesen bilde den Gegensatz zur natürlichen Welt und erhebe sich in die zweite Welt, „die auch die Welt des Staats und des Rechts ist", von der die Natur ausgeschlossen sei. Für den hegelschen Staat, als Ausformung des Geistes, sei somit „der blutsmäßige Generationenzusammenhang nur ein ‚sich verunwirklichendes Abstraktum'"[162].

Welzel missfällt, dass *Hegel* die Bedeutung der naturhaften Elemente für den Geist fast vollständig außer Acht lässt. So sei auch *Hegels* Volksbegriff nur vom Geist her zu verstehen. Nicht die Naturbestimmtheiten des Volkes geben dem Volk seinen Charakter, vielmehr sei das Volk nach *Hegel* nur vom gemeinsamen Geist her bestimmt.[163] Hieran bemängelt *Welzel*, dass *Hegel* der Blick fehle für „Volk und Volkstum als *naturhaft*-geschichtliche Einheit, als den Mut-

[160] WELZEL Über die Grundlagen, S. 87 (90).
[161] WELZEL Über die Grundlagen, S. 87 (92 f.).
[162] WELZEL Über die Grundlagen, S. 87 (95).
[163] Dazu und zum Folgenden WELZEL Über die Grundlagen, S. 87 (100 ff.).

terboden unerschöpflich-schöpferischer Kräfte". *Hegels* Grundbegriff sei nicht das Volk, sondern der Staat als entwickelter Geist. Den „naturhaft-mütterlichen Boden des Volkstums" habe er nicht beachtet, „aus dem sich in der geschichtlichen Auseinandersetzung mit fremdem Volkstum die institutionellen Formen des Staates und die Bildungsformen des Geistes als Ausdrucksweisen konkreter völkischer Existenz gestalten". Oder wie *Welzel* es an anderer Stelle formuliert: In der Geschichte gehe es „um die Durchsetzung des Existenzanspruchs eines bestimmten Volkstums"; „auch der ‚geistige' Kampf, der Kampf um Wertsysteme ist nur der Kampf um die Existenz eines bestimmten Menschentums, weil jene Werte und jener Geist die diesem Menschentum zugehörigen Lebensbedingungen, Äußerungen seiner existenziellen Kraft sind".[164] Nur durch die Abspaltung des Volksbegriffs von der Natur habe *Hegel* sich im Streit um die Judenemanzipation auf die Seite der Regierung stellen können. Nach *Hegel* waren Juden „zuallererst Menschen", denen bürgerliche Rechte zuzugestehen waren. Für *Welzel* zeigte sich gerade in dieser politischen Frage ganz deutlich, dass *Hegels* Nation „ein *geistiges* Individuum ist", dem anzugehören eine Sache der Gesinnung sei. Nur die im Volksgeist wurzelnde aktuelle Gesinnung seiner Untertanen trage den Staat. Dagegen sei der „blutsmäßige Zusammenhang" für *Hegel* bedeutungslos.[165] Damit kommt *Welzel* schließlich zu dem Schluss, dass zwischen *Hegels* Staatsauffassung und der der Nationalsozialisten ein „unüberbrückbarer Abgrund" bestehe, was ihn seine eingangs gestellte Frage verneinen lässt: „Hegels ‚Substanz' ist nicht unsere Substanz. Nicht ein universaler ‚Geist' und nicht der Staat als geistiger Organismus, sondern das Volk in seiner naturhaft-geschichtlichen Existenz ist unsere ‚Substanz'".[166]

2. *Analyse*

Es verwundert nicht, dass dieser Vortrag im Schriftenverzeichnis der *Welzel* zum 70. Geburtstag dargebrachten Festschrift fehlt.[167] Ganz klar finden sich hier Gedanken des nationalsozialistischen Weltbildes wieder, die *Welzel* zu dem Schluss kommen ließen, die Staatsphilosophie Hegels biete keine geeignete Grundlage für die Rechtserneuerung der Nationalsozialisten. Sie zeigen sich schon in *Welzels* Kritik an der fehlenden Beachtung der „naturhaft-geschichtlichen Existenz" des Volkes bei *Hegel*: Er habe „Volk und Volkstum als *naturhaft*-geschichtliche Einheit" nicht gesehen. *Welzel* bringt das „Problem" auf den Punkt: „Hegels Grundbegriff ist nicht das *Volk,* sondern der Staat als der ‚entwickelte Geist'"[168]. Dieser Ausgangspunkt eignete sich nicht für die Rechts-

[164] WELZEL ZgS 97 (1937), 381 (384).
[165] WELZEL Über die Grundlagen, S. 87 (103).
[166] WELZEL Über die Grundlagen, S. 87 (104).
[167] Dazu auch KUBICIEL Welzel und die Anderen, S. 135 (149 in Fn. 110).
[168] WELZEL Über die Grundlagen, S. 87 (102).

erneuerung eines Regimes, das den Begriff des Volkes zum Rechtsbegriff erhoben und zur Grundlage des Staatsrechts und der Staatslehre gemacht hatte.[169] Die Vorstellung vom Staat als einer juristischen Person wurde im nationalsozialistischen Staatsrecht als „Ausdruck einer individualistischen Auffassung von Staat und Recht“[170] abgelehnt. Stattdessen sollte „das Prinzip der Volksgemeinschaft“ der „Grund- und Eckstein des Staatsrechts“ sein.[171] Daher musste es *Welzel* auch missfallen, wenn *Hegel* das Volk als eine „formlose Masse“ sieht, die erst der Staat zu einer „organischen Gesamtheit“ forme[172]. Denn, so *Welzel,* „Volk und Volkstum“ gingen nie in der jeweiligen geformten staatlichen oder geistigen Erscheinung auf, sondern seien „stets mehr als diese“, nämlich „deren schöpferischer Grund“.[173] „Staat“ bedeutete nach nationalsozialistischer Auffassung „das Volk in Gemeinschaft“[174] – und zwar einer „biologisch zusammenhängenden“ Gemeinschaft. Der Rassegedanke war eng verbunden mit dem Gedanken der Volksgemeinschaft – oder vielmehr noch: dessen Grundlage.[175] Seine Kritik an *Hegels* Volksbegriff verdeutlichte *Welzel* dann auch anhand eines Beispiels, das diesen Rassegedanken aufgriff und „auf wenig subtile Weise“ die damals verbreitete antisemitische Grundeinstellung vieler Deutscher ansprach:[176] *Hegel* habe die Juden nur deshalb als Menschen qualifizieren und ihnen bürgerliche Rechte zugestehen können, weil für ihn der „blutsmäßige Zusammenhang“ gegenüber der Substanz des Geistes keine Bedeutung gehabt habe.[177] *Hegels* Nation sei ein *geistiges* Individuum, dem anzugehören letztlich eine Sache der Gesinnung sei – nicht des Blutes, wie *Kubiciel* in seinem Vortrag an dieser Stelle treffend anfügt.[178] „Über die Grundlagen“ ist die erste und einzige Veröffentlichung *Welzels* aus der NS-Zeit, in der er, zwar nicht ausdrücklich, so aber doch deutlich, auf den nationalsozialistischen Antisemitismus Bezug nimmt.

Kubiciel ist der Ansicht, Welzel habe mit diesem Vortrag nicht seinen eigenen politischen Überzeugungen Ausdruck verleihen wollen. Ebenso wenig habe er aber lediglich den politischen Zeitgeist strafrechtlich und rechtsphilosophisch reflektieren wollen, denn dies hätte er auch mit einem Vortrag „im Stil der Habilitationsschrift“ erreichen können. Vielmehr sei der ideologische Ge-

---

169 Höhn DR 1934, 322 (324); Wittich DR 1934, 325 (326); dazu aus heutiger Sicht Anderbrügge, S. 76 ff., 158 ff.

170 Höhn DR 1934, 322 (322).

171 Höhn DR 1934, 322 (323); dazu auch E. R. Huber Verfassungsrecht, S. 161 ff.

172 Welzel Über die Grundlagen, S. 87 (101).

173 Welzel Über die Grundlagen, S. 87 (102).

174 Höhn DR 1934, 322 (324).

175 Gercke DR 1934, 308 (308); Wittich DR 1934, 325 (326).

176 Kubiciel Welzel und die Anderen, S. 135 (150).

177 Welzel Über die Grundlagen, S. 87 (103); dazu auch Sticht, S. 20: Hegels Befürwortung der bürgerlichen Rechte für Juden sei „für Welzel eine absurde Überlegung“.

178 Kubiciel Welzel und die Anderen, S. 135 (149).

halt des Vortrags vermutlich einer anderen Tatsache geschuldet gewesen: Welzel habe den Vortrag „Über die Grundlagen der Staatsphilosophie Hegels“ an der Universität Göttingen zu einer Zeit gehalten, in der er dort auf die Ernennung zum ordentlichen Professor gehofft habe. Ein derartiger Vortrag[179] dürfte hierfür förderlich gewesen sein.[180] *Kubiciels* Auffassung stimmt im Ergebnis mit der von *Sticht* überein, der feststellt, dass sich die „nazistisch-rassistischen Äußerungen“ Welzels auf die Zeit vor oder unmittelbar nach seiner Ernennung zum Professor im Beamtenverhältnis konzentrierten.[181] Dem ist insoweit zuzustimmen, als die beiden Vorträge aus dem Jahr 1937 – zusammen mit dem Aufsatz „Tradition und Neubau“ von 1938 – tatsächlich die einzigen Veröffentlichungen Welzels sind, die *ausdrücklich* nationalsozialistische Bekenntnisse beinhalten. Allerdings sind auch seine nachfolgenden Veröffentlichungen aus der Zeit des NS-Regimes nicht frei von den politischen Einflüssen des Nationalsozialismus, wie im Folgenden zu zeigen sein wird.

IV. Tradition und Neubau in der Rechtswissenschaft (1938)

1. Inhalt

In dem Aufsatz „Tradition und Neubau in der Rechtswissenschaft. Bemerkungen zur Ideengeschichte“[182] befasst sich *Welzel* mit den zwei wesentlichen Grundströmungen des 19. Jahrhunderts: dem naturwissenschaftlichen Positivismus und der modernen Geschichtswissenschaft und erläutert deren jeweiligen Einfluss auf die strafrechtlichen Werke *von Liszts* und *Bindings*. In seiner Habilitationsschrift hatte *Welzel* bereits die Lehren *von Liszts* als *die* strafrechtliche Ausprägung der positivistischen Strömung des 19. Jahrhunderts gekennzeichnet und in einer ausführlichen Darstellung gezeigt, wie sich das für den Positivismus kennzeichnende Kausalitätsdogma im strafrechtlichen System *von Liszts* niederschlägt.[183] Hieran knüpft *Welzel* nun an und geht ergänzend auf *Binding* ein – den er in seiner Habilitationsschrift noch bewusst außer Betracht gelassen hatte.[184] *Welzels* Erkenntnis: Während *von Liszts* Lehre deutlich vom positivistischen Naturalismus geprägt sei, füge sich *Binding* in allen wesentlichen Punkten eindeutig in die geschichtlich-geisteswissenschaftliche

[179] Ebenso wie der im selben Jahr gehaltene Vortrag „Über die Ehre von Gemeinschaften“, veröffentlicht in ZStW 1957 (1937), 28 ff.; dazu bereits oben Teil 2 II.

[180] KUBICIEL Welzel und die Anderen, S. 135 (150 f.).

[181] STICHT, S. 21 f.

[182] DRW 3 (1938), 113 ff.

[183] WELZEL DRW 3 (1938), 113 (114 f.), siehe dazu DERS. Naturalismus und Wertphilosophie, S. 22 ff. sowie oben Teil 2 I.

[184] Siehe WELZEL Naturalismus und Wertphilosophie, S. VIII.

Strömung des 19. Jahrhunderts ein.[185] Es sei vor allem der autoritäre Staatsbegriff, der *Binding* mit den liberalen Historikern verbinde und beide gleichzeitig deutlich von *von Liszt* und dem Positivismus abgrenze. Dieser „Machtstaatsgedanke" finde bei *Binding* seinen Ausdruck in der „autoritären Seite" des für ihn zentralen Normbegriffs (Geltendmachung eines staatlichen Herrschaftsanspruchs[186]) und dem entsprechenden Verständnis von Strafe als Bewährung staatlicher Macht und Herrlichkeit, der Selbstbehauptung des Staates gegenüber dem Rechtsbrecher.[187]

Jedoch meint *Welzel* im Verlauf der klassischen Schule *Bindings* ein „allmähliches Ablassen des autoritären zugunsten des rechtsstaatlichen Gedankens" zu erkennen. Der positivistische Wirklichkeitsbegriff sei in die klassische Schule eingedrungen und der von *Binding* bekämpfte naturalistische Handlungsbegriff habe bald allgemeine Anerkennung gefunden. *Welzel* führt dies darauf zurück, dass die beiden Grundströmungen des 19. Jahrhunderts – Naturalismus und Historismus – nicht auf Dauer gleichgültig nebeneinander existieren konnten. So sei der „Kampf" zwischen den beiden schließlich auf dem philosophisch-methodologischen Gebiet ausgetragen worden. Das Ergebnis: Natur und Geschichte seien beide ihres „ontologischen Gewichts" beraubt worden und zu bloßen Produkten wissenschaftlich-methodologischer „Umformungen" eines identischen Wirklichkeitsbestandes gemacht worden, so dass sie nun „als bloße ‚verschiedene wissenschaftliche Verarbeitungen derselben objektiven Wirklichkeit friedlich nebeneinander bestehen' konnten". Der positivistische Wirklichkeitsbegriff sei mit der mechanischen Kausalität akzeptiert und der entscheidende Gehalt des kulturellen Lebens in eine irreale Wertwelt abgedrängt worden.[188] Auf diesem „gemeinsamen methodologischen Boden" hätten sich die beiden Schulen *Bindings* und *von Liszt* somit getroffen und gegenseitig „friedlich" ergänzt, so dass sich über der naturalistisch aufgefassten Handlung die wertdifferente Welt des Rechts erhoben habe.[189] Damit herrschte ein „methodologischer Dualismus" einer natürlichen und geschichtlichen Welt, die beide „reinlich voneinander geschieden" waren.

Mit dem nationalsozialistischen Umbruch aber ist für *Welzel* dieser Dualismus „unhaltbar" geworden, nachdem „nunmehr die Erkenntnis siegreich durchbrach, dass für das geschichtliche Leben und Schicksal die biologischen Grundlagen von entscheidender Bedeutung sind". *Welzel* ist der Ansicht, die Auseinandersetzung zwischen Natur und Geschichte könne daher nicht mehr nur auf ein methodologisches Gebiet „abgeschoben" werden, sondern müsse

---

[185] WELZEL DRW 3 (1938), 113 (118); DERS. Deutsche Literaturzeitung 59 (1938), Sp. 679 (681 f.).

[186] RAUCH, S. 15.

[187] WELZEL DRW 3 (1938), 113 (116); zum Strafbegriff BINDINGS siehe Normen I, S. 419.

[188] WELZEL DRW 3 (1938), 113 (119).

[189] Dazu auch bereits WELZEL Naturalismus und Wertphilosophie, S. 64 ff.

„in seinem sachlichen Gehalt durchgefochten" werden.[190] Dabei stelle sich das „Kernproblem", „wie mit der (relativen) Beständigkeit und Gleichförmigkeit der biologischen Grundlagen eines Volkes der *geschichtliche* Wechsel und die Mannigfaltigkeit in allen den geistigen Manifestationen, Lebensstilen usw. zusammen bestehen und einander bedingen". Dies sei „der würdige Gegenstand" aller der Wissenschaften, die sich mit dem Menschen in seinen natürlichen und geistigen Beziehungen befassten. Auch im Strafrecht sei der methodologische Dualismus im Wesentlichen aufgegeben worden. Erste Konsequenzen für die Strafrechtsdogmatik sieht *Welzel* darin, dass der naturalistische Handlungsbegriff – und mit ihm das Kausaldogma und die Rechtsgutsverletzungslehre – „allmählich" überwunden und ein *finaler* Handlungsbegriff herausgearbeitet werde. Noch „eindringlicher" als in der Dogmatik zeigt sich für *Welzel* die Notwendigkeit der „sachlichen Auseinandersetzung" zwischen Natur und Geschichte in einem anderen Bereich: In der seinerzeit „besonders brennend gewordenen Frage" des Verhältnisses von der Kriminalbiologie zu einem „echten Recht der *Strafe*". Dort zwinge die moderne Zwillingsforschung mit ihrer These vom „Verbrechen als Schicksal" zur „Auseinandersetzung in der Sache selbst", ohne dass die Zusammenhänge sich „methodologisch in verschiedene Welten abschieben" ließen. Ihnen müsse vielmehr „in den Gegenständen selbst" nachgegangen werden.[191]

2. Analyse

Die „Deutsche Rechtswissenschaft", die diesen Aufsatz veröffentlichte, wurde 1936 im Auftrag von Reichswissenschaftsminister Bernhard Rust und Reichsminister Hans Frank gegründet. Herausgeber der Zeitschrift war der Rechtsprofessor und Anhänger der NS-Bewegung Karl August Eckhardt.[192] Die Zeitschrift sollte dem „Kampf um eine neue, von nationalsozialistischem Geist getragene deutsche Rechtswissenschaft" dienen sowie der Arbeit an der „Neugestaltung der deutschen Hochschule".[193] Sie enthielt dementsprechend ausschließlich Veröffentlichungen, welche die nationalsozialistische Rechtsideologie verbreiteten.[194]

Dies gilt auch für *Welzels* Beitrag. Schon auf der ersten Seite bedient sich *Welzel* des für die Nationalsozialisten typischen übermäßigen Gebrauchs des Wortes „völkisch" – ohne dass dessen konkreter Inhalt dabei klar würde: Alles Denken sei „völkisch-geschichtlich gebunden", vor allem da, wo es „um das

---

[190] Dazu und zum Folgenden WELZEL DRW 3 (1938), 113 (119 f.).
[191] WELZEL DRW 3 (1938), 113 (120 f.).
[192] RÜTHERS Entartetes Recht, S. 41, 48.
[193] ECKHARDT DRW 1 (1936), 3 (3, 5).
[194] HEINE Juristische Zeitschriften zur NS-Zeit, S. 272 (289); RÜTHERS Entartetes Recht, S. 48; DERS./M. SCHMITT JZ 1988, 369 (369); SCHUMANN Juristische Fakultäten, S. 39 (92).

völkische Dasein und seine Ordnungen selbst" gehe. Doch garantiere dieses Bewusstsein von der „völkischen Gebundenheit des Denkens" noch nicht, dass das Gedachte auch der „völkischen ‚Substanz'" entspreche.[195] In der nationalsozialistischen Propaganda meinte „völkisch" meist nichts anderes als „nationalsozialistisch", wie etwa folgendes Zitat aus *Hitlers* „Mein Kampf" zeigt: „So sehr die *Grundgedanken* der nationalsozialistischen Bewegung *völkische* sind, so sehr sind zugleich die *völkischen* Gedanken *nationalsozialistisch*"[196]. Auch *Welzel* vermochte den Begriffsinhalt nicht zu konkretisieren. Wenig eloquent spricht er insoweit von einer „Deutschheit", die im Wesen und Wirken repräsentiert werden müsse, wozu ein „geschärftes historisches Bewusstsein" erforderlich sei.

Noch deutlicher werden die ideologischen Inhalte im Rahmen der Ausführungen *Welzels* zu Natur und Geschichte: Er wandte sich gegen den „methodologischen Dualismus" der natürlichen und geschichtlichen Welt, welcher bis zum nationalsozialistischen Umbruch geherrscht habe, und begrüßte die nunmehrige Erkenntnis ihrer „inneren Gemeinsamkeit".[197] Die „entscheidende Bedeutung" von Geschichte *und* Natur für das „Volkstum" hatte *Welzel* schon ein Jahr zuvor in seinem Vortrag „Über die Grundlagen der Staatsphilosophie Hegels" mehrfach betont.[198] Die für *Welzel* üblichen weitschweifenden philosophischen Ausführungen, welche manchem Rezensenten von „Naturalismus und Wertphilosophie" missfallen waren,[199] vermied er inzwischen: Seine Ablehnung des „methodologischen Dualismus" begründete er schlicht mit der „siegreich" durchbrochenen „Erkenntnis", dass „für das geschichtliche Leben und Schicksal die biologischen Grundlagen von entscheidender Bedeutung" seien. Auch sonst ist *Welzels* Ausdrucksform an einigen Stellen des Beitrags ungewohnt „kämpferisch". So spricht er an mehreren Stellen von einem „Kampf"[200] – etwa dem „Kampf" *Bindings* gegen den Naturalismus oder dem „Kampf" der positivistischen mit der historisch-geisteswissenschaftlichen Strömung; er spricht von einer Erkenntnis, die „siegreich durchbrach" und meint, der „Zusammenprall" von Natur und Geschichte müsse in seinem sachlichen Gehalt „durchgefochten" werden.

Die Einheit von Natur – also den biologischen Grundlagen des Volkes – und Geschichte nutzte *Welzel* schließlich argumentativ für seinen finalen Handlungsbegriff: Mit der allmählichen Überwindung des naturalistischen und der Herausarbeitung eines *finalen* Handlungsbegriffs sei ein erster Schritt zu der er-

---

195 Welzel DRW 3 (1938), 113 (113).

196 Hitler Mein Kampf II, S. 1167; Hervorhebung im Original. Zum „völkischen Gedanken" im Nationalsozialismus siehe auch Anderbrügge, S. 68 ff.

197 Welzel DRW 3 (1938), 113 (119).

198 Siehe bereits Teil 2 III.

199 Adami JW 1935, 2348 (2348); dazu bereits oben Teil 2 I 2.

200 Welzel DRW 3 (1938), 113 (114, 117 f.).

forderlichen Überwindung des methodologischen Dualismus im Strafrecht erfolgt. Denn der finale Handlungsbegriff trage „schon in seiner ‚Seins'struktur notwendig ‚Sinn'bestandteile in sich" und wirke damit „von vornherein jenem Dualismus einer sinnfreien natürlichen Realität und einer irrealen Wertwelt entgegen […]".[201]

V. Studien zum System des Strafrechts (1939) – Persönlichkeit und Schuld (1941) – Über den substantiellen Begriff des Strafgesetzes (1944)

Die drei strafrechtsdogmatischen Veröffentlichungen Welzels aus den Jahren 1939, 1941 und 1944 werden im Folgenden zusammen in einem Punkt behandelt, da sie zum einen thematisch alle im Zusammenhang mit Welzels Verbrechenslehre stehen und zum anderen alle zeitlich in die Kriegsjahre in Deutschland fallen. Durch die gemeinsame Darstellung wird somit auch im Rahmen der Analyse ein Gesamtblick auf die Entwicklung der Verbrechenslehre Welzels im geschichtlichen Kontext des Nationalsozialismus ermöglicht.

1. Inhalt

In seinen 1939 erschienenen „Studien zum System des Strafrechts"[202] entwickelt *Welzel* ein Strafrechtssystem, das auf seiner bereits 1931 in „Kausalität und Handlung"[203] ausgearbeiteten finalen Handlungslehre aufbaut. Wie schon in seiner Habilitationsschrift wendet sich *Welzel* auch hier eingangs scharf gegen ein „extremes naturalistisch-kausales Denken", das im Strafrecht geherrscht habe, sowie gegen die hieraus entstandene naturalistische Handlungslehre. Entgegen dieser naturalistischen Auffassung sei die Handlung nicht blind-kausales Geschehen, sondern vielmehr durch den menschlichen Willen zweckhaft ausgewählt und zielgerichtet, also „trotz allen kausalen Ablaufs final (sehend) vor- oder überdeterminiert" durch den Willen.[204] Daraus folge, dass das Moment der „Finalität" maßgeblich zum strafrechtlichen Unrecht als die besondere Art der Herbeiführung gehört. Vorsätzliche und fahrlässige Delikte unterscheiden sich daher bereits im Unrechtstatbestand, da bei beiden die Art der Herbeiführung unterschiedlich sei: final zweckbewusste Handlung beim vorsätzlichen, bloße vermeidbare Verursachung beim fahrlässigen Delikt.[205] Der Vorsatz als Moment finaler Zwecktätigkeit gehöre zum (subjektiven) Unrechtstatbestand,

---

201 Welzel DRW 3 (1938), 113 (120).
202 ZStW 58 (1939), 491 ff.
203 ZStW 51 (1931), 703 ff.
204 Welzel ZStW 58 (1939), 491 (502).
205 Welzel ZStW 58 (1939), 491 (503, 518 f., 554).

nicht zur Schuld.[206] Die Schuld, deren zentraler Gegenstand die Wertentscheidung des Willens zugunsten des Unrechts sei, sei somit im System der finalen Handlungslehre vom Vorsatz zu trennen. Die Entscheidung zugunsten des Unrechts sei dabei nicht lediglich bloßer Triebmechanismus, sondern eine „aktive", also aufgrund von Wertungsakten vollzogene, sinnhafte Wertentscheidung.[207] Die Rechtsgutsverletzungslehre, der zufolge das Verbrechen (äußere) Rechtsgüterverletzung ist, sieht *Welzel* dagegen als „verfehlt" an. Sie sehe die Rechtsgüter nicht im wirklichen sozialen Lebensraum, sondern als „Museumsstücke, die sorgfältig vor schädlichen Einflüssen in Vitrinen verwahrt [...] sind", wie *Welzel* bildhaft schildert.[208] Damit verkenne sie die soziale Wirklichkeit, in der der Mensch ständig alltäglichen Rechtsgüterbeeinträchtigungen unterliege, ebenso wie er sie selbst ausübe.[209] Daher könne das Recht nicht alle Rechtsgutsverletzungen als objektives Unrecht verbieten, sondern nur Schutz gegen bestimmt geartete Einwirkungen gewähren. Andernfalls müsste jedes soziale Leben augenblicklich stillstehen. Das Strafrecht beschränke sich insoweit von vornherein auf die menschliche Zwecktätigkeit. Strafrechtliches Unrecht liege daher erst vor, wenn zur Rechtsgutsverletzung die finale Handlung hinzutrete, wobei von vornherein alle „sozialadäquaten" Handlungen aus dem Unrechtsbegriff ausscheiden müssten.[210]

Im Anschluss an seine „Studien" untersuchte *Welzel* in dem 1941 ebenfalls in der ZStW erschienenen Aufsatz den Zusammenhang von „Persönlichkeit und Schuld" im Strafrecht. Nach einer Übersicht über die Wesensmomente und Aufbauprinzipien der Persönlichkeit nach „anthropologischen, psychologischen und erbcharakterkundlichen Forschungsergebnissen der letzten Jahre"[211] entwickelte *Welzel* hier die sogenannte Willenslehre[212]: Der Mensch sei in seiner Persönlichkeitsstruktur ein mehrschichtiges Wesen. Von der „Tiefenperson" als Gesamtheit der pathischen Triebe, Strebungen und Gefühle sei die ihr aufgelagerte, sie kontrollierende „Ichfunktion" zu unterscheiden.[213] Der Wille steuere aktiv die „aus der Tiefenperson stammenden pathischen Antriebe" nach sinngemäßen, bedeutungshaltigen und wertdifferenten Gesichtspunkten. Gegenstand des Schuldvorwurfs sei daher das Verfehlen von rechtlichen Sollensforderungen (Pflichten) infolge mangelnden oder unzulänglichen Einsatzes der werterfassenden Willenssteuerung gegenüber rechtsfeindlichen Antrieben.[214] Das Recht bilde dabei als „Sollen" die an den Menschen „bei abwei-

---

206 Welzel ZStW 58 (1939), 491 (505, 519, 522).
207 Welzel ZStW 58 (1939), 491 (504 f., 531 ff.).
208 Welzel ZStW 58 (1939), 491 (514).
209 Welzel ZStW 58 (1939), 491 (509 ff.).
210 Welzel ZStW 58 (1939), 491 (516 ff.).
211 Welzel ZStW 60 (1941), 428 (429 ff.; 442).
212 Welzel ZStW 60 (1941), 428 (444 ff.; 457).
213 Welzel ZStW 60 (1941), 428 (436 ff.); ders. Das deutsche Strafrecht, S. 73.
214 Welzel ZStW 60 (1941), 428 (454, 455 ff.); ders. Der Allgemeine Teil[2], S. 87.

chender pathischer Antriebslage herantretende sinnvolle Aufgabe". Ausgehend von der Überlegung, dass dieses „Verfehlen entgegentretender Aufgaben" auch in einer tieferen Persönlichkeitsschicht begründet liegen könne, kommt *Welzel* zum Täterschuldgedanken: Dieser betreffe die zwischen die „Tiefenschicht" und die diese steuernde „Ichfunktion" geschaltete Persönlichkeitsschicht, die als „Vorkontrolle" die Regungen der Tiefenperson unbewusst reguliere, indem es sie entweder zurückdränge oder zulasse. Diese Persönlichkeitsschicht sei der durch frühere Entscheidungen der „Ichkontrolle" erworbene Charakter, der somit das Ergebnis früherer Handlungen und gleichzeitig – als „Reservoir" bereits vollzogener Grundentscheidungen – determinative Grundlage der weiteren Handlungen sei.[215] Schuld bedeute hier also „das Verfehlen von Aufgaben (Sollensgeboten) durch unzulänglichen Einsatz von Steuerungsakten bei Entscheidungen, die für den Aufbau des Haltungsgefüges [meint: Charakters] bedeutsam sind." Anders ausgedrückt: Schuld sei in diesen Fällen das „Sich-zum-‚Schlechten'-werden-lassen"[216]. *Welzel* spricht sich daher für täterstrafrechtliche Gesetzesbestimmungen aus, insbesondere die Strafschärfung gegen gefährliche Gewohnheitsverbrecher gemäß § 20a StGB a. F.[217], denn die täterschaftliche Schuld wiege hier schwerer als die Einzeltatschuld. Ebenso begrüßt er die Wiederentdeckung des Täterschuldgedankens durch *Mezger* und *Bockelmann*[218], durch welchen die Norm erst ihren tieferen Sinn erhalten habe: Anknüpfungspunkt der Bestrafung des Gewohnheitsverbrechers sei nicht seine „ethisch indifferente Gefährlichkeit", sondern vielmehr „der schuldhaft erworbene Charakterfehler".[219]

In seinem drei Jahre später erschienen Beitrag in der Kohlrausch-Festschrift „Über den substantiellen Begriff des Strafgesetzes" befasst sich *Welzel* mit dem materialen Gehalt, also der inhaltlichen, „substantiellen" Seite der Strafrechtsnormen. Dieser liege nicht lediglich im Rechtsgüterschutz, sondern in der „Erhaltung der Aktwerte rechtlicher Gesinnung"[220]. So stehe etwa hinter dem Tötungsverbot nicht nur der „nackte" Güterschutzgedanke, sondern die Aufrechterhaltung eines Aktwertes, nämlich der Achtung vor fremdem Leben. *Welzel* verdeutlicht dies an einem Beispiel: Töte jemand eigenmächtig einen zum Tode verurteilten Verbrecher, liege ohne Rücksicht auf den sozialen Wert des Lebens trotzdem Mord oder Totschlag vor und nicht lediglich ein unerlaubter Eingriff in staatliche Hoheitsrechte.[221] Nur durch die eigenständige Bedeutung des Aktwerts – Achtung vor fremdem Leben – könne der Rechtsgüter-

[215] Welzel ZStW 60 (1941), 428 (458, 460).
[216] Welzel ZStW 60 (1941), 428 (460).
[217] RGBl. 1933 I, S. 995.
[218] Mezger ZStW 57 (1938), 675 ff.; Bockelmann Studien zum Täterstrafrecht, Teil I, Berlin 1939 und II, Berlin 1940.
[219] Welzel ZStW 60 (1941), 428 (462 f.).
[220] Welzel FS Kohlrausch, S. 101 (106).
[221] Welzel FS Kohlrausch, S. 101 (108 f.).

schutz – das Leben anderer – tiefer und stärker gewährleistet werden, als es der Güterschutzgedanke allein tun könnte. In diesem Zusammenhang merkt *Welzel* interessanterweise an, dass dieser Gesichtspunkt – die Aufrechterhaltung des Aktwertes – auch bei den Problemen der Euthanasie und der „Vernichtung lebensunwerten Lebens" eine Rolle spielen müsse.[222] Unklar bleibt dabei allerdings, ob *Welzel* sich damit im Jahr 1940 auf die groß angelegte Euthanasie-Aktion der Nationalsozialisten bezieht – von der das deutsche Volk zu jener Zeit vermeintlich keine Kenntnis hatte – oder ob er lediglich zu einem aktuellen wissenschaftlichen Diskussionsthema[223] beitragen will. In jedem Fall formuliert er insoweit deutlich, dass „ohne Rücksicht auf den sozialen Wert des Lebens […] Mord oder Totschlag vor[liegt]". Weitere „rechtliche Gesinnungswerte" sind für *Welzel* etwa „die Treue gegenüber Volk, Reich und Führung, der Gehorsam gegenüber der Staatsgewalt, die Wehrbereitschaft, die Wahrhaftigkeit der eidlichen Aussage, die geschlechtliche Zucht", die „Achtung fremder Persönlichkeit" sowie Ehrlichkeit und Redlichkeit.[224] Von den Strafrechtsnormen zu unterscheiden sei die kriminalpolitische Zweckmaßnahme, deren Aufgabe ausschließlich im Schutz von Rechtsgütern („Sachverhaltswerten") liege.[225] Durch geeignete Schutzmaßnahmen gegen den Täter beuge die Zweckmaßnahme der aktuellen Gefährlichkeit des Täters im Hinblick auf weitere Güterverletzungen vor – so etwa die Entmannung bei einem Triebtäter.[226] Diese beiden Gestaltungsformen des Strafrechts – Strafrechtssatz und Zweckmaßnahme – erstreckten sich auf zwei unterschiedliche Menschengruppen: Das Strafgesetz im substantiellen Sinne richte sich an die „sittlicher Selbstbeherrschung mächtige Person". Die kriminalpolitische Zweckmaßnahme treffe dagegen nur jene Menschen, „die der Verwirklichung von Aktwerten nicht fähig sind oder von denen eine solche praktisch nicht erwartet werden kann". Dies sei nur jene kleine Gruppe von Menschen, „deren Persönlichkeitsstruktur abgetragen oder stark herabgemindert ist", also die „erbcharakterlich abnormen Verbrechergruppen" („Psychopathen").[227] Diese unterschiedlichen Funktionen – sittenbildende Funktion des Strafgesetzes und Schutz der Rechtsgüter bei der kriminalpolitischen Zweckmaßnahme – seien bedeutsam für die Tatbestände der jeweiligen Normen: Nur das Strafgesetz im substanziellen Sinne kenne „echte Tatbestän-

---

[222] WELZEL FS Kohlrausch, S. 101 (109 in Fn. 9).

[223] WELZEL selbst bezieht sich insoweit ausdrücklich auf die Auseinandersetzung zwischen FREISLER und K. KLEE, die die Strafbarkeit der Tötung anhand eines aktuellen Einzelfalls diskutieren: FREISLER DStR 1941, 65 ff., 77 ff.; K. KLEE DStR 1941, 71 ff.; zudem war das Thema spätestens seit 1920 mit der in diesem Jahr erschienenen Schrift BINDINGS und HOCHES wieder aktuell geworden; Welzel bezieht sich mit der „Vernichtung lebensunwerten Lebens" möglicherweise auf jene gleichlautende Schrift.

[224] WELZEL FS Kohlrausch, S. 101 (106, 109).

[225] WELZEL FS Kohlrausch, S. 101 (106, 112 f.).

[226] WELZEL Der Allgemeine Teil², S. 5.

[227] WELZEL FS Kohlrausch, S. 101 (112 f., 117).

de", die die „Wiebeschaffenheit unrechter Handlungsvollzüge" kennzeichnen. Wo das Strafrecht seine sittenbildende Aufgabe, die Aufrechterhaltung der Aktwerte, sicherstellen wolle – und nur da – müssten seine Normen die verletzten Aktwerte rechtlichen Handelns konkret umschreiben, also tatbestandlich sein.[228] Alle reinen Zweckmaßnahmen seien dagegen tatbestandslos – also unbestimmt. Denn ihre Voraussetzung sei die akute Gefährlichkeit des Täters für andere Rechtsgüter und diese Voraussetzung könne durch *beliebige* Handlungen verwirklicht werden. Zwischen dem Strafgesetz im substantiellen Sinne und der kriminalpolitischen Zweckmaßnahme gäbe es jedoch auch „Zwischenformen": die sogenannten strafrechtlichen Zweckmaßnahmen. Zu ihnen zählt *Welzel* auch die strafrechtlichen Maßnahmen „zur Steuerung einer Ausnahmelage", womit er die kriegsstrafrechtlichen Normen meint.[229] Denn in „Ausnahmesituationen" sei eine „Verschiebung der Normstruktur" in Richtung der Zweckmaßnahme notwendig. Wenn der Staat unmittelbar in Gefahr gerate, vor allem im Krieg, müssten auch die Strafrechtssätze zweckbestimmt zur Beseitigung der Gefahr eingesetzt werden. Der Sachverhaltswert trete nunmehr in den Vordergrund, der Aktwert dagegen zurück, was nach *Welzel* tatbestandslose kriegsstrafrechtliche Normen rechtfertigt: „Die eigentlichen kriegsstrafrechtlichen Normen sind daher im wesentlichen tatbestandslos".[230] *Welzel* betont in seinem Aufsatz jedoch auch den Ausnahmecharakter, welcher dem Vordringen der Sachverhaltswerte und des zweckgerichteten (kriegsstrafrechtlichen) Maßnahmerechts klar umschriebene Voraussetzungen und Grenzen vorschreibe und warnt vor einer Ausweitung außerhalb dieser Ausnahmelage. Denn wo unabhängig von dieser die Gestaltung des Rechts allein vom Sachverhaltswert, vom konkreten Zweck her bestimmt werde, „müssen die bleibenden Akt- und Gesinnungswerte rechtlichen Handelns verkümmern, die letzten Endes doch die tragenden Pfeiler des Staates sind – *auch* im Kriege!"

2. Analyse

Diese in den Kriegsjahren erschienenen dogmatischen Aufsätze *Welzels* enthalten, anders als die vorhergehenden Veröffentlichungen, keine ausdrücklichen Bekenntnisse mehr zum nationalsozialistischen Regime. Lediglich in „Persönlichkeit und Schuld" betonte Welzel nochmals, dass „Geschichtsträger niemals das Individuum als solches, sondern stets primär überindividuelle Mächte, hierbei vor allem die Völker", seien; der Mensch existiere „[i]n seinem biologischen und geschichtlichen Sein […] nur als Glied überindividueller Einheiten

---

[228] Welzel FS Kohlrausch, S. 101 (114).
[229] Welzel Der Allgemeine Teil^2, S. 5; ders. FS Kohlrausch, S. 101 (118).
[230] Dazu und zum Folgenden Welzel FS Kohlrausch, S. 101 (118 f.).

und Ordnungen“[231]. Zu dieser „unmittelbar einleuchtende[n] Feststellung“[232] war *Welzel* auch schon vier Jahre zuvor gelangt, in seinem Vortrag „Über die Ehre von Gemeinschaften“[233]. Im Übrigen finden sich völkisch-rassische Gedanken in diesen drei Texten jedoch nicht mehr. Welzels Schüler *Loos, Hirsch* und *Jakobs* weisen auf die Bedeutung der 1939 erschienenen „Studien“ für das finalistische System hin: Nach *Loos* sind sie die erste umfassende Darstellung eines auf der finalen Handlungslehre basierenden Strafrechtssystems gewesen, mit der Welzel zugleich die Grundlage für sein ein Jahr später publiziertes Lehrbuch geschaffen habe.[234] *Hirsch* meint, aus dieser Abhandlung – zusammen mit dem früheren Aufsatz „Kausalität und Handlung“[235] – ergebe sich bereits das gesamte Konzept der personalen Unrechtslehre[236] und nach *Jakobs'* Auffassung handelt es sich bei den „Studien“ um den „überhaupt bedeutendsten […] *strafrechtlichen* Beitrag“ Welzels, mit dem dieser „seinen Höhepunkt im Bereich der Strafrechtswissenschaft“ erreicht habe[237]. Dies alles ist an sich zutreffend. Jedoch ist fraglich, ob man Welzels strafrechtsdogmatische Abhandlung von 1939, ebenso wie die beiden anderen Texte aus der Kriegszeit, unter Berücksichtigung des geschichtlichen Kontextes tatsächlich derart unbefangen betrachten kann.

Welzel selbst behauptete 1972 in seinem Beitrag zur Strafrechtsdogmatik in der Maurach-Festschrift, dass die Dogmatik „in einem optimalen Maße den ideologisch sehr anfälligen Bereich des Rechts, speziell des Strafrechts, zu neutralisieren [vermag].“[238] Ganz konkret bezog er sich in diesem Zusammenhang auf die deutsche Strafrechtsdogmatik – und damit wohl auch auf seine eigene Strafrechtslehre – welche sich „gerade im Dritten Reich“ als „festes Bollwerk gegen ideologische Einbrüche“ bewährt habe.[239] Diese Aussage *Welzels* ist für sich genommen schon bemerkenswert, wenn man bedenkt, dass es *Welzel* selbst war, der im Jahr 1935 in seiner Habilitationsschrift die „politische Aufgabe“ der Strafrechts*wissenschaft* betont hatte[240] und mit seiner Arbeit zeigen wollte, dass die bisherigen, „falschen“ ideologischen Grundlagen der Strafrechtswissenschaft – und damit gerade auch der Dogmatik – nunmehr durch die „richtigen“ zu ersetzen seien.[241] Ferner hat *Marxen*[242] aber auch gezeigt, dass

231 Welzel ZStW 60 (1941), 428 (455).
232 Welzel ZStW 60 (1941), 428 (455).
233 Siehe dazu oben Teil 2 II.
234 Loos JZ 2004, 1115 (1115); ders. Suche nach dem Überpositiven, S. 486 (489).
235 Welzel ZStW 51 (1931), 703 ff.
236 Hirsch ZStW 93 (1981), 831 (836).
237 Jakobs Welzels Bedeutung, S. 257 (261 f.).
238 Welzel FS Maurach, S. 3 (5).
239 Welzel FS Maurach, S. 3 (4).
240 Welzel Naturalismus und Wertphilosophie, S. 58, 76.
241 So schon Marxen Straftatlehre im NS, S. 55 (59).
242 Marxen Straftatlehre im NS, S. 55 ff.

weder die Dogmatik im Allgemeinen noch *Welzels* Strafrechtslehre im Besonderen „unpolitisch" sind. *Welzels* Verbrechenslehre basiere vielmehr – ebenso wie die beiden anderen Straftatlehren im Dritten Reich[243] – auf einer sogenannten finalistischen[244] Grundhaltung. Diese kennzeichne sich durch eine positive Haltung gegenüber staatlicher Regelungsmacht, deren Hauptaufgabe nicht in der Begrenzung, sondern der Organisation und zweckhaften Gestaltung der Staatsgewalt gesehen werde mit dem Ziel, eine richtige und dauerhafte Gesamtordnung zu schaffen, in der wiederum die subjektive Freiheit in einem „funktionalen Verhältnis zum Gemeinwohl" stehen sollte. Das Recht werde also „zweckbezogen, *finalistisch*" gehandhabt.[245] Diese Zweckbezogenheit des Rechts zeige sich bei *Welzel* deutlich in seinen Ausführungen in seinem Festschriftenbeitrag aus dem Jahr 1944: Hintergrund der Betonung des „Aktwertes" gegenüber dem „Sachverhaltswert" in *Welzels* Straftatlehre sei das straftheoretischen Ziel der „Bewährung rechtlicher Gesinnung" gewesen, welches wiederum dem höheren Ziel gedient habe, „die Kraft und den Bestand des Staates"[246] zu gewährleisten.[247] Noch klarer zeige sich die Ausrichtung der Lehre *Welzels* an diesem höheren Ziel daran, dass sie „in Ausnahmelagen" – im Krieg – den Staat sogar von rechtlichen Bindungen, wie der Tatbestandlichkeit strafrechtlicher Normen, (fast) völlig befreie. *Welzel* führte hierzu aus:

„In der Ausnahmelage ist alles Recht mehr oder minder stark vom aktuellen Zweck her bestimmt. Der Aktwert tritt zurück: Bei der unübersehbaren Vielgestaltigkeit der Lebenslagen in der Ausnahmesituation und dem Reichtum der Möglichkeiten, sie kriminell auszubeuten, ist eine Tatbestandlichkeit der Normen kaum mehr möglich. Die eigentlichen kriegsstrafrechtlichen Normen sind daher im wesentlichen tatbestandslos."[248]

Welzel nannte sie daher auch „*strafrechtliche* Zweckmaßnahmen". Darüber hinaus befürwortete er die Verschärfung der Strafen, wenn sie nur den „augenblicklichen Kriegsbedürfnissen" dienen. Er legitimierte damit härteste Strafen aufgrund weitestgehend unbestimmter und damit beliebig ausdehnbarer Straftatbestände, wie sie etwa[249] die nur vier Tage nach Kriegsbeginn erlassene Volksschädlingsverordnung[250] (VolksschädlingsVO) enthielt: Nach § 1 Abs. 1 dieser Verordnung waren Plünderer mit dem Tode zu bestrafen. Wegen der Un-

---

[243] Die der sogenannten Kieler Schule DAHMS und SCHAFFSTEINS sowie die neoklassische Straftatlehre aus der NS-Zeit mit den Hauptvertretern SCHWINGE und ZIMMERL.

[244] „Finalistisch" meint in diesem Zusammenhang allerdings etwas anderes als in Welzels gleichlautender Verbrechenslehre; siehe dazu den ausdrücklichen Hinweis bei MARXEN Straftatlehre im NS, S. 55 (55).

[245] MARXEN Straftatlehre im NS, S. 55 (61 f.).

[246] WELZEL FS Kohlrausch, S. 101 (112).

[247] Dazu und zum Folgenden MARXEN Straftatlehre im NS, S. 55 (63).

[248] WELZEL FS Kohlrausch, S. 101 (118).

[249] Ein weiteres Beispiel ist die Polenstrafrechtsverordnung von 1941, RGBl. 1941 I, S. 759.

[250] RGBl. 1939 I, S. 1679.

bestimmtheit dieses Tatbestandes konnten die Gerichte selbst für geringfügige Taten die Todesstrafe verhängen. Das Sondergericht Weimar verurteilte im April 1944 einen 38-jährigen Angeklagten aufgrund des § 1 der Volksschädlingsverordnung zum Tode, weil er nach einem Fliegerangriff bei Aufräumarbeiten eine angebrochene Flasche „Kölnisch Wasser“ und eine Knackwurst an sich genommen hatte.[251] Die Verteidigung des Angeklagten, er habe die Wurst nur deshalb genommen, weil er Hunger gehabt hatte, verwarf das Gericht als „unglaubhaft“. § 3 der VolksschädlingsVO sah ebenfalls die Todesstrafe vor für Täter, die eine Brandstiftung „oder ein sonstiges gemeingefährliches Verbrechen“ verübten „und dadurch die Widerstandskraft des deutschen Volkes“ schädigten. Nach § 4 der VolksschädlingsVO konnte zum Tode verurteilt werden, wer eine Straftat „unter Ausnutzung der durch den Kriegszustand verursachten außergewöhnlichen Verhältnisse“ beging. Dazu gehörte nach einem Urteil des Sondergerichts Nürnberg-Fürth auch die Tatsache, dass „die Sicherungsverhältnisse im Reich infolge des Einsatzes der Sicherungsorgane außerhalb des Reiches stark vermindert“[252] waren; es verurteilte daher einen Ostarbeiter wegen Nötigung zum Tode. Der Verurteilte war einem deutschen Bauern zur Arbeit zugeteilt worden und hatte an einem Tag angeblich Krankheit vorgetäuscht. Als ihm die Tochter des Bauern deswegen in seiner Kammer Vorhaltungen gemacht hatte, hatte er sie gewaltsam zur Tür hinausgedrängt – für das Sondergericht ein „Volksschädlingsverbrechen“, das mit dem Tode bestraft werden musste. *Welzel* erläuterte in seinem Festschriftenbeitrag die Notwendigkeit derart unverhältnismäßiger Strafen: „Vorhandene kriegswichtige Volksgüter müssen besonders geschützt werden. Die Strafe wird daher über das Maß der schuldhaften Aktwertverletzung hinaus nach der kriegswichtigen Bedeutung des gefährdeten Rechtsgutes verschärft.“ Diese Strafschärfung bezwecke die „Sicherung der seelischen Haltung des Volkes“ und diene damit „der Erhaltung der effektiven Widerstandskraft des Volkes“.[253] In der gerichtlichen Praxis sah diese von *Welzel* legitimierte Strafschärfung zum Schutz „kriegswichtiger Volksgüter“ etwa so aus: Weil sie Briefe und Päckchen in größerer Zahl unterschlagen hatte, verurteilte das Sondergericht Eger die Postarbeiterin Anna Fischer zum Tode. Bei den Taten hatte die Postarbeiterin vor allem Interesse an Feldpostsendungen gehabt, in denen sie Zigaretten vermutete. Wegen dieses Umstands sah das Gericht den Diebstahl als „Volksschädlingsverbrechen“ an. Wörtlich hieß es in dem Urteil:

„Der Feldpostmarder schädigt nicht nur die innere Front, sondern unterbricht auch das seelische Band zwischen Front und Heimat und schwächt damit den Kampfgeist des deutschen Soldaten. Damit arbeitet er dem Feind in die Hände […]. Das gesunde Volks-

---

[251] Das Urteil ist abgedruckt in Koppel, S. 47 ff.

[252] Zitiert nach Koppel, S. 31.

[253] Welzel FS Kohlrausch, S. 101 (118).

empfinden verlangt, dass ein solcher Verbrecher aus der Volksgemeinschaft ausgeschlossen und vernichtet wird."[254]

Wie „unbedenklich"[255] *Welzel* derartige „kriegsbedingte" Strafschärfungen sieht, zeigt sich auch in der 1944 erschienenen dritten Auflage seines Lehrbuchs: Er verwies dort auf den 1944 neu gefassten § 5a der Kriegssonderstrafrechtsverordnung, der eine Strafschärfung – auch Todesstrafe – ermöglichte für Täter, „die durch eine vorsätzliche strafbare Handlung einen schweren Nachteil oder eine ernste Gefahr für die Kriegsführung oder die Sicherheit des Reichs verschuldet haben […], wenn der regelmäßige Strafrahmen nach gesundem Volksempfinden zur Sühne nicht ausreicht"[256]. Zu dieser „offenkundig terroristischen Rechtsnorm"[257] meinte *Welzel*, sie erhielte ihre „erforderliche Beschränkung" durch die aufgeführten Handlungsmerkmale, wie „schwerer Nachteil" oder „ernste Gefahr", „in Verbindung mit dem Gesichtspunkt der gerechten Sühne".[258]

Am Ende seines Beitrags zur Kohlrausch-Festschrift warnte *Welzel* immerhin noch ausdrücklich vor einer ausufernden Anwendung der (tatbestandslosen) „strafrechtlichen Zweckmaßnahmen" *außerhalb* der Kriegs- und damit Ausnahmelage.[259] Gleichzeitig wollte er damit jedoch sichergestellt wissen, dass § 2 StGB in der seinerzeit geltenden Fassung im künftigen „Friedensstrafrecht" seine praktische Bedeutung wiedererlangen wird. § 2 StGB a. F.[260] ermöglichte eine Ausweitung des Strafrechts unter Berufung auf das gesunde Volksempfinden (Abs. 1) sowie die analoge Anwendung der Strafgesetze (Abs. 2). Diese Norm sei, so *Welzel*, durch die (tatbestandslosen) Normen des Kriegsstrafrechts nur in eine „ausnahmebedingte Krisis" geraten.[261]

Doch nicht erst in seinem Aufsatz von 1944 zeigt sich die Offenheit von *Welzels* Verbrechenslehre für politische Einflüsse: Bereits in seinen „Studien" führte er eine „Aufhebung formaler rechtlicher Schranken"[262] herbei durch seine dort neu eingeführte Lehre von der Sozialadäquanz. Danach sollten alle „sozialadäquaten" Handlungen von Vornherein aus dem Tatbestand ausscheiden. Dies waren nach *Welzel* alle Betätigungen, welche sich „innerhalb des Rahmens der geschichtlich gewordenen sozialethischen Ordnung des Gemeinschaftslebens

---

254 Zitiert nach KOPPEL, S. 13 f.

255 PAWLIK Die Aufgabe des Strafrechts, S. 49 (66).

256 RGBl. 1944 I, S. 115.

257 PAWLIK Die Aufgabe des Strafrechts, S. 49 (66 f.).

258 WELZEL Der Allgemeine Teil[3], S. 185.

259 WELZEL FS Kohlrausch, S. 101 (119); Siehe dazu auch die Einschätzung KUBICIELS Welzel und die Anderen, S. 135 (150): „Wer (…) den Gesetzgeber [derart] unverhohlen vor den Folgen seines Handelns warnt, hat nicht die Anlage zu einem bedingungslosen wissenschaftlichen Gefolgsmann eines politischen Regimes".

260 RGBl. I 1935, S. 839.

261 WELZEL FS Kohlrausch, S. 101 (101, 118).

262 MARXEN Straftatlehre im NS, S. 55 (63).

bewegen."[263] Derartige Handlungen unterfielen niemals Deliktstatbeständen, „auch wenn man sie dem Wortlaut nach einem Tatbestand subsumieren könnte". Diese „Leerformel" der Sozialadäquanz war freilich geeignet, das Recht den jeweiligen Bedürfnissen der politischen Praxis im Dritten Reich anzupassen.[264] Deutlich wird dies etwa, wenn *Welzel* als sozialadäquate Handlungen im Jahr 1939 auch „kriegsadäquate" und „kriegsnormale" Tötungen der Soldaten in Kriegssituationen nennt, weil „der Gedanke, dass das Heer im Kampf um Leben und Tod lauter strafrechtliche Tatbestände – wenn auch rechtmäßig – verwirkliche, zu absurd [...] [ist], als dass er richtig sein könnte."[265] Nach *Hattenhauer* zeigt die Einführung der Sozialadäquanz in den „Studien", dass „auch für *Hans Welzel* die Verbindlichkeit des Gesetzes kein Anliegen mehr [war]. Das Gesetz konnte jederzeit im Namen der ‚sozialen Adäquanz' vom Richter korrigiert werden."[266] Damit schuf *Welzel* mit seiner Lehre von der Sozialadäquanz eine weitere Einbruchstelle für die Umsetzung der nationalsozialitischen Ideologie im Bereich des Strafrechts.

Sticht hält es im Ergebnis für nicht angemessen, Welzel mit seiner Lehre von der Sozialadäquanz die Aufweichung des Rechts zugunsten der diktatorischen Willkürakte anzulasten, weil ihm eine entsprechende Absicht erst unterstellt werden müsste.[267] Dies ist richtig – über seine Absichten wissen wir nichts. Jedoch wissen wir etwas über die politische und strafrechtswissenschaftliche Praxis im Jahr 1939: Seit der Machtergreifung der Nationalsozialisten 1933 wurde die bestehende Rechtsordnung durch Auslegung – besser bezeichnet als „Einlegung"[268] – im Sinne der NS-Ideologie umgestaltet. So konnten Prinzipien der nationalsozialistischen Weltanschauung in das geltende Strafgesetz ohne Gesetzesänderungen eingeführt werden. *Vogel* spricht in diesem Zusammenhang von einer „Materialisierung" des Strafrechts.[269] Unbestimmte Rechtsbegriffe und Generalklauseln durchzogen die nationalsozialistische Gesetzgebung, im Juden- und Kriegsstrafrecht wurde die weitestgehende Unbestimmtheit der Tatbestände geradezu zu einer Maxime des Gesetzgebers. Die Rechtsprechung machte von den hierdurch eröffneten Möglichkeiten rücksichtslosen Gebrauch.[270] Die Strafrechtswissenschaft befürwortete eine derartige Materialisierung nicht nur – sie wetteiferte geradezu um deren theoretische

---

[263] WELZEL Der Allgemeine Teil, S. 33; DERS. ZStW 58 (1939), 491 (516).

[264] HATTENHAUER Geistesgeschichtliche Grundlagen, S. 324; ebenso MARXEN Straftatlehre im NS, S. 55 (63); die Anpassungsfähigkeit des Begriffs „sozialadäquat" zeigt sich auch daran, dass Welzel die genannte Definition nach Kriegsende in der 4. Auflage seines Lehrbuchs problemlos wortgleich beibehalten konnte, WELZEL Das deutsche Strafrecht, S. 35.

[265] WELZEL ZStW 58 (1939), 491 (527, 529).

[266] HATTENHAUER Geistesgeschichtliche Grundlagen, S. 324.

[267] STICHT, S. 128.

[268] RÜTHERS/FISCHER/BIRK Rechtstheorie, Rn. 552.

[269] VOGEL, S. 58.

[270] Dazu VOGEL, S. 61 ff.

Legitimation mit neuen Konzepten wie etwa der „Wesensschau" *Dahms* und *Schaffsteins* sowie dem „konkreten Ordnungsdenken" *C. Schmitts*.[271] Diesbezüglich erklärte auch *Freisler* 1935 ausdrücklich: „Normative Tatbestände, Generalklauseln, Zulassung der Analogie, Anerkennung des gesunden Volksempfindens als Rechtsquelle und Zulassung der unmittelbaren Erkenntnis dieses Rechtes sind [...] Kriterien des nationalsozialistischen Strafrechts."[272] Auch *Welzel* zählte übrigens das „gesunde Volksempfinden" ganz ausdrücklich zu den Rechtsquellen. Es trete als „die im Bewusstsein der Gemeinschaftsglieder mehr oder minder klar sich spiegelnden Rechtsgrundsätze" neben das gesetzlich fixierte Recht.[273] Inmitten einer solchen erkennbaren Rechtspraxis fügte *Welzel* nun seiner Verbrechenslehre ein neues Element hinzu, das durch die Unbestimmtheit seines Zentralbegriffs dieser Praxis weiter Vorschub leistete. Die Unbestimmtheit des Merkmals der „Sozialadäquanz" war ja gerade dessen Zweck geschuldet, die Rechtsanwendung an politische und gesellschaftliche Veränderungen anzupassen.[274] *Welzel* selbst wies etwa in seinen „Studien" darauf hin, dass „soziale Adäquanz" in Kriegslagen etwas ganz anderes sei als in Friedenslagen.[275] Unbestimmte Rechtsbegriffe und Generalklauseln gibt es natürlich auch heute noch und gab es ebenso schon vor dem Dritten Reich.[276] Kennzeichnend für den Nationalsozialismus ist jedoch die Radikalisierung der Materialisierungstendenzen,[277] um die damals geltende Rechtsordnung mit der nationalsozialistischen Weltanschauung zu vereinbaren und so ein Unrechtssystem zu legitimieren, das den Menschen zum bloßen Mittel staatlicher Zwecke macht. Dies war auch bereits im Jahr 1939 offenkundig. Insgesamt verwundert es daher jedenfalls nicht, dass gerade *Welzels* Lehre von der Sozialadäquanz im NS-Schrifttum durchaus auf Zustimmung stieß.[278]

Unabhängig von diesem Teilstück der Verbrechenslehre *Welzels* stellt sich jedoch die Frage, wie die Verbrechenslehre insgesamt in die Strafrechtsdogmatik des Nationalsozialismus einzuordnen ist. *Welzel* verknüpfte seinen Handlungsbegriff stärker mit dem menschlichen (verbrecherischen) Willen als mit dem Erfolg in der Außenwelt, was er als „naturalistisch" ablehnte.[279] Ebenso wie das Willensstrafrecht[280] sollte die finale Handlungslehre also ein Gegen-

---

[271] Dazu RÜTHERS/FISCHER/BIRK Rechtstheorie, Rn. 550, 558 ff.; VOGEL, S. 65 f. und oben Teil 2 I 2.

[272] FREISLER DJ 1935, 1247 (1251).

[273] WELZEL ZStW 60 (1941), 428 (455 mit Fn. 56).

[274] So auch MARXEN Straftatlehre im NS, S. 55 (63).

[275] WELZEL ZStW 58 (1939), 491 (528).

[276] Dazu VOGEL, S. 58 ff., 68 ff.

[277] VOGEL, S. 62.

[278] Siehe K. KLEE DStR 1940, 206 (206); RITTER GS 116 (1942), 121 (147 in Fn. 51); DAHM FS Siber, S. 183 (227), dem die Wirkungen der Sozialadäquanz jedoch nicht weit genug gingen; ablehnend dagegen ZU DOHNA ZStW 60 (1941), 287 (292).

[279] FROMMEL Welzels finale Handlungslehre, S. 86 (90).

[280] KERRL Denkschrift, S. 112; GÜRTNER/FREISLER Das neue Strafrecht, S. 25 f.

modell zum geltenden Erfolgsstrafrecht darstellen. Die Handlung sei kein bloßer Kausalvorgang, sondern die Steuerung des äußeren, kausalen Geschehens durch den inneren Willen, indem der Wille das Ziel gedanklich vorwegnehme, die für seine Erreichung erforderlichen Mittel auswähle und sie danach planmäßig einsetze.[281] *Welzel* stellte also entscheidend auf den Willensinhalt ab, weswegen *von Gemmingen* im Jahre 1942 meinte,

> „[w]enn das Wort ‚Willensstrafrecht' nicht schon zu abgegriffen wäre, könnte man mit Fug sagen, daß Welzel bisher der erste und einzige war, der mit seinem ‚finalen' Handlungsbegriff ein echt willensstrafrechtliches System begründet und in seinen Grundzügen ausgebaut hat."[282]

Trotz dieser Parallelen zwischen der finalen Handlungslehre und dem nationalsozialistischen Willensstrafrecht kann *Welzel* jedoch keineswegs als Vertreter des Willensstrafrechts, wie es vor allem von *Freisler* propagiert wurde,[283] bezeichnet werden. Insbesondere ging es *Welzel* im Gegensatz zu den Vertretern des nationalsozialistischen Willensstrafrechts darum, dem Willen und Willensinhalt mit der finalen Zwecktätigkeit ein konkretes Profil zu verleihen.[284]

Gemeinsamkeiten mit den in der NS-Zeit herrschenden strafrechtswissenschaftlichen Anschauungen weist *Welzels* Handlungslehre jedoch auch in anderer Hinsicht auf. Seine Kritik am naturalistischen Handlungsbegriff verbindet ihn mit den Ansichten *Dahms* und *Berges*, für die in eben jenem eine „liberalistische Grundeinstellung" zum Ausdruck kommt, welche zu einer „Entwesung" des Handlungsbegriffs geführt habe.[285] Denselben Vorwurf hatte *Welzel* bereits in seiner Habilitationsschrift gegen den Positivismus erhoben: Dieser habe die Handlung zu einem „blutleeren Gespenst entwest".[286] *Dahm* stimmte auch *Welzels* Forderung nach einem neuen, „mit Inhalt erfüllten Handlungsbegriff" ausdrücklich zu,[287] erläuterte im Unterschied zu *Welzel* jedoch nicht, worin genau dieser Inhalt bestehen sollte. *Welzels* finaler Handlungsbegriff fand im nationalsozialistischen Schrifttum ausdrückliche Zustimmung[288] und *Welzel* selbst war der Ansicht, dass Äußerungen der Strafrechtswissenschaftler Wolf, Berges, Dahm, Eb. Schmidt, Schaffstein und Ramm „mehr oder minder klar ein Bekenntnis oder mindestens Tendenzen zu einem finalen Handlungsbegriff" aufwie-

---

281 Welzel ZStW 58 (1939), 491 (502); ders. Der Allgemeine Teil, S. 22; ders. ZStW 51 (1931), 703 (717 f.); so auch später noch ders. JuS 1966, 421 (423).

282 v. Gemmingen ZStW 62 (1944), 28 (36).

283 Kerrl Denkschrift, S. 112 f.; Freisler/Gürtner, Das kommende deutsche Strafrecht AT, S. 15, 18 ff.; ders./Denkschrift AkDR, S. 13 f.; Gürtner/ders. Das neue Strafrecht, S. 133 ff.

284 Hartl, S. 135.

285 Berges DStR 1934, 239 (240); Dahm Verbrechen und Tatbestand, S. 62 (91).

286 Welzel Naturalismus und Wertphilosophie, S. 77.

287 Dahm Verbrechen und Tatbestand, S. 62 (92).

288 Gallas ZStW 60 (1941), 374 (389 f.).

sen.[289] Eng verbunden mit der Kritik am naturalistischen Handlungsbegriff war ferner die Ablehnung der Rechtsgutsverletzungslehre, für *Welzel* das „Korrelat des [naturalistischen] Kausaldogmas auf dem Gebiet der Rechtswidrigkeit".[290] Er qualifizierte also die Rechtsgutsverletzungslehre ebenfalls als Produkt des Naturalismus und lehnte sie als solches konsequenterweise ab. Ebenso die antiliberalen Autoren, die die Rechtsgutsverletzungslehre als „charakteristisches Produkt der Staatsideologie des klassischen Liberalismus" – und damit als individualistisch – kennzeichneten, welche die „an der Gemeinschaft ausgerichtete strafrechtliche Denkweise" der Nationalsozialisten nicht anerkennen könne.[291]

Insoweit stimmen *Welzels* Positionen jedenfalls im Ergebnis mit denen nationalsozialistischer Autoren wie insbesondere *Dahm* und *Schaffstein* überein, den Hauptvertretern der sogenannten Kieler Schule. Jedoch argumentierte *Welzel* vorwiegend denk- und willenspsychologisch sowie philosophisch, während jene weitaus stärkeres Gewicht auf den politischen Aspekt legten.[292] Dabei darf jedoch nicht übersehen werden, dass *Welzel* sich durchaus ebenso wie die Vertreter der Kieler Schule für die „politische Aufgabe" des Strafrechts aussprach.[293] Ein Unterschied zu den Vertretern der Kieler Schule bestand ferner darin, dass *Welzel* den dreistufigen Deliktsaufbau – Tatbestand, Rechtswidrigkeit, Schuld – in seiner Verbrechenslehre beibehielt, wohingegen sich vor allem *Dahm* und *Schaffstein* für ein monistisches System aussprachen. Sie forderten die Überwindung der Unterscheidung von Tatbestand und Rechtswidrigkeit zugunsten einer „ganzheitlichen" und „wesenhaften" Betrachtung des Unrechts sowie die Aufhebung der Trennung von Rechtswidrigkeit und Schuld.[294] Daher befürworteten sie auch die Ausgliederung des Vorsatzes aus der Schuld und seine Eingliederung in den Tatbestand[295] – eine der wichtigsten Konsequenzen der finalen Handlungslehre Welzels.[296] *Dahm* und *Schaffstein* übernahmen also Welzels Handlungsbegriff in ihr ganzheitliches Konzept, jedoch mit dem Ziel, die (dreistufige) Systematik zugunsten eines monistischen Systems völlig aufzulösen.[297] Der chilenische Strafrechtsprofessor *Jean Pierre Matus Acuña* ist der Ansicht, Welzels systematische und kriminalpolitische Ansätze wichen gar nicht so sehr von denen der Kieler-Schule-Vertreter Dahm und Schaffstein ab. Im Gegenteil: Es bestünden zwar Unterschiede hinsichtlich des Aufbaus, diese führten

289 WELZEL ZStW 58 (1939), 491 (501 f.).
290 WELZEL ZStW 58 (1939), 491 (509).
291 SCHAFFSTEIN Verbrechen als Pflichtverletzung, S. 108 (112 f.).
292 MARXEN Kampf, S. 218.
293 WELZEL Naturalismus und Wertphilosophie, S. 58, 76.
294 DAHM Verbrechen und Tatbestand, S. 62 (64 ff., 89 ff., 95 ff.); SCHAFFSTEIN Verbrechen als Pflichtverletzung, S. 108 (120, 132 ff.).
295 DAHM Verbrechen und Tatbestand, S. 62 (93 f.); SCHAFFSTEIN ZStW 57 (1938), 295 (312).
296 WELZEL ZStW 58 (1939), 491 (505, 519, 522).
297 So schon – in allgemeiner Form – MARXEN, Kampf, S. 219.

jedoch nicht zu inhaltlichen strafrechtsideologischen Unterschieden. Es handle sich dabei nur um „intrasystematische" Unterschiede, die jedoch nicht geeignet seien, Welzels finalistisches System von dem der Kieler Schule klar abzugrenzen.[298] *Frommel* ist der Ansicht, Welzels Verbrechenslehre biete sich „nicht nur wegen des zeitgeschichtlichen Bezugs zur strafrechtlichen Erneuerungs-Literatur als ideologisch motiviert" dar.[299] Sie sieht darin einen „auch juristisch ernst zu nehmenden Versuch [...], politische Veränderungen mit tradierten Standards strafrechtsdogmatischen Argumentierens in Einklang zu bringen"[300]. Welzels 1939 erschienene Verbrechenslehre sei eine „vorsichtige Modifikation der strafrechtsdogmatischen Konzeption der Anfangsphase": Vorsichtig deshalb, weil er die Polemik gegen das Rechtsgutsdenken und wesentliche Errungenschaften der „Rechtserneuerung" nicht nur unangetastet lies, sondern „philosophisch überhöhte". Modifizierend deshalb, weil Welzel das monistische System eben nicht übernahm, sondern einen dreistufigen Aufbau vertrat, mit einer klaren Trennung von Tatbestand, Rechtswidrigkeit und Schuld.[301]

Insgesamt kann Welzel wegen der aufgezeigten Unterschiede nicht als Anhänger der Kieler Schule bezeichnet werden, wenngleich beide sich in ihren Ansichten durchaus ähnelten. So erklärte schon damals die Kölner Studentenschaft anlässlich Welzels Berufung nach Göttingen, er stehe wissenschaftlich in derselben Richtung, wie sie von den Kieler Strafrechtlern Dahm und Schaffstein vertreten werde.[302] *Wolf* sprach in seinem Literaturbericht im Zusammenhang mit wertphilosophischen Fragen über „Welzel und die ihm nahestehende Kieler Schule"[303]. Schließlich wies auch *Dahm* selbst auf die Zusammenhänge zwischen Welzels Handlungslehre und seinen eigenen Gedankengängen hin: In Welzels Hervorhebung der „finalen" Natur des Handlungsbegriffs liege eine gewisse Parallele zur Beziehung der Tat auf den Täter mithilfe des „normativen Tätertyps", wie *Dahm* ihn entwickelt hatte.[304] Die Lehre vom „normativen Tätertyp" lehnte *Welzel* allerdings ab.[305] Auch an anderen Stellen zeigt sich, dass *Welzel* und *Dahm* gemeinsame Vorstellungen verbanden. So sprachen sich beide dagegen aus, die von den Soldaten im Krieg begangenen Tötungen als *tatbestandsmäßige* Handlungen zu erfassen.[306] Während *Welzel* das

[298] MATUS ZIS 2014, 622 (625).

[299] FROMMEL Welzels finale Handlungslehre, S. 86 (86).

[300] FROMMEL Welzels finale Handlungslehre, S. 86 (87).

[301] FROMMEL Welzels finale Handlungslehre, S. 86 (90 f.).

[302] Zu dieser Aussage siehe STICHT, S. 22; HALFMANN Die juristische Abteilung, S. 102 (123); MATUS ZIS 2014, 622 (624 in Fn. 20).

[303] WOLF ZStW 60 (1941), 317 (318).

[304] DAHM FS Siber, S. 183 (215 in Fn. 63).

[305] WELZEL Der Allgemeine Teil, S. 90; DERS. ZStW 60 (1941), 428 (461 f. in Fn. 61a); DERS. ZStW 61 (1942), 178 (181).

[306] DAHM Verbrechen und Tatbestand, S. 62 (68, 91); WELZEL ZStW 58 (1939), 491 (527, 529).

Problem jedoch mit seiner Lehre von der Sozialadäquanz lösen wollte,[307] hielt *Dahm* den Maßstab des sozialadäquaten Verhaltens für keineswegs ausreichend und griff wiederum auf seine Lehre vom normativen Tätertyp zurück.[308] Ferner begrüßten beide eine Entscheidung des Reichsgerichts[309] zur Volksschädlingsverordnung[310], in der der Mitfahrer eines nach einem Zusammenstoß fliehenden Kraftfahrzeugs nicht nur wegen des Vergehens der unterlassenen Hilfeleistung nach § 330c StGB a. F.[311] (Strafrahmen: Freiheitsstrafe bis zu 2 Jahren oder Geldstrafe) bestraft werden sollte, sondern dem erhöhten Strafrahmen des § 2 der Volksschädlingsverordnung mit bis zu 15 Jahren Zuchthaus oder lebenslangem Zuchthaus (in besonders schweren Fällen auch Todesstrafe) unterworfen wurde, weil er „durch die Tat eine Einstellung gegenüber der vom Kriege betroffenen Volksgemeinschaft an den Tag gelegt hat, die zeigt, dass er ihr feindlich gegenübersteht, die Kriegsverhältnisse selbstsüchtig ausnützt und als Volksschädling anzusehen ist"; unerheblich für die Einordnung des Angeklagten als „Volksschädling" war, dass er nicht vorbestraft und auch „im Übrigen keine Verbrecherpersönlichkeit" gewesen sei.[312] *Dahm* war in Anbetracht dieser Entscheidung erfreut über die Anerkennung des „normativen Tätertyps" durch das Reichsgericht.[313] *Welzel* kam angesichts der Ausführungen des Reichsgerichts dagegen zu dem Schluss, dass es sich beim „Tätertyp" des Volksschädlings „[g]anz eindeutig" um „ungeschriebene (nur in der Überschrift angedeutete) subjektiv-täterschaftliche Momente an der einzelnen Tat" handle, wie er sie bereits in seinem Lehrbuch dargelegt habe.[314] Einig waren sich die beiden darüber, dass der „Tätertyp" des Volksschädlings keinen sogenannten kriminologischen Tätertyp (nach *Welzel* auch „charakterologischer" Tätertyp) beschreibe, da es gleichgültig sei, ob die erforderlichen Gesinnungsmomente einer generellen charakterlichen Haltung oder einer einmaligen Einstellung entstammten.[315] *Welzel* wies jedoch darauf hin, dass die Lehre vom „normativen Tätertyp" dogmatisch „kein neuartiges Prinzip" bringe, sie hebe nur „die schon seit Langem bekannte und verfolgte Wendung des Strafrechts zu einem *personalen Verbrechensbegriff* hervor" und unterstreiche speziell für das Kriegsstrafrecht die Bedeutung der „subjektiv-täterschaftlichen Gesinnungsmomente". Sie sei daher „nur eine *programmatische Kennzeichnung* der mo-

---

307 Welzel ZStW 58 (1939), 491 (527, 529).

308 Dahm FS Siber, S. 183 (227).

309 RGSt 74, 199 = Urt. v. 20.05.1940.

310 RGBl. 1939 I, S. 1679.

311 RGBl. 1935 I, S. 842.

312 RGSt 74, 199 (202) = Urt. v. 20.05.1940.

313 Dahm FS Siber, S. 183 (245).

314 Welzel ZStW 60 (1941), 428 (461 in Fn. 61a) mit Verweis auf ders. Der Allgemeine Teil, S. 45 f., wonach die „subjektiv-täterschaftlichen Elemente" (= subjektive Tatbestandsmerkmale) auch „besondere Gesinnungsmomente" enthalten.

315 Dazu und zum Folgenden Welzel ZStW 60 (1941), 428 (461 f. in Fn. 61a).

dernen Tendenz unseres Strafrechts, aber kein unmittelbar anwendbares dogmatisches Einzelprinzip".

Im Ergebnis scheint es hier mehr um einen Streit um Begrifflichkeiten als um sachlich Verschiedenes zu gehen. Statt sich um eine Einengung des stark subjektivierten Kriegsstrafrechts mit seinen weit gefassten Tatbeständen zu bemühen, überließen es beide Autoren auf der Grundlage ihrer jeweiligen Verbrechenslehre im vollen Umfang der Praxis und damit der richterlichen Willkür, den Angeklagten im Einzelfall dem kriegsstrafrechtlichen Tätertyp („Volksschädling", „Gewaltverbrecher", etc.) unterzuordnen oder nicht: *Dahm* mit seiner Lehre vom normativen Tätertyp, dessen Inhalt sich aus einem „der Volksanschauung und der Betrachtung des dem Gesetzgeber vorschwebenden Täterbildes" entnommenen Werturteil ergab;[316] *Welzel* mit seinem Hinweis, dass es gerade die Aufgabe der Praxis sei, die *ungeschriebenen* subjektiv-täterschaftlichen Momente der Tat herauszuarbeiten.[317] Kam das Gericht danach jedoch zu einem Vorliegen der entsprechenden Gesinnung beim Täter, wie in der oben genannten Entscheidung des Reichsgerichts, hegte auch *Welzel* offenbar keinerlei Bedenken gegen die Anwendbarkeit der Volksschädlingsverordnung mit ihren drakonischen Strafdrohungen.[318] Ganz im Gegenteil – *Welzel* erklärte sogar ausdrücklich: „Straftaten aus einer Gesinnung heraus, die den Zersetzungskeim für die geballte Volkseinheit enthält, sollten […] mit der ganzen Schärfe des Strafrechts getroffen werden."[319] Dies ist, wie in den obigen Beispielen gezeigt, auch geschehen: Wer etwa aus einem zerbombten Haus eine Knackwurst entnahm, weil er hungerte, wurde als „Volksschädling" zum Tode verurteilt. *H. Wagner* ist daher der Ansicht, man tue Welzel „sicherlich nicht Unrecht, wenn man aus seinen Ausführungen die Billigung der genannten Verordnung mit ihrer ganzen Schärfe herausliest".[320]

Man mag sich also durchaus fragen, wie es in der Nachkriegszeit zu einem derartigen Durchbruch der finalen Handlungslehre kommen konnte, wenn man bedenkt, dass ihre Entwicklung maßgeblich in den Zeitraum des Nationalsozialismus fällt und sie insoweit auch, wie gezeigt, von seinen Einflüssen keineswegs frei ist. Allerdings konnte sich Welzels Lehre im Dritten Reich nicht durchsetzen. Dies zum einen deshalb, weil sie, wie *Frommel* gezeigt hat, einerseits zeitlich zu spät kam und andererseits als „zu ‚altmodisch' philosophisch" aufgefasst worden ist:[321] Die legitimierende Funktion rechtswissenschaftlicher Theorien sei in den Anfangsjahren des Dritten Reichs noch wesentlich höher

---

[316] DAHM FS Siber, S. 183 (209 f.).

[317] WELZEL ZStW 60 (1941), 428 (461 in Fn. 61a).

[318] §§ 1 bis 4 der VolksschädlingsVO sahen die Todesstrafe vor, §§ 2 und 4 der Verordnung daneben zeitige oder lebenslange Zuchthausstrafe, RGBl. 1939 I, S. 1679.

[319] WELZEL ZStW 60 (1941), 428 (461 in Fn. 61a).

[320] H. WAGNER Das Strafrecht im NS, S. 141 (181).

[321] FROMMEL Welzels finale Handlungslehre, S. 86 (91).

gewesen, als es gelingen musste, „eine Brücke zu konservativen Kreisen zu schlagen, um deren Unterstützung zu gewinnen"; im Jahr 1939, als Welzels „Studien" erschienen, sei dieser Prozess bereits abgeschlossen gewesen, so dass Welzel „eher zur Nachhut im Streben um ‚Rechtserneuerung' gehörte".[322] Zum anderen konnte Welzel in dogmatischer Hinsicht mit seinen Ausführungen zur Fahrlässigkeit nicht überzeugen.[323] Sein finalistisches System konnte sich daher im Ganzen innerhalb der nationalsozialistischen Strafrechtswissenschaft nicht durchsetzen. Teilstücke seiner Verbrechenslehre fanden jedoch in der damaligen Literatur Zustimmung.[324] Hierzu gehört auch, wie gezeigt, Welzels Lehre von der Sozialadäquanz.

Nach 1945 hielt Welzel an seinem finalistischen Verbrechenssystem fest, jedoch mit geringfügigen Modifikationen. So änderten sich etwa die durch das Strafrecht zu schützenden „Aktwerte": Vor 1945 waren dies vor allem „die Treue gegenüber Volk, Reich, Führung, der Gehorsam gegenüber der Staatsgewalt" und „die Wehrbereitschaft";[325] nach Kriegsende lauteten sie: „Achtung vor fremdem Leben, Gesundheit, Freiheit, Eigentum".[326] Ferner verschwand in der 1947 erschienenen Auflage des Lehrbuchs die Nennung der „kriegsmäßige[n] Tötungen, Verletzungen, Zerstörungen, usw." als Beispiel für sozialadäquate Handlungen in der sonst gleichgebliebenen Aufzählung.[327] In der ersten nach Kriegsende erschienenen Auflage seines Lehrbuchs (1947) nahm *Welzel* zudem in seinem Überblick über die Geschichte des deutschen Strafrechts eine beachtenswerte Differenzierung hinsichtlich des Strafrechts im Dritten Reich vor:[328] Er stellte der „Politisierung der Strafrechtspflege" auf der einen Seite eine „Entwicklungsreihe *unpolitischer* Rechtsfortbildung [...], zumeist auf der Grundlage früherer Reformvorschläge"[329] auf der anderen Seite gegenüber. Zu den „unpolitischen Rechtsfortbildungen" zählte er etwa die Ein-

---

[322] FROMMEL Welzels finale Handlungslehre, S. 86 (90); dazu auch MARXEN Kampf, S. 168: „Am intensivsten wurde die Diskussion über dogmatische Fragen in den Jahren 1935–1938 geführt".

[323] Siehe K. KLEE DStR 1940, S. 206 (206); ZU DOHNA ZStW 60 (1941), 287 (288 f.); NAGLER/Leipziger Kommentar, Einleitung II II 4 c (S. 24 f.); zustimmend zu Welzel dagegen V. GEMMINGEN ZStW 60 (1941), 1 (3 f. in Fn. 5); dazu aus heutiger Sicht KUBICIEL Welzel und die Anderen, S. 135 (153).

[324] GALLAS ZStW 60 (1941), 374 (389 f.) befürwortete den Weg in Richtung der finalen Handlungslehre Welzels; NAGLER GS 111 (1938), 1 (52 in Fn. 97a) schloss sich der Kritik Welzels an dem „abstraktbegrifflichen Charakter" der modernen Tatbestandslehre an; Eb. SCHMIDT Arzt im Strafrecht, S. 75 f. in Fn. 29 lobte die „ausgezeichneten, geistvollen Forschungen von Welzel" zum Handlungsbegriff und stimmte dessen „höchst beachtlichen Ausführungen" in den „Studien" „in vielen Beziehungen zu".

[325] WELZEL FS Kohlrausch, S. 101 (109).

[326] WELZEL Das deutsche Strafrecht, S. 2; dazu I. MÜLLER, S. 239.

[327] Siehe WELZEL Das deutsche Strafrecht, S. 36; im Vergleich dazu in den vorhergehenden Auflagen: DERS. Der Allgemeine Teil, S. 34 und DERS. Der Allgemeine Teil^2, S. 42.

[328] WELZEL Das deutsche Strafrecht, S. 10.

[329] Hervorhebung durch die Verfasserin.

führung der Sicherungsmaßregeln, die limitierte Akzessorietät, die Neufassung der Aussagedelikte, des Mordparagraphen, der Erpressung und der Urkundenfälschung. Gerade diese Strafrechtsreformen der NS-Diktatur hatte *Welzel* in den beiden vorhergehenden Auflagen seines Lehrbuchs (1943 und 1944) befürwortet.[330] Ihre Charakterisierung als „unpolitisch" ermöglichte es nun, diese NS-Reformen mit der Rechtsordnung nach 1945 zu vereinbaren, so dass eine tatsächliche „Entnazifizierung" im Strafrecht der Nachkriegszeit nicht erreicht werden konnte.[331] Nach *Vogel* ist diese Hinwendung Welzels zur angeblich „unpolitischen" Strafrechtsdogmatik eine verbreitete und bis heute bedeutsame Reaktionsform der Strafrechtswissenschaft auf ihre nationalsozialistische Vergangenheit.[332]

VI. Zusammenfassung

Die vorstehende Untersuchung hat bestätigt, dass insbesondere Welzels Publikationen aus der Zeit zwischen 1935 und 1938 NS-ideologische Inhalte aufweisen: Bereits in der 1935 erschienenen Habilitationsschrift zeigt sich der ideologische Einfluss auf den jungen Welzel – allerdings weniger ausgeprägt als in den drei nachfolgenden Publikationen, was der Grund dafür sein dürfte, dass der nationalsozialistische Gehalt der Arbeit damals wie heute unterschiedlich beurteilt wurde und wird. Letztlich kann jedoch nicht bestritten werden, dass Welzel sich in dieser Arbeit klar zu nationalsozialistischen Prinzipien bekennt, etwa zum konkreten Ordnungsdenken und der (Über-)Betonung der Volksgemeinschaft. Daher lobten nationalsozialistische Rezensenten der Habilitationsschrift, wie Mezger oder Schaffstein, auch Welzels „Streben nach einer neuen Strafrechtslehre". Wesentlich deutlicher tritt die nationalsozialistische Weltanschauung jedoch in den anschließenden drei Publikationen Welzels aus den Jahren 1937 und 1938 hervor: Die beiden Vorträge „Über die Ehre von Gemeinschaften" und „Über die Grundlagen der Staatsphilosophie Hegels" sowie der ein Jahr später erschienene Aufsatz „Tradition und Neubau" enthalten ausdrückliche ideologische, teils sogar rassistische Inhalte. In dem Vortrag „Über die Grundlagen der Staatsphilosophie Hegels" nutzt Welzel überdies den antisemitischen Gedanken für seine Argumentation. Aufgrund des offenkundig NS-ideologischen Inhalts überrascht es auch nicht, dass Welzel die drei Beiträge nicht in die 1975 herausgegebenen „Abhandlungen zum Strafrecht und zur Rechtsphilosophie" aufgenommen hat, eine Sammlung früherer rechtsphilosophischer und strafrechtlicher Schriften und Vorträge Welzels. Aufnahme in die Sammlung

---

[330] Welzel Der Allgemeine Teil^{2}, S. 10; ders. Der Allgemeine Teil^{3}, S. 11.

[331] Matus ZIS 2014, 622 (627).

[332] Vogel, S. 36 f.

fand dagegen die Habilitationsschrift – jedoch ohne das Vorwort, in dem Welzel seinerzeit „das ungeheure politische Geschehen der nationalsozialistischen Revolution“ rühmte. Wie bereits *Sticht* herausgearbeitet hat, konzentrieren sich damit zwar die „nazistisch-rassistischen“ Äußerungen Welzels auf die Zeit vor und unmittelbar nach seiner Ernennung zum Professor;[333] auch *Kubiciel* sieht die beiden Vorträge aus dem Jahr 1937 von der „Motivation“ Welzels getragen, „in einer Zeit, in der er sich um eine Professur bewarb, jenen Nachweis politischer ‚Linientreue‘ zu erbringen, den manche in seiner Habilitationsschrift vermisst hatten“.[334] Die vorstehende Untersuchung hat jedoch gezeigt, dass auch die dogmatischen Abhandlungen Welzels aus den Jahren zwischen 1939 und 1944 nicht frei sind von strafrechtsideologischen Inhalten, wenngleich diese nicht mehr derart offenkundig hervortreten. Dies gilt auch und gerade für seine Verbrechenslehre, die er ganz überwiegend schon zu jener Zeit entwickelte. So erweist sich insbesondere die 1939 in den „Studien“ eingeführte Lehre von der Sozialadäquanz als Einbruchstelle für ideologische Einflüsse auf das Strafrecht. Die Unbestimmtheit des Merkmals der „sozialen Adäquanz“ war ihrer – von Welzel bezweckten – Anpassungsfähigkeit an politische und gesellschaftliche Änderungen geschuldet und öffnete richterlicher Willkür im Strafrecht Tür und Tor. Aber auch der finale Handlungsbegriff traf schon im nationalsozialistischen Schrifttum auf Zustimmung. Welzels dogmatische Ansichten ähnelten insgesamt denen der Kieler Schule, weswegen er 1936 auch „wissenschaftlich in derselben Richtung“ eingeordnet wurde. Bedenkt man den Erfolg, zu dem Welzels Verbrechenslehre in der Nachkriegszeit gelangte, bestätigt sich auch hier der im neueren Schrifttum vertretene Kontinuitätsgedanke[335]: Den Grundstein für seine finale Handlungslehre hatte Welzel schon vor 1933 mit seinem Aufsatz „Kausalität und Handlung“ gelegt; in den Kriegsjahren entwickelte er hierauf aufbauend seine finale Verbrechenslehre, die dann nach 1945 als „weitgehend unpolitische Weiterentwicklung“[336] in der strafrechtsdogmatischen Diskussion aktuell und zunächst sogar vorherrschend wurde. Obwohl die finale Handlungslehre ihren großen Durchbruch also erst in der Nachkriegszeit hatte, kann der eingangs zitierten Aussage *Hirschs*, Welzels Auffassung habe „in der Hitler-Zeit keine Rolle“ gespielt,[337] nicht zugestimmt werden. Die gegenteilige Auffassung *I. Müllers*, Welzel sei „einer der Strafrechtsideologen der Hitler-Diktatur“ gewesen[338], geht andererseits inhaltlich zu weit. Aber die Tatsache, dass Dahm und Schaffstein, zwei der führenden Strafrechtler zu jener Zeit, Welzel häufig zitier-

[333] Sticht, S. 21 f., der jedoch den Aufsatz „Tradition und Neubau“ in diesem Zusammenhang nicht ausdrücklich erwähnt.

[334] Kubiciel Welzel und die Anderen, S. 135 (151).

[335] Etwa Marxen KritV 1990, 287 ff.; Naucke NS-Strafrecht, S. 233 ff.; Vogel, S. 7 ff., 43 ff.; Vormbaum Moderne Strafrechtsgeschichte, S. 177 f., 271 f.

[336] Frommel Welzels finale Handlungslehre, S. 86 (87).

[337] Hirsch ZStW 116 (2004), 1 (3).

[338] I. Müller, S. 223; auch Frommel, JZ 2016, 913 (919) „neig[t]“ zu dieser Bewertung.

ten und sich mit seinen Ausführungen auseinandersetzten,[339] ist ein Zeichen für die Relevanz seiner dogmatischen Ansichten innerhalb der Strafrechtswissenschaft zur Zeit der NS-Diktatur. Gleiches gilt für die lobende Hervorhebung der Habilitationsschrift durch Schaffstein im Literaturbericht der ZStW 1937.[340] Ferner zeugen die anerkennenden Worte des aktiven NS-Anhängers K. Klee[341] zur ersten Auflage von Welzels Lehrbuch davon, dass Welzel vor 1945 kein Unbekannter in der juristischen Fachwelt war und unter nationalsozialistischen Autoren Anerkennung fand. Beachtenswert bleibt auch, dass Welzel selbst noch in seinem 1944 erschienenen Aufsatz die Willkürherrschaft der Nationalsozialisten legitimierte. Er erläuterte für das Kriegsstrafrecht die Notwendigkeit höchster Strafen (nicht selten der Todesstrafe) aufgrund völlig unbestimmter Tatbestände. Dies diente seiner Ansicht nach dem Schutz „kriegswichtiger Volksgüter", womit er namentlich „die seelische Haltung des Volkes" und die „Erhaltung der effektiven Widerstandskraft des Volkes" meinte.

Eine Gemeinsamkeit nahezu aller Veröffentlichungen Welzels aus der NS-Zeit ist seine beharrliche Polemik gegen Naturalismus und Positivismus, den „Feinden" der nationalsozialistischen Weltanschauung und damit auch der NS-Strafrechtswissenschaft. Immer wieder wandte er sich gegen sie und ihre „strafrechtlichen Ausflüsse", wie das „Kausaldogma", das im Strafrecht „geherrscht" habe, den naturalistischen Handlungsbegriff oder die Rechtsgutsverletzungslehre. Für die Neubegründung seiner finalen Handlungslehre und der hierauf aufbauenden Verbrechenslehre wäre dieser „Kampf" jedenfalls nicht erforderlich gewesen, wie etwa die 1936 [!] erschienene Verbrechenslehre *Graf zu Dohnas* zeigt.[342] Ohne weitschweifende, polemische Ausführungen gegen einen (angeblichen) „wissenschaftlichen Feind" erläuterte dieser seine Verbrechenslehre; den Vorsatz definierte er als das „Bewusstsein [...], einen Deliktstatbestand zu verwirklichen", und prüfte diesen, ebenso wie Welzel, im Anschluss an den objektiven Tatbestand als Teil des subjektiven Tatbestandes.[343] Insgesamt sind Welzels Publikationen zwar weit entfernt von dem propagandistischen Ton, wie ihn vor allem die Schriften Freislers enthalten; doch ist eine derartige Ausdrucksweise auch nicht zwingend typisch für nationalsozialistische Strafrechtwissenschaftler. So sind etwa auch die Abhandlungen der Kieler-Schule-Vertreter Dahm und Schaffstein in einer „disziplinierten Sprache" abgefasst und widmen sich ebenfalls strafrechtswissenschaftlichen Diskussionsansätzen statt „platter Politikdogmatik".[344]

---

339 Siehe etwa Dahm Verbrechen und Tatbestand, S. 62 (63, 81, 87, 92, 94); ders. ZStW 57 (1938), 225 (227); Schaffstein Verbrechen als Pflichtverletzung, S. 108 (120).

340 Schaffstein ZStW 56 (1937), 112 (112 ff.).

341 K. Klee DStR 1940, S. 206 (206).

342 Frommel Welzels finale Handlungslehre, S. 86 (86).

343 zu Dohna Aufbau der Verbrechenslehre, S. 14.

344 Marxen Straftatlehre im NS, S. 55 (59).

Welzel selbst hat sich zu seiner Haltung im Dritten Reich nie explizit geäußert. Insbesondere von seinen offenkundig ideologiebelasteten Veröffentlichungen aus den Jahren 1937 und 1938 hat er sich nie öffentlich oder ausdrücklich distanziert – wie dies seinerseits etwa *Friedrich Schaffstein* bemerkenswerterweise getan hat: In der von *Thomas Vormbaum* herausgegebenen Textsammlung „Strafrechtsdenker der Neuzeit“[345], in der auch *Schaffsteins* Veröffentlichung von 1935: „Das Verbrechen eine Rechtsgutsverletzung?“ abgedruckt ist, findet sich in Ergänzung zu diesem Text folgender Hinweis des Herausgebers:

> „Der Wiederabdruck erfolgt mit Zustimmung des Autors. Dieser legt Wert auf die Feststellung, dass seine Zustimmung zum Wiederabdruck kein Bekenntnis zu den damals vertretenen Auffassungen bedeute. Vielmehr betrachte er diese Auffassungen als irrig und bedaure sie tief. Er wolle aber der Erforschung der Rechtsgeschichte jener Zeit nicht durch Verweigerung seiner Zustimmung im Wege stehen.“[346]

Tatsächlich blieb Schaffstein mit dieser öffentlichen Aussage zu seiner Verstrickung in der NS-Zeit jedoch eine Ausnahme. Denn nahezu keiner der zahlreichen (Straf-) Rechtswissenschaftler, die während des Nationalsozialismus – in unterschiedlich starkem Maße – ideologiebelastete Beiträge oder ganze Schriften veröffentlicht hatten, hatte sich in öffentlicher Form zu seiner Verantwortung bekannt und sich damit – wie *Vogel* es ausdrückt – „auch nur ein einziges und nicht bloß privates Wort der Distanzierung, des Bedauerns, der Entschuldigung oder gar der Reue abgerungen“. Dies sei, so *Vogel* weiter, gewiss nicht unverständlich; aber etwas zu verstehen heiße nicht, es zu entschuldigen.[347]

---

[345] Baden-Baden 1998.

[346] VORMBAUM Strafrechtsdenker der Neuzeit, S. 633.

[347] VOGEL, S. 109.

Teil 3

Die Entscheidung BGHSt 2, 194 – Welzels großer wissenschaftlicher Erfolg …?

Zu Welzels frühen wissenschaftlichen Erfolgen gehört auch jener Beschluss des Bundesgerichtshofs aus der Nachkriegszeit vom 18. März 1952, in dem der Große Senat die Frage, wie der Verbotsirrtum zu behandeln sei, zugunsten der Schuldtheorie entschieden hat. Die Behandlung des Verbotsirrtums war zuvor in der juristischen Literatur lebhaft diskutiert worden. Neben einigen wenigen Vertretern der alten reichsgerichtlichen Rechtsprechung standen sich vor allem die Vorsatztheorie und die – insbesondere von *Welzel* vertretene – Schuldtheorie gegenüber. *Loos* zufolge hat auch *Welzel* selbst in jener Entscheidung des Bundesgerichtshofs seinen wissenschaftlichen Durchbruch gesehen.[1] In einem Vortrag zur finalen Handlungslehre vor der Juristischen Studiengesellschaft in Karlsruhe im Mai 1953 erklärte dieser, dass, obwohl er sich schon seit vielen Jahren mit der finalen Handlungslehre beschäftige, erst jetzt der Wunsch an ihn herangetragen worden sei, einen Vortrag über die finale Handlungslehre zu halten.[2]

Die Behandlung des Verbotsirrtums war in der Nachkriegszeit jedoch keineswegs nur ein strafrechtsdogmatisches Problem. Sie war vielmehr eine politisch bedeutsame Frage: In den seit 1945 vor deutschen Gerichten geführten Verfahren gegen NS-Täter machten zahlreiche Angeklagte einen Verbotsirrtum geltend. Während ein solcher nach der Reichsgerichtsrechtsprechung strafrechtlich irrelevant gewesen wäre, führte er nach der Schuldtheorie zum Schuldausschluss bei unvermeidbarem und zur Strafmilderung bei vermeidbarem Verbotsirrtum. Dem Beschluss des Bundesgerichtshofs selbst lag zwar ein unpolitischer Sachverhalt zugrunde, große praktische Bedeutung kam dem Verbotsirrtum und seinen Folgen jedoch in den Prozessen gegen NS-Verbrecher zu.[3] Der folgende Teil der Arbeit befasst sich daher mit der genannten Entscheidung des Bundesgerichtshofs und deren Auswirkungen in den NS-Verfahren der Nachkriegszeit. Hinsichtlich letzteren wird insbesondere der Frage nachgegangen werden, ob die vornehmlich von *Welzel* vertretene Schuldtheorie für die Angeklagten in diesen Prozessen zu vorteilhafteren Urteilssprüchen geführt hat.

---

[1] Loos JZ 2004, 1115 (1115).
[2] Welzel Aktuelle Strafrechtsprobleme, S. 3.
[3] Vogel, S. 69.

I. Entwicklung der Irrtumslehre bis 1952

Die vom Großen Senat in der Entscheidung BGHSt 2, 194 zu klärende Frage betraf die Auswirkung des Irrtums des Täters über die Rechtswidrigkeit seines Handelns (Verbotsirrtum). Die Behandlung des Verbotsirrtums war damals und ist bis heute umstritten. 1908 bezeichnete *von Hippel* das Problem der Behandlung des (fehlenden) Bewusstseins der Rechtswidrigkeit als „eines der umstrittensten [Probleme] des allgemeinen Teils".[4] Fast 20 Jahre später meinte *Langer*, es sei „wohl keine Kontroverse [...] in der neueren deutschen Strafrechtsdogmatik mit mehr persönlichem Engagement ausgetragen worden als der Streit zwischen den sog. Irrtumstheorien"[5]. Der deutsche Gesetzgeber hat den Verbotsirrtum erst im Zuge des Zweiten Strafrechtsreformgesetzes vom 04.07.1969 in § 17 StGB n. F.[6] gesetzlich normiert. Der heutige § 17 StGB differenziert dabei zwischen dem vermeidbaren und dem unvermeidbaren Verbotsirrtum: Fehlt dem Täter bei Begehung der Tat die Einsicht, Unrecht zu tun, und konnte er diesen Irrtum nicht vermeiden, so handelt er nach § 17 Satz 1 StGB zwar vorsätzlich und rechtswidrig, aber nicht schuldhaft, und ist daher freizusprechen. War der Irrtum jedoch vermeidbar, so schließt er die Schuld nicht aus, sondern führt zu einer fakultativen Strafmilderung, § 17 Satz 2 StGB. Damit hat der Gesetzgeber den früheren Streit zwischen Vorsatz- und Schuldtheorie zugunsten letzterer entschieden und das Bewusstsein der Rechtswidrigkeit des Handelns als Schuldelement ausgestaltet.[7] Dieses Ergebnis ist jedoch keineswegs selbstverständlich. Es ist vielmehr das Resultat einer langen Entwicklung und bis heute umstritten.[8]

1. Rechtsprechung des Reichsgerichts

Um die Auswirkungen der Schuldtheorie im Vergleich zur zuvor herrschenden Rechtsprechung des Reichsgerichts deutlich zu machen, soll zunächst die Irrtumslehre des Reichsgerichts dargestellt werden.[9]

---

[4] v. HIPPEL Vorsatz, Fahrlässigkeit, Irrtum, S. 373 (548).

[5] LANGER GA 1976, 193 (193).

[6] BGBl. 1969 I, S. 720.

[7] FISCHER § 17 Rn. 2; ROXIN AT I, § 21 Rn. 4; STERNBERG-LIEBEN/SCHUSTER S/S § 17 Rn. 1; BEULKE/SATZGER W/B/S, Rn. 689; anderer Ansicht lediglich LANGER GA 1976, 193 (214 ff.), nach dessen Ansicht in § 17 StGB die Vorsatztheorie kodifiziert ist und SCHMIDHÄUSER JZ 1979, 361 (369), der § 16 I 1 und § 17 StGB „aus der Sicht der sog. Vorsatztheorie" anwenden will, dazu ROXIN AT I, § 21 Rn. 11 mit weiteren Nachweisen.

[8] Die Schuldtheorie und § 17 StGB kritisiert etwa T. WALTER Kern des Strafrechts, S. 389 ff., 410 ff.; er schlägt de lege ferenda eine einheitliche Irrtumsregelung (§ 16 StGB-E) mit einem neu zu schaffenden Tatbestand der Irrtumsfahrlässigkeit (§ 17 StGB-E) vor, S. 444, 446; Zur alten Lehre des RG möchten dagegen KUHLEN, S. 333 ff., 361 ff. und PUPPE GA 1990, 145 (154 ff., 180 ff.) zurückkehren, dazu T. WALTER Kern des Strafrecht, S. 422 f.

[9] Eine Darstellung der reichsgerichtlichen Irrtumslehre findet sich ferner bei SCHÖNKE

Das Reichsstrafgesetzbuch von 1871 normierte in § 59 StGB a. F.[10] lediglich den Tatbestandsirrtum. Eine Regelung zum Verbotsirrtum enthielt es nicht. Hiervon ausgehend unterschied das Reichsgericht bei der Behandlung des Irrtums zwischen Tat- und Rechtsirrtum. Der gesetzlich normierte Tatirrtum war ein Irrtum des Täters über deskriptive Tatbestandsmerkmale, also diejenigen gesetzlichen Merkmale, die tatsächlicher Natur sind.[11] Ein solcher Irrtum führte stets zum Ausschluss des Vorsatzes. Schießt etwa jemand auf einen Menschen in dem Glauben, es handle sich dabei nur um eine Vogelscheuche, so tötet er nicht vorsätzlich.[12] Dem Tatirrtum gegenüber stellte das Reichsgericht den Rechtsirrtum, also den Irrtum über normative Tatbestandsmerkmale.[13] Diese bedürfen zu ihrer Ausfüllung einer rechtlichen Wertung, für die wiederum Normen aus unterschiedlichen Rechtsgebieten herangezogen werden. Das Reichsgericht differenzierte daher weiter zwischen strafrechtlichen und außerstrafrechtlichen Rechtsirrtümern, je nachdem, nach welchem Rechtsgebiet das normative Tatbestandsmerkmal zu beurteilen war. Irrte der Täter etwa beim Diebstahl über das Merkmal „fremd", lag ein außerstrafrechtlicher Irrtum vor. Denn die Frage, ob eine Sache eine „fremde" im Sinne des § 242 StGB ist, bestimmt sich nach zivilrechtlichen Normen.[14] Einen Irrtum über die ein Blankettgesetz ausfüllende Norm behandelte das Reichsgericht stets ebenfalls als außerstrafrechtlichen Irrtum.[15] Hingegen war ein Irrtum über die normativen Tatbestandsmerkmale wie „Urkunde" (§ 267 StGB) oder „Lotterie" (§ 286 StGB a. F.[16]/ § 287 StGB n. F.) ein sogenannter strafrechtlicher Irrtum, da der Urkundenbegriff – ebenso wie der der Lotterie – durch das Strafrecht selbst bestimmt wird.[17] Den außerstrafrechtlichen Rechtsirrtum stellte das Reichsgericht dem „tatsächlichen Irrtum" gleich, mit der Folge des Vorsatzausschlusses gemäß § 59 StGB a. F. analog.[18] Ein strafrechtlicher Rechtsirrtum blieb dagegen unbeachtlich und hatte keinerlei Auswirkungen auf die Strafbarkeit des Täters.[19]

StGB § 59 VI 2 (S. 205 ff.) sowie in der neueren Literatur bei Roxin AT I, § 21 Rn. 5; Schroth, S. 15 ff.; Tischler, S. 40 ff.

[10] RGBl. 1871, S. 138.

[11] RGSt 6, 224 (226 f.) = Urt. v. 20.04.1882; RGSt 8, 104 (107) = Urt. v. 15.02.1883; RGSt 10, 349 (352) = Urt. v. 03.04.1884; RGSt 57, 15 (16) = Urt. v. 02.03.1922.

[12] Schroth, S. 15.

[13] RGSt 8, 84 (84 f.) = Urt. v. 08.02.1882; RGSt 11, 90 (96) = Urt. v. 18.09.1884; RGSt 12, 275 (277) = Urt. v. 19.02.1885; RGSt 14, 36 (45) = Urt. v. 25.03.1886; RGSt 19, 209 (211) = Urt. v. 26.03.1889; RGSt 25, 69 (72) = Urt. v. 05.01.1894.

[14] RGSt 50, 183 (183) = Urt. v. 12.12.1916.

[15] RGSt 52, 99 (100) = Urt. v. 10.06.1918; RGSt 57, 15 (16 f.) = Urt. v. 02.03.1922; Niethammer/Olshausen StGB § 59 Nr. 2 (S. 313).

[16] RGBl. 1871, S. 182; RGBl. 1876, S. 38.

[17] Niethammer/Olshausen StGB § 59 Nr. 2 (S. 313).

[18] RGSt 4, 233 (235 f.) = Urt. v. 27.05.1881; RGSt 9, 84 (84 f.) = Urt. v. 15.10.1883; RGSt 10, 234 (236) = Urt. v. 03.03.1884; RGSt 11, 90 (96) = Urt. v. 18.09.1884; RGSt 19, 209 (211) = Urt. v. 26.03.1889; RGSt 25, 69 (72) = Urt. v. 05.01.1894.

[19] RGSt 5, 407 (410) = Urt. v. 01.02.1882; RGSt 6, 224 (226) = Urt. v. 20.04.1882;

So verneinte das Reichsgericht beispielsweise eine vorsätzliche Verletzung der Eidespflicht (§ 153 StGB a. F.[20]) für den Fall, dass der Angeklagte bei seinem Offenbarungseid eine Hypothek verschwieg, die er für wertlos gehalten hatte. Denn insoweit hatte er über Rechtssätze des bürgerlichen Rechts geirrt und war damit einem beachtlichen außerstrafrechtlichem Irrtum erlegen.[21] Ebenso hielt das Reichsgericht den Irrtum eines Angeklagten über die „Jagdbarkeit des Dachses“ für beachtlich: Der Betroffene war wegen unberechtigter Jagdausübung (§ 292 StGB a. F.[22]) angeklagt, weil er auf einem Feld einen Dachs erschlagen hatte. Der Angeklagte wandte ein, er habe nicht gewusst, dass der Dachs ein „jagdbares Tier“ sei, also ein solches, das dem ausschließlichen Aneignungsrecht des Jagdberechtigten unterliege. Das Reichsgericht bejahte einen beachtlichen außerstrafrechtlichen Irrtum und verneinte den Vorsatz, da sich die Frage, ob der Dachs ein „jagdbares Tier“ sei, nach zivilrechtlichen Normen richtete.[23] Anders entschied es dagegen in einem Fall, in dem der wegen Betrugs angeklagte irrtümlich geglaubt hatte, das Opfer sei nicht geschädigt worden: Da der Begriff des „Vermögens“ in § 263 StGB vom Strafgesetzbuch selbständig bestimmt wird, sah das Reichsgericht den Irrtum des Täters als unbeachtlichen Irrtum über das Strafrecht an.[24] Dasselbe galt nach reichsgerichtlicher Auffassung für den Begriff der Urkunde in § 267 StGB: Im betreffenden Fall hatte die Angeklagte für die Erblasserin ein Testament nieder- und in deren Namen unterschrieben. Dabei ging die Angeklagte irrtümlich davon aus, sie dürfe auf diese Weise den wahren Willen der Erblasserin unverfälscht zum Ausdruck bringen. Für das Reichsgerichts war dies ein unbeachtlicher strafrechtlicher Irrtum – denn er bezog sich nicht mehr auf einen zum gesetzlichen Tatbestand der Urkundenfälschung gehörenden Tatumstand, sondern nur auf den strafrechtlichen Begriff der Urkundenfälschung, für den es allein darauf ankommt, ob die Urkunde so, wie sie vorliegt, wirklich von der Person stammt, die als ihr Aussteller erscheint.[25]

Das Bewusstsein der Rechtswidrigkeit war für das Reichsgericht grundsätzlich keine Voraussetzung der Strafbarkeit.[26] Ein Irrtum über die Rechtswidrigkeit der Tat war nach reichsgerichtlicher Rechtsprechung ein strafrechtlicher und damit unbeachtlicher Rechtsirrtum:

RGSt 8, 147 (149) = Urt. v. 08.02.1883; RGSt 10, 349 (352) = Urt. v. 03.04.1884; RGSt 12, 275 (277) = Urt. v. 19.02.1885; RGSt 14, 36 (45) = Urt. v. 25.03.1886; RGSt 19, 209 (211) = Urt. v. 26.03.1889; RGSt 21, 205 (208) = Urt. v. 25.10.1890; RGSt 39, 279 (280) = Urt. v. 27.10.1906.

[20] RGBl. 1871, S. 156.

[21] RGSt 60, 69 (75) = Urt. v. 02.02.1926.

[22] RGBl. 1876, S. 32.

[23] RGSt 10, 234 (235 f.) = Urt. v. 03.03.1884.

[24] RGSt 58, 171 (172) = Urt. v. 07.12.1923.

[25] RGSt 57, 235 (236 f.) = Urt. v. 06.02.1923.

[26] RGSt 2, 268 (269 f.) = Urt. v. 25.09.1880; RGSt 12, 275 (277) = Urt. v. 19.02.1885; RGSt 39, 279 (280) = Urt. v. 27.10.1906; RGSt 61, 242 (258) = Urt. v. 11.03.1927.

„Das Bewusstsein der Rechtswidrigkeit gehört regelmäßig nicht zum Vorsatz. Deshalb kann der allgemeine Irrtum des Täters über die Rechtswidrigkeit seines Tuns ihn von Strafe nicht befreien, sondern stellt ebenso einen unbeachtlichen Strafrechtsirrtum dar, wie die Annahme eines vom Rechte nicht anerkannten Rechtfertigungsgrundes".[27]

An diesen Grundsatz sah sich das Reichsgericht aufgrund des überlieferten römischen Satzes „error juris nocet" gebunden („Unkenntnis des Gesetzes schützt nicht vor Strafe").[28] So war etwa bei einer begangenen Körperverletzung der irrtümliche Glaube an ein tatsächlich nicht bestehendes Züchtigungsrecht[29] ebenso unbeachtlich wie der Irrtum über die Existenz einer Strafnorm (bei Kenntnis der Umstände, die zum gesetzlichen Tatbestand gehören).[30] Die irrtümliche Meinung eines Lotterie-Veranstalters, die Ausspielung ohne behördliche Erlaubnis sei nicht strafbar, war nach Ansicht des Reichsgerichts lediglich ein Irrtum „über den Inhalt und die Bedeutung" des Strafgesetzes (§ 286 a. F.[31]), der die Strafbarkeit nicht ausschließt. Ebenso unbeachtlich war der Irrtum eines wegen Parteiverrats angeklagten Rechtsanwalts über die Rechtswidrigkeit seines Handelns: Der Anwalt hatte eine Vermieterin in einer mündlichen Verhandlung vertreten, in der es um die Erteilung einer Genehmigung zur Kündigung eines Mietvertrags ging. Einige Monate später vertrat derselbe Anwalt in einem neuen Verfahren, das diese Genehmigung zur Kündigung des genannten Mietvertrags zum Gegenstand hatte, die Mieterpartei. Die Annahme des Rechtsanwalts, es handle sich dabei nicht um „dieselbe Rechtssache" im Sinne des § 356 StGB, sah das Reichsgericht als unbeachtlichen strafrechtlichen Irrtum an. Hinsichtlich der vorgebrachten Auffassung, dem Anwalt habe aufgrund des Irrtums aber notwendig das Bewusstsein der Rechtswidrigkeit seines Handelns gefehlt, führte das Reichsgericht aus:

„Wenn der Angeklagte aus dem Grund glaubte, nicht pflichtwidrig zu handeln, weil nicht dieselbe Rechtssache vorliege, so gründete sich sein Glaube auf denselben Strafrechtsirrtum, der ihn zu der irrigen Annahme geführt hat, daß es sich nicht um dieselbe Rechtssache handle. Dieser Irrtum ist daher auch mit Bezug auf das Merkmal der Pflichtwidrigkeit unbeachtlich und nicht geeignet, den inneren Tatbestand, d. h. das Bewußtsein von der Pflichtwidrigkeit auszuschließen".[32]

Mangelndes Unrechtsbewusstsein blieb somit für die Strafbarkeit des Täters unbeachtlich.

Von diesem Grundsatz machte das Reichsgericht lediglich in den Fällen eine Ausnahme, in denen die Rechtswidrigkeit im Deliktstatbestand ausdrücklich

[27] RGSt 63, 215 (218 f.) = Urt. v. 08.05.1929.
[28] Binding Normen III, S. 368; Hartung DRZ 1949, 342 (342); Kohlrausch, S. 118 f.; Niethammer/Olshausen StGB § 59 Nr. 31 a (S. 328).
[29] RGSt 4, 98 (99 ff.) = Urt. v. 09.04.1881; RGSt 33, 32 (34 f.) = Urt. v. 02.01.1900.
[30] RGSt 4, 124 (126) = Urt. v. 06.05.1881.
[31] RGBl. 1871, S. 182; RGBl. 1876, S. 38.
[32] RGSt 58, 247 (250) = Urt. v. 24.06.1924.

genannt wurde, etwa in § 246 StGB, § 303 StGB, § 304 StGB. Denn dort sah das Reichsgericht die Rechtswidrigkeit als ein vorsatzrelevantes Tatbestandsmerkmal an. Dies hatte zur Folge, dass der Vorsatz bei Unkenntnis der Rechtswidrigkeit gemäß § 59 Abs. 1 StGB a. F. ausgeschlossen war.[33] So etwa in dem Fall eines angeklagten Jägers, der in seinem eigenen Jagdrevier einen Hund erschossen hatte, der seinen Herrn auf einem der durch den Wald führenden Wege begleitet hatte. Der Jäger glaubte dazu berechtigt gewesen zu sein, weil der Hund nicht angeleint war. Das Reichsgericht billigte den Freispruch des Angeklagten aufgrund des fehlenden Bewusstseins der Rechtswidrigkeit, weil zum gesetzlichen Tatbestand der Sachbeschädigung (§ 303 StGB) auch die Rechtswidrigkeit gehöre.[34] Abgesehen von diesen Ausnahmefällen war ein mangelndes Unrechtsbewusstsein des Täters in der reichsgerichtlichen Rechtsprechung jedoch grundsätzlich unbeachtlich – somit auch bei Totschlag und Mord.

2. *Literaturstreit*

Die Rechtslehre kritisierte ganz überwiegend die reichsgerichtliche Rechtsprechung und ihre Unterscheidung zwischen unbeachtlichem strafrechtlichem und vorsatzausschließendem außerstrafrechtlichem Rechtsirrtum. *Kohlrausch* wies bereits 1903 auf die „völlige Unhaltbarkeit des jetzigen Zustandes“[35] hin. In einer breit angelegten Untersuchung der reichsgerichtlichen Judikatur zeigte er anhand zahlreicher Beispiele, „dass eine befriedigende Anwendung des Satzes vom ausserstrafrechtlichen Rechtsirrtum trotz einer Fülle von Entscheidungen bisher nicht gelungen“ war[36] und wies die praktische Undurchführbarkeit der Unterscheidung zwischen strafrechtlichem und außerstrafrechtlichem Rechtsirrtum nach.[37] Das Schrifttum schloss sich der Kritik an dieser Irrtumslehre nahezu einhellig an.[38] Insbesondere erhob man den Vorwurf gegen das Reichs-

[33] RGSt 3, 10 (10) = Urt. v. 20. 10. 1880; RGSt 11, 90 (94) = Urt. v. 18. 09. 1884; RGSt 19, 87 (89) = Urt. v. 12. 03. 1889; RGSt 19, 209 (210 f.) = Urt. v. 26. 03. 1889; RGSt 71, 374 (374 f.) = Urt. v. 28. 10. 1937; dabei blieb das RG in seiner Rechtsprechung aber nicht konsequent: In einer Entscheidung des RG vom 09. 01. 1905 ging es um den Tatbestand des § 14 WarenzeichenschutzG, welcher in Abs. 2 das Wort „widerrechtlich“ ausdrücklich enthält, das RG nahm jedoch einen unerheblichen Rechtsirrtum an, GA 1905, 242 (243).

[34] RGSt 19, 209 (210 f.) = Urt. v. 26. 03. 1889.

[35] Kohlrausch, S. 119.

[36] Kohlrausch, S. 178.

[37] Kohlrausch, S. 118 ff., 178 ff.

[38] Binding GS 81 (1913), 19 (32 f., 60); ders. Normen III, S. 333 ff.; zu Dohna Recht und Irrtum, S. 26 f.; v. Hippel Vorsatz, Fahrlässigkeit, Irrtum, S. 373 (552, 555); ders. Deutsches Strafrecht II, S. 332 f., 343 ff. mit weiteren Nachweisen; Mezger Strafrecht, S. 329 f.; Schönke StGB § 59 VI 2 e (S. 207) mit weiteren Nachweisen; Welzel Der Allgemeine Teil, S. 64; anderer Ansicht Lucas DJZ 1914, Sp. 249 (251 ff.); H. Mayer Strafrecht des deutschen Volkes, S. 300 ff.; Radbruch SJZ 1947, Sp. 633 (633 f.); Wegner FS Raape, S. 401 (401 ff.); Winnefeld DRZ 1947, 365 (365 f.).

gericht, es sei bei der Anwendung seiner Lehre „unsicher und willkürlich"[39]. Die auf Äußeres abgestellte Differenzierung zwischen strafrechtlichem und außerstrafrechtlichem Irrtum führe zu verfehlten Ergebnissen. Es sei nicht gerechtfertigt, die Unterscheidung danach vorzunehmen, ob ein Rechtsbegriff oder ein Rechtssatz im Strafgesetz selbst oder außerhalb des Strafgesetzbuches stehe. Wenn ein Täter seine Tat infolge eines Irrtums über das Recht oder seine Anwendbarkeit für erlaubt gehalten habe, fehle zudem jeder innere Grund dafür, dem strafrechtlichen Irrtum eine Wirkung zu versagen, die dem nichtstrafrechtlichen Irrtum zu gewähren sei. Letztlich stand das Reichsgericht mit seiner Irrtumslehre, wie *von Hippel* 1930 treffend erkannte, „so einsam und verlassen da, wie wohl sonst in keiner wichtigen Frage"[40].

Trotz der vehementen Kritik schaffte es jedoch auch die Rechtswissenschaft zunächst nicht, eine einheitliche Lösung für die Irrtumsproblematik und insbesondere den Verbotsirrtum zu finden.[41] Zwar gab es im juristischen Schrifttum verschiedene Vorschläge zur Behandlung des Problems, doch hatte sich keine einheitliche Lösung durchzusetzen vermocht – was sich auch in den verschiedenen Gesetzesentwürfen seit 1913 widerspiegelte, die keine klare Linie erkennen ließen.[42]

Mit dem Zusammenbruch des Dritten Reichs kam jedoch die Diskussion über die Behandlung des Verbotsirrtums im juristischen Schrifttum neu in Gang, als dieser plötzlich beträchtliche praktische Bedeutung erlangte:[43] In zahlreichen Revisionsentscheidungen der Nachkriegszeit hatten sich die Gerichte mit dem (fahrlässigen) Verbotsirrtum auseinanderzusetzen – auch und insbesondere in den NS-Verfahren. Die „Rechtsverwirrung"[44] der damaligen Zeit ließ den Verbotsirrtum zu einem zentralen Problem der Schuldlehre werden. Theorie und Praxis beschäftigten sich gleichermaßen mit der Frage, welche Bedeutung dem Bewusstsein der Rechtswidrigkeit und seinem Gegenstück, dem Verbotsirrtum, strafrechtlich zukommen sollte. *Horst Schröder* bezeichnete jene Frage daher 1951 als ein „Kardinalproblem des Strafrechts"[45]. In der rechtswissenschaftlichen Literatur gab es hierzu im Wesentlichen drei Ansichten: Diejenige, deren

---

[39] v. Hippel Deutsches Strafrecht II, S. 344; ebenso Binding Normen III, S. 371 f., 386; v. Hippel Vorsatz, Fahrlässigkeit, Irrtum, S. 373 (552, 555); dazu Hartung DRZ 1949, 342 (343).

[40] v. Hippel Deutsches Strafrecht II, S. 343; ders. Vorsatz, Fahrlässigkeit, Irrtum, S. 373 (557).

[41] Selbst Kohlrausch, der im ersten Band von „Irrtum und Schuldbegriff" die Irrtumslehre des Reichsgerichts ausführlich untersucht und eingehend kritisiert hatte, hat den zweiten Band zu dieser Veröffentlichung nie geschrieben – dieser sollte den Aufbau *seiner* Irrtumslehre enthalten, siehe Wegner FS Raape, S. 401 (402, 415).

[42] Hartung DRZ 1949, 342 (342 f.); ders. NJW 1952, 761 (761); siehe dazu etwa Welzel NJW 1951, 577 (578); v. Winterfeld JR 1950, 385 (386 f.).

[43] Hartung DRZ 1949, 342 (342, 344).

[44] Welzel MDR 1952, 584 (584).

[45] H. Schröder MDR 1951, 387 (387).

Vertreter an der Irrtumslehre des Reichsgerichts festhielten, die Vorsatztheorie und die Schuldtheorie.

a) Verteidiger der reichsgerichtlichen Irrtumslehre

Nur vereinzelt fanden sich nach dem Zweiten Weltkrieg in der rechtswissenschaftlichen Literatur noch Verfechter der reichsgerichtlichen Irrtumslehre.[46] So kritisierte etwa *Radbruch*[47] in einer Anmerkung zum Euthanasie-Urteil des Oberlandesgerichts Frankfurt am Main, dass sich nach dem Wegfall der Autorität des Reichsgerichts die Rechtsansicht „überraschend schnell" durchsetze, dass zum Vorsatz das Bewusstsein der Rechtswidrigkeit gehöre. Nach *Radbruch* war das Bewusstsein der Rechtswidrigkeit kein selbstverständliches Schulderfordernis. Denn die „Urform des Rechts" seien nicht Ge- und Verbote; sie seien nur eine sekundäre Form des Rechts. Die Urform des Rechts sei vielmehr „die Bewertungsnorm, das Werturteil der rechtsetzenden Macht, durch das eine Handlungsweise für ungerecht und antisozial erklärt wird". Für den Vorsatz reiche es daher aus, wenn der Täter bei Begehung der Tat diejenigen Eigenschaften seiner Tat kenne, die den gesetzlichen Tatbestand der Norm erfüllen. Habe der Täter trotz Kenntnis dieser Eigenschaften, welche die Handlung nach Meinung des Gesetzgebers als ungerecht oder antisozial charakterisierten, deren ungerechten und antisozialen Charakter nicht erkannt, sei dies „umso schlimmer". Derartige „Rechtsblindheit" könne den Vorsatz des Täters niemals ausschließen. Im Zusammenhang mit den Euthanasie-Verfahren stellte *Radbruch* zudem klar, dass die Volksmoral dahingehend auch im Dritten Reich „völlig fest stand". Die Morde zum Zwecke der Entledigung „arbeitsunfähiger und deshalb unnützer Esser" war auch zu jener Zeit als verwerflich angesehen worden. Daher könne die Annahme der Gesetzmäßigkeit eines nach übergesetzlichem Recht verwerflichen Verhaltens den Vorsatz nicht ausschließen.[48]

Auch *Winnefeld*[49] verteidigte in seinem Aufsatz in der Deutschen Rechts-Zeitschrift die Irrtumsjudikatur des Reichsgerichts, nach der das Bewusstsein der Rechtswidrigkeit keine Voraussetzung der Strafbarkeit war. Er stützte seine Argumentation vor allem auf zwei Tätergruppen, bei denen trotz fehlenden Unrechtsbewusstseins eine Bestrafung erforderlich sei: Die erste Gruppe umfasste diejenigen Täter, denen außerhalb der gesetzlich normierten Fälle in §§ 51, 58 StGB a. F.[50], § 3 JGG a. F.[51] die Fähigkeit fehlt, das Unerlaubte der Tat einzusehen. *Winnefeld* nannte sie „die charakterlich und moralisch falsch or-

---

[46] H. Mayer Strafrecht AT, S. 257; Radbruch SJZ 1947, Sp. 633 ff.; Wegner FS Raape, S. 401 ff.; Winnefeld DRZ 1947, 365 f.

[47] Radbruch SJZ 1947, Sp. 633 (634).

[48] Radbruch SJZ 1947, Sp. 633 (634); dagegen Welzel SJZ 1948, Sp. 368 (368 f.).

[49] Winnefeld DRZ 1947, 365 (365 f.).

[50] RGBl. 1933 I, S. 998.

[51] RGBl. 1943 I, S. 639.

ganisierten Täter“. Da ihnen bereits die *Fähigkeit* zur Unrechtseinsicht fehle, könnten sie auch niemals das *Bewusstsein* haben, Unrecht zu tun. Gleichwohl wolle der Gesetzgeber aber auch diese Täter bestrafen. Die zweite Tätergruppe, die *Winnefeld* anführte, waren die Täter, deren sittliche Anschauung im Einzelfall abweicht von der sittlichen Anschauung des (ihnen unbekannten) Strafgesetzes. Auch ihnen fehle – die Unkenntnis des Strafgesetzes vorausgesetzt – das Bewusstsein, Unrecht zu tun. Trotzdem solle aber ein Täter bestraft werden, dessen sittliche Anschauung der des ihm unbekannten Gesetzes widerspricht. Und schließlich – so das letzte Argument *Winnefelds* – gäbe es auch „sittlich farblose“ Normen, wie sie insbesondere das Wirtschaftsstrafrecht enthalte. Bei Verstößen hiergegen mangle es dem jeweiligen Täter ebenfalls sehr häufig am Bewusstsein, Unrecht zu tun, weil sich in dem „unübersichtlichen Gehege“ der Wirtschaftsgesetze selbst der Fachmann kaum noch auskenne. Aus Gründen der Rechtssicherheit und um die Durchführbarkeit der Wirtschaftsgesetze sicherzustellen, sei aber auch in diesen Fällen eine Bestrafung des Täters erforderlich.

Im Ergebnis stimmte auch *Wegner* dieser Ansicht zu, jedoch missfielen ihm *Winnefelds* Hauptgedanken.[52] Dessen Ausführungen führten in Richtung des Täterstrafrechts. Insoweit stimmten sie mit denen *Kohlrauschs* oder *Mezgers* überein. Es handle sich dabei jedoch um jene „gefährlichen Gedanken“, die nicht mehr Taten, sondern Täter beurteilten und Menschen nicht mehr als Subjekt des Strafrechts und des Strafverfahrens betrachteten, sondern sie zu deren Objekt machten. *Wegner* hielt es vielmehr für erforderlich, das „alte Strafrecht“ zu bewahren, das Strafrecht „eines Rechtsstaates, in dem der Mensch stets Rechtssubjekt und niemals Objekt“ sei. *Wegner* trat für die „bewährte Reichsgerichtsrechtsprechung“ ein und versuchte seinerseits, für die Irrtumslehre und das Bewusstsein der Rechtswidrigkeit „allgemein anerkennenswerte Gedanken in der Reichsgerichtsrechtsprechung zu finden, die vorsichtig für den Weiterbau des Rechtes verwertet werden können“.[53] Das Bewusstsein der Rechtswidrigkeit sei nach Ansicht des Reichsgerichts kein Teil des Vorsatzes im Sinne des Tatbewusstseins oder auch inneren Tatbestandes gewesen.[54] Das Unrechtsbewusstsein sei vielmehr ein Element der Schuldform „Vorsatz“. Der innere Tatbestand – das Tatbewusstsein – indiziere aber regelmäßig das Bewusstsein der Rechtswidrigkeit.[55] Dieses Verhältnis von Tatvorsatz und der Schuldform Vorsatz („Schuld“) habe auch *Welzel* richtig erkannt, der das Bewusstsein der Rechtswidrigkeit ebenfalls nicht zum Tatvorsatz zähle, sondern als Moment der Schuld sehe.[56] Ausgehend von diesem Grundgedanken hätte Welzel nach *Wegners* Ansicht eigentlich zur Bejahung statt zur Ablehnung der reichsgericht-

---

52 Siehe – auch zum Folgenden – WEGNER FS Raape, S. 401 (417 ff.).
53 WEGNER FS Raape, S. 401 (402).
54 Siehe dazu bereits oben Teil 3 I 1.
55 WEGNER FS Raape, S. 401 (403, 405 f., 413, 416).
56 WELZEL Der Allgemeine Teil², S. 51; DERS. Das deutsche Strafrecht, S. 43.

lichen Irrtumslehre gelangen müssen.[57] Das Reichsgericht habe sich bei seinen Entscheidungen also lediglich darauf beschränkt, dem Täter die Tat und das Tatbewusstsein nachzuweisen. Das Bewusstsein der Rechtswidrigkeit habe sich dann im Regelfall von selbst verstanden. Denn das vom Täter übertretene Strafgesetz – die Norm im Sinne *Bindings* – sei meist „so elementar wie eines der Zehn Gebote". Hinter den Straftatbeständen stünden in der Regel so einfache Normen wie: Du sollst nicht töten; Du sollst nicht stehlen; und so weiter – Gebote, die jeder Täter kenne. Bei derartigen Normen indiziere das Vorliegen des inneren Tatbestandes auch das Unrechtsbewusstsein. Das Reichsgericht habe damit stets die Verbindung des Strafrechts mit seinen sittlichen Grundlagen gewahrt. In Ausnahmefällen allerdings müsse die indizierende Wirkung des inneren Tatbestandes versagen, weil die verbotene Tat nicht dem „Göttlichen und Natürlichen" zuwiderlaufe. So vor allem bei zahlreichen vorübergehenden Wirtschaftsgesetzen der Kriegszeit, wie etwa dem „noch nicht auf dem Berge Sinai verkündeten Verbote des Schwarzschlachtens". Für derartige Ausnahmen habe sich das Reichsgericht aber selbst Raum gelassen durch das „heilsam einschränkende ‚Regelmäßig'": Nur „regelmäßig" habe das Reichsgericht das Bewusstsein der Rechtswidrigkeit für den Vorsatz verlangt.[58] *Wegners* Hauptargument deckt sich damit mit dem Gedanken *Radbruchs*: Die Strafgesetze seien nur eine „sekundäre Form des Rechts"[59]; das dahinter stehende Gebot kenne in der Regel jedermann, so dass sich ein Täter nicht auf dessen Unkenntnis berufen könne.

b) Neue Ansätze

Ganz überwiegend war das Schrifttum nach wie vor jedoch der Ansicht, dass an der Irrtumslehre des Reichsgerichts mit der Unterscheidung zwischen strafrechtlichem und außerstrafrechtlichem Rechtsirrtum nicht mehr festzuhalten sei. Einigkeit bestand insoweit über folgende Punkte:[60] Man unterschied zwischen dem Irrtum über gesetzliche Tatbestandsmerkmale einerseits und dem Irrtum über das Verbotensein der Handlung andererseits. Im Gegensatz zur reichsgerichtlichen Judikatur umfasste der Irrtum über Tatbestandsmerkmale sowohl deskriptive als auch normative Merkmale. Anstelle der missverständlichen Bezeichnung „Tat- und Rechtsirrtum" etablierte sich das Begriffspaar Tatbestands- und Verbotsirrtum[61] – womit sich Lehre und Praxis nicht zuletzt auch sprachlich vom Reichsgericht abgrenzten. Ein Tatbestandsirrtum

---

[57] Dazu und zum Folgenden WEGNER FS Raape, S. 401 (405 ff.).

[58] WEGNER FS Raape, S. 401 (406, 416).

[59] RADBRUCH SJZ 1947, Sp. 633 (634).

[60] Dazu HARTUNG NJW 1952, 761 (761).

[61] Eingeführt von WELZEL in SJZ 1948, Sp. 368 (369); den Namen „Verbotsirrtum" verwendete er bereits zuvor in seinen „Studien", ZStW 58 (1939), 491 (513 in Fn. 30, 526 in Fn. 47, 533 in Fn. 63).

führte zum Ausschluss der Strafe, ebenso ein *un*verschuldeter Verbotsirrtum. Anders als das Reichsgericht behandelte die herrschende Ansicht im Schrifttum also einen Irrtum über die Rechtswidrigkeit des Handelns nicht mehr als einen grundsätzlich unbeachtlichen Irrtum. Uneinigkeit bestand nur noch in der Frage, wie sich ein *verschuldeter*, also fahrlässiger Verbotsirrtum auf die Strafbarkeit des Täters auswirken sollte. Zur Lösung dieses Problems standen sich in der rechtswissenschaftlichen Literatur im Wesentlichen zwei Ansichten gegenüber, die noch heute unter dem Namen Vorsatz- und Schuldtheorie[62] bekannt sind.

aa) Die Vorsatztheorie

Die Vertreter der Vorsatztheorie sahen, wie schon *Binding*,[63] das Bewusstsein der Rechtswidrigkeit als Teil des Vorsatzes.[64] Zu ihnen gehören *Edmund Mezger*, *Adolf Schönke* und *Horst Schröder*. Neben dem Wissen hinsichtlich der Tatumstände gehörte nach ihrer Ansicht zum Vorsatz also auch das Wissen um das Verbotensein der Handlung. Ein schuldhafter Verbotsirrtum sollte daher in entsprechender Anwendung des § 59 Abs. 2 StGB a. F.[65] zum Ausschluss des Vorsatzes führen. Der Täter blieb wegen fahrlässiger Begehung des jeweiligen Delikts strafbar, sofern die fahrlässige Tat mit Strafe bedroht war.[66] Andernfalls blieb er straffrei. Die Vorsatztheorie hatte somit den Vorzug, dass eine Unterscheidung zwischen Tatbestands- und Verbotsirrtum nicht mehr erforderlich war, da beide Irrtümer nach § 59 Abs. 2 StGB a. F. (analog) behandelt werden sollten.

Gegen diese Auffassung wurde eine Reihe von Einwänden erhoben, insbesondere von Seiten der Vertreter der Schuldtheorie. Einer der Haupteinwände gegen die Vorsatztheorie lautete, dass das Bewusstsein der Rechtswidrigkeit schon deshalb nicht zum Vorsatz gehören könne, weil Vorsatz stets ein *aktuelles Bewusstsein* der Tatbestandsmerkmale zum Zeitpunkt der Tat verlange. Dagegen genüge für die Bejahung der Schuld die Unrechts*kenntnis*. Eine *aktuelle* Vorstellung von der Rechtswidrigkeit der Tat könne aber nicht verlangt werden. Diese würde schon bei den zahlreichen schnellen Augenblickstaten – wie häufig der Diebstahl – und Affekthandlungen fehlen.[67] Jedoch wolle der Gesetz-

---

62 Die Benennungen gehen ebenfalls auf WELZEL zurück, der sie in seinem Aufsatz „Der Irrtum über die Rechtswidrigkeit des Handelns", SJZ 1948, Sp. 368 (369), erstmals verwendete.

63 BINDING Grundriss, S. 118 f.; DERS. GS 81 (1913), 19 (58).

64 MEZGER Moderne Wege, S. 42; DERS. NJW 1951, 500 (502); SCHÖNKE DRZ 1946, 101 (102); H. SCHRÖDER MDR 1950, 646 (649) sieht sogar umgekehrt den Vorsatz als Teil des Unrechtsbewusstseins.

65 RGBl. 1881, S. 138.

66 HARTUNG NJW 1951, 209 (209); MEZGER NJW 1951, 869 (870); SCHÖNKE StGB § 59 VI 1 a (S. 204); H. SCHRÖDER MDR 1951, 387 (387).

67 WELZEL MDR 1951, 65 (66); DERS. NJW 1951, 577 (577); DERS. MDR 1952, 584 (586 f.); DERS. Das neue Bild, S. 49; H. v. WEBER Grundriss, S. 124.

geber auch derartige Taten mit der Vorsatzstrafe treffen, wie etwa die Regelung des § 213 StGB a. F.[68] zeige, wonach eine vorsätzliche Tötung eine solche auch dann bleibe, wenn der Täter von dem Getöteten „zum Zorne gereizt und hierdurch auf der Stelle zur That hingerissen worden" war.[69] *Mezger* wandte hiergegen wiederum ein, eine Vorstellung von der Rechtswidrigkeit im Sinne einer Subsumtion im juristischen Sinne könne nicht verlangt werden, und verwies insoweit auf die „Parallelwertung in der Laiensphäre des Täters". Diese Wertung sei aber im Wesentlichen eine „Gefühls-Einstellung" und als solche auch bei „Augenblickstaten" und „Affekthandlungen" vorhanden.[70] Gegen die Lösung der Vorsatztheorie wurde ferner eingewandt, dass sie zum einen überall dort zu unbilligen Ergebnissen führe, wo eine Bestrafung des Täters lediglich im Rahmen des Fahrlässigkeitsdelikts nicht angemessen sei, etwa weil der Verbotsirrtum auf gröbster, unverzeihlicher Fahrlässigkeit beruhe. Zum anderen habe sie in den Fällen, in denen die fahrlässige Tatbegehung nicht unter Strafe stehe, teilweise kriminalpolitisch unhaltbare Freisprüche zur Folge.[71] Ein Beispiel hierfür nannte *Welzel* 1952:

> „So, wenn im Dritten Reich [...] ein Polizeibeamter die Frau eines ‚Staatsfeindes' glaubt festhalten zu dürfen, um durch ihre Festnahme ihren Mann zur Selbstgestellung zu zwingen. Hier versagt der beliebte Ausweg, die im Verbotsirrtum begangene Freiheitsberaubung in eine ‚fahrlässige' Tat umzudeuten, da die fahrlässige Freiheitsberaubung straflos ist".[72]

Derart unbilligen Ergebnissen versuchten aber auch die Vertreter der Vorsatztheorie entgegenzutreten. Zur Lösung dieser Problematik entwickelten sich daher innerhalb der Vorsatztheorie unterschiedliche Ansätze: Ein Lösungsansatz sah zur Vermeidung von Strafbarkeitslücken die Einführung eines Aushilfstatbestands der Rechtsfahrlässigkeit vor.[73] Dieser sollte all diejenigen Fälle erfassen, in denen der Täter fahrlässig über die Rechtswidrigkeit seines Handelns irrte, die fahrlässige Begehung der Tat jedoch nicht mit Strafe bedroht war. Der Täter konnte dann „mit Gefängnis bis zu zwei Jahren oder mit Haft" bestraft werden. Daneben trat der Vorschlag *Mezgers,* wonach der Vorsatzausschluss des § 59 Abs. 2 StGB a. F. dann nicht greifen sollte, wenn der Verbotsirrtum des Täters auf einer Einstellung beruhte, „die mit einer gesunden Auffassung von Recht und Unrecht unvereinbar ist".[74] In diesen Fällen sollte der

---

[68] RGBl. 1881, S. 167.

[69] BGHSt 2, 194 (206) = Beschl. v. 18. 03. 1952.

[70] MEZGER NJW 1951, 869 (870).

[71] HARTUNG NJW 1951, 209 (210); H. v. WEBER Grundriss, S. 124.

[72] WELZEL MDR 1952, 584 (587).

[73] So der Entwurf von 1935, SCHÄFER/Gürtner, Das kommende deutsche Strafrecht AT, S. 71.

[74] MEZGER Moderne Wege, S. 45; DERS. NJW 1951, 500 (502); HARTUNG NJW 1951, 390 (390); SCHÖNKE StGB § 59 VI 1 b (S. 204); ähnlich auch der Entwurf von 1935, siehe SCHÄFER/Gürtner, Das kommende deutsche Strafrecht AT, S. 71, wonach der Verbotsirrtum unbe-

Täter, obwohl er wegen des Verbotsirrtums keinen vorsätzlichen Rechtsverstoß begangen hatte, wie ein vorsätzlich Handelnder bestraft werden (sogenannte eingeschränkte Vorsatztheorie).[75] *Mezger* fasste derartige Fälle unter den Begriff der „Rechtsblindheit" oder auch „Rechtsfeindschaft".[76] Die Schuld des Täters sei in diesen Fällen „Lebensführungsschuld"; sie liege darin, dass der Täter sich im Laufe seines Lebens eine entsprechende Einstellung gegenüber dem Recht im Ganzen gegeben habe.[77] Gegen diesen Lösungsansatz erhob *Welzel* wiederum den Vorwurf, die Vorsatztheorie greife damit zu einer Fiktion des Unrechtsbewusstseins.[78] *H. Schröder* als Anhänger der Vorsatztheorie stimmte Mezger zwar insoweit zu, als der Schuldvorwurf in den Fällen der Rechtsfeindschaft, in denen also das Fehlen des Unrechtsbewusstseins auf einer „a-rechtlichen Gesinnung" des Täters liege, in der Lebensführungsschuld begründet sei, die den Täter zu einem „Rechtsempfindungslosen" habe werden lassen. In Mezgers Vorschlag sah er jedoch einen Verstoß gegen den Grundsatz „nulla poena sine lege" und hielt daher ein Eingreifen des Gesetzgebers für erforderlich.[79] Dem hielt *Mezger* wiederum entgegen, § 59 StGB a. F. verbiete nur dort eine Strafe wegen des vorsätzlichen Delikts, wo der Täter über Umstände des gesetzlichen Tatbestands geirrt habe.[80]

Nach *Welzels*[81] Ansicht ermöglichten aber auch die genannten Vorschläge keine schuldangemessene Bestrafung. Die Einführung eines Aushilfstatbestandes der Rechtsfährlässigkeit mit einer Strafandrohung von maximal zwei Jahren Gefängnis löse das Problem nicht. Eine derartige tatbestandslose Norm habe keinen Bezug zur konkreten Tat. Ihr Strafrahmen sei willkürlich und könne im Einzelfall zu ungerechten Strafen führen, da unabhängig von der Schwere der Tat und der Vermeidbarkeit des Irrtums nur höchstens zwei Jahre Gefängnis verhängt werden könnten. Im Falle der Rechtsblindheit dagegen bemesse sich der Strafrahmen nach der vollen Vorsatzstrafe. Zwischen der Strafe für Rechtsfahrlässigkeit und der Vorsatzstrafe für die Fälle der „Rechtsblindheit" klaffe aber eine breite Lücke, die dazwischenliegende Schuldabstufungen unberücksichtigt lasse. Würde der Vorschlag bezüglich des Aushilfstatbestands umgesetzt, würde im Übrigen die Unterscheidung zwischen Tatbestands- und Ver-

---

achtlich sein sollte, wenn dieser „auf einer Einstellung beruht, die mit der gesunden Volksanschauung über Recht und Unrecht unvereinbar ist"; zustimmend MEZGER FS Kohlrausch, S. 180 (183 f.).

[75] MEZGER FS Kohlrausch, S. 180 (183 f.); DERS. Moderne Wege, S. 44 ff.; DERS. NJW 1951, 500 (502); DERS. NJW 1951, 869 (870).

[76] MEZGER Moderne Wege, S. 43 f.

[77] MEZGER Moderne Wege, S. 45; DERS. NJW 1951, 500 (502).

[78] WELZEL, SJZ 1948, Sp. 368 (370); DERS. NJW 1951, 577 (577); dagegen wiederum MEZGER Moderne Wege, S. 44 f.

[79] H. SCHRÖDER MDR 1950, 646 (650); DERS. MDR 1951, 387 (390); HARTUNG NJW 1951, 390 (390).

[80] MEZGER NJW 1951, 500 (502); zustimmend HARTUNG NJW 1951, 390 (390).

[81] WELZEL SJZ 1948, Sp. 368 (370 f.); DERS. Das deutsche Strafrecht[4], S. 124.

botsirrtum doch wieder erforderlich, da der Aushilfstatbestand nur für letzteren gelten sollte. Damit entfiele aber auch der Vorzug der Vorsatztheorie wieder, diese Unterscheidung gerade überflüssig gemacht zu haben.[82]

bb) Die Schuldtheorie

Die alternative Lösung zur Behandlung des Verbotsirrtums bot die sogenannte Schuldtheorie, deren führender Vertreter *Hans Welzel* war. Erstmals hatte *Welzel* schon 1939 in seinen „Studien“ geschrieben: „Die volle Schuld bei den finalen Tatbeständen besteht […] in dem bewussten sinnhaften Vorziehen des Unrechts vor dem Recht. Dies fehlt beim Verbotsirrtum, während die finale Durchführung der Handlung davon völlig unberührt bleibt.“ Die Schuld des Täters liege in diesen Fällen darin, dass er sich der Unrechtmäßigkeit seines Tuns hätte bewusst sein können.[83] Was in den „Studien“ noch lediglich in einer Fußnote Erwähnung fand, wurde nach 1945 von *Welzel* weiter ausgebaut und zur Gegenposition der damals herrschenden Vorsatztheorie.

Anders als die Vorsatztheorie sah die Schuldtheorie das Bewusstsein der Rechtswidrigkeit nicht als Teil des Vorsatzes an, sondern als Schuldelement außerhalb des Vorsatzes.[84] Die Ablösung des Schuldbegriffs vom Tatbestandsvorsatz war für *Welzel* „der entscheidende Schritt zur Lösung der Problematik des Verbotsirrtums“.[85] Folglich führte nach dieser Theorie das Fehlen des Unrechtsbewusstseins – bei sonstiger vollständiger Kenntnis der Tatbestandsmerkmale – zur Bestrafung wegen vorsätzlicher Tat – jedoch mit der Möglichkeit der Strafmilderung. Insoweit sollte nach der Vermeidbarkeit des Verbotsirrtums unterschieden werden: War der Irrtum unvermeidbar, sollte die Vorwerfbarkeit der Tat und damit die Schuld ausgeschlossen sein. Konnte der Täter den Verbotsirrtum dagegen bei Anwendung der erforderlichen Sorgfalt vermeiden, war die Strafe nach dem Grad der Entschuldbarkeit des Irrtums zu mildern.[86] Die Schuldtheorie baute damit auf den Vorarbeiten insbesondere von *von Hippel* und *Graf zu Dohna* auf. Bereits sie gingen davon aus, dass der Irrtum über das Verbotensein der Tat anders zu behandeln sei als ein Irrtum über Tatbestandsmerkmale.[87] *Von Hippel* sprach sich bereits 1908 für die Einführung einer

---

[82] Welzel SJZ 1948, Sp. 368 (370 in Fn. 6); ders. MDR 1952, 584 (587).

[83] Welzel ZStW 58 (1939), 491 (533 in Fn. 63).

[84] Dazu und zum Folgenden Welzel SJZ 1948, Sp. 368 (371 f.); ders. Das deutsche Strafrecht^2, S. 83; ders. MDR 1951, 65 (65); ders. Das neue Bild, S. 49 ff.; Bockelmann NJW 1950, 830 (831 f.); Busch Moderne Wandlungen, S. 27 ff.; H. v. Weber Grundriss, S. 123 f.

[85] Welzel JZ 1952, 340 (341).

[86] Für die Strafmilderung schlug Welzel die analoge Anwendung der Versuchsmilderung nach §§ 51 Abs. 2, 44 StGB a. F. vor, MDR 1949, 373 (376); NJW 51, 577 (557 f.); MDR 1951, 65 (65); Das neue Bild, S. 51.

[87] zu Dohna Recht und Irrtum, S. 19 f.; ders. Aufbau der Verbrechenslehre, S 43 f.; v. Hippel Deutsches Strafrecht II, S. 342 f.

Strafmilderung bei fahrlässig rechtswidrigem Handeln aus.[88] In einem späteren Vortrag schlug er konkret eine gesetzliche Regelung vor mit dem Wortlaut: „Hielt der Täter die Tat für erlaubt, weil er über Rechtssätze oder deren Anwendbarkeit fahrlässig irrte, so ist die Strafe [...] zu mildern. Irrte der Täter schuldlos, so ist er straffrei". Mit einer derartigen Norm hoffte *von Hippel* 1924 „die abscheulichste Streitfrage, die wir im allgemeinen Teil des Strafrechts besitzen" loszuwerden.[89] Zu denselben strafrechtlichen Konsequenzen führte *zu Dohnas* auf der normativen Schuldlehre basierende Lösung. Er unterschied begrifflich schon zwischen dem Irrtum über Tatumstände und dem Irrtum über das Verbotensein der Handlung. Während ersterer den Vorsatz ausschließen sollte, sollte letzterer den Vorsatz unberührt lassen und zur Straflosigkeit bei unvermeidbarem und Strafmilderung bei vermeidbarem Irrtum führen.[90] Die Schuldtheorie war also keineswegs eine Erfindung *Welzels*. Er führte diese – insbesondere von *zu Dohna* begründete – Auffassung aber vor allem nach 1945 weiter und wurde zu ihrem vehementesten Vertreter.[91] Ein Unterschied lag auch darin, dass *Welzel* seine Position aus der finalen Handlungslehre ableitete und damit ein Gesamtsystem von Unrecht und Schuld schuf, in dem das Unrecht als Gegenstand der Vorwerfbarkeit den Tatbestandsvorsatz mit einschloss, während die potentielle Unrechtskenntnis das zentrale Element der Vorwerfbarkeit selbst war.[92]

Die Lösung der Vorsatztheorie hielt *Welzel* dagegen nicht nur dogmatisch, sondern auch sachlich für verfehlt. In seinem 1948 in der Süddeutschen Juristen-Zeitung veröffentlichten Aufsatz verdeutlichte er seine Kritik anhand eines beachtenswerten Beispiels:

> „Man nehme die heute häufigen Fälle: Jemand tötet einen anderen in Ausführung eines offensichtlich rechtswidrigen Befehls, an dessen Rechtmäßigkeit er glaubte. Man denke etwa an die Tötungen von Geisteskranken auf Grund des geheimen Führererlasses vom 1.9.39 oder an die Erschießungen unschuldiger Zivilpersonen auf Grund des Keitel-Himmler-Bormannschen Befehls, dass alle über 14 Jahre alten männlichen Bewohner eines Hauses, auf dem eine weiße Flagge gehisst worden war, zu erschießen seien".[93]

In derartigen Fällen hätten die jeweiligen Täter ihre Opfer wissentlich und willentlich getötet und daran ändere auch der Irrtum über die Rechtswidrigkeit des jeweiligen Befehls nichts. Die Täter töteten nicht fahrlässig, sondern vorsätzlich. Daher sollte der Verbotsirrtum anders behandelt werden als der Tatbestandsirrtum: Er sollte den Vorsatz unberührt lassen, aber zur Möglichkeit der

---

88 v. HIPPEL Vorsatz, Fahrlässigkeit, Irrtum, S. 373 (591); DERS. ZStW 51 (1931), 153 (159, 163 f.).
89 v. HIPPEL Bewusstsein der Rechtswidrigkeit, S. 12.
90 ZU DOHNA Recht und Irrtum, S. 19; DERS. Aufbau der Verbrechenslehre, S. 43.
91 STUCKENBERG Vorsatz, Unrechtsbewusstsein, Irrtumslehre, S. 87 (103).
92 LOOS JZ 2004, 1115 (1116).
93 WELZEL SJZ 1948, Sp. 368 (369 f.).

Strafmilderung führen. Gegenüber der Vorsatztheorie mit ihrer starren Bindung an § 59 Abs. 2 StGB a. F. hatte die Schuldtheorie damit den Vorzug, die Strafe dem jeweiligen Schuldgrad des Täters anzupassen und so unbillige Ergebnisse zu vermeiden.[94] Oder wie *Welzel* es formulierte: Die Schuldtheorie sei „derart schmiegsam […], dass sie jedem Schuldgrade Gerechtigkeit wiederfahren lässt".[95]

Bedenken gegen die Schuldtheorie wurden insbesondere wegen der erforderlichen Abgrenzung zwischen Tatbestands- und Verbotsirrtum erhoben. *Mezger*[96] hielt es für eine „Illusion" zu glauben, man könne tatsächliche von rechtlichen Irrtümern des Täters unterscheiden. Denn die Tatumstände im Sinne des § 59 Abs. 1 StGB a. F. seien keine grundsätzlich wertfreien Tatsachen, wie schon das Merkmal „fremd" beim Diebstahl zeige. Zwar mag sich der Umstand der „Fremdheit" einer Sache in einzelne Tatsachen auflösen lassen; letztlich werde es aber darum gehen, ob der Täter wusste, dass ihm die Sache nicht „gehöre", dass er sie nicht wegnehmen „dürfe" und so weiter – also um eine typische *rechtliche* Wertung in der Laiensphäre. *H. Schröder* hielt entgegen der finalen Handlungslehre schon die Trennung von Vorsatz – als Element der Handlung – und Unrechtsbewusstsein – als Schuldelement – für unmöglich. Vielmehr gehörten beide als Objekt des Schuldurteils in die Schuldlehre und innerlich untrennbar zusammen.[97] Daher gebe es auch keinen sachlichen Grund für die auf dieser Trennung beruhende Unterscheidung von Tatbestands- und Verbotsirrtum.[98] Dies versuchte *H. Schröder* vor allem anhand derjenigen Tatbestände zu beweisen, in denen die Rechtswidrigkeit ein gesetzliches Tatbestandsmerkmal war.[99] Weil die Rechtswidrigkeit in diesen Fällen zum Tatbestand gehöre, müsse der Irrtum über die Rechtswidrigkeit selbst nach der Schuldtheorie vorsatzausschließend wirken. Die irrtümliche Annahme eines Rechtfertigungsgrundes würde dagegen zu einer völlig anderen rechtlichen Behandlung führen. Als Beispiel zog *H. Schröder* § 117 StGB a. F.[100] heran, wonach bestraft wurde, wer einem Jagdberechtigten in der *rechtmäßigen* Ausübung seines Amtes Widerstand leistete. Der Irrtum über die Rechtswidrigkeit des Handelns des Jagdberechtigten schließe hier den Vorsatz aus, da die Rechtswidrigkeit Tatbestandsmerkmal sei. Dagegen solle aber ein Irrtum über die Widerrechtlichkeit des Angriffs nach § 53 StGB a. F. (jetzt § 32 StGB) nur schuldmildernd wirken.[101] Dies zeige, dass es unmöglich sei, Unrechtsbegründung und Unrechtsausschluss als etwas sachlich Verschiedenes zu behandeln. Ferner zeig-

---

94 BGHSt 2, 194 (208) = Beschl. v. 18. 03. 1952; Hartung NJW 1951, 209 (210).
95 Welzel NJW 1951, 577 (578); ähnlich ders. MDR 1952, 584 (587).
96 Mezger NJW 1951, 500 (501).
97 H. Schröder MDR 1950, 646 (649).
98 H. Schröder MDR 1951, 387 (387).
99 H. Schröder MDR 1951, 387 (388).
100 RGBl. 1876, S. 28; RGBl. 1935 I, S. 843.
101 H. Schröder MDR 1951, 387 (388).

te *Lang-Hinrichsen* die Schwierigkeiten bei der Abgrenzung der beiden Irrtümer auf und zwar vor allem bei normativen Tatbestandsmerkmalen, bei den Blankettgesetzen und den Rechtfertigungsgründen.[102] Die Unterscheidung von Tatbestands- und Verbotsirrtum hielt er für ebenso unmöglich, wie die reichsgerichtliche Unterscheidung von strafrechtlichem und außerstrafrechtlichem Rechtsirrtum.[103] Zudem bezweifelte er, dass die praktischen Ergebnisse der Schuldtheorie besser seien als die der reichsgerichtlichen Irrtumslehre.[104] *Mezger* warf der Schuldtheorie außerdem vor, gegen das Wesen des Vorsatzes zu verstoßen, wenn der unvermeidbare Verbotsirrtum die Schuld ausschließe und der vermeidbare die Schuld nach dem Maße seiner Entschuldbarkeit mindere. Denn es sei nicht möglich, den Vorsatz von dem Merkmal „vermeidbar" oder „unvermeidbar" und damit von einem spezifischen Fahrlässigkeitsmerkmal abhängig zu machen.[105]

Ein weiterer Einwand gegen die Schuldtheorie war der, dass sie zu einer „ungesunden Vielstraferei" führen werde.[106] Selbst bei der kleinsten Fahrlässigkeit im Irrtum über das Unrecht – dem Verbotsirrtum – verlange die Schuldtheorie die volle Vorsatzstrafe. In den Fällen, in denen die fahrlässige Begehung eines Deliktes nicht unter Strafe gestellt sei, entscheide nach der Schuldtheorie die Art des Irrtums darüber, ob überhaupt eine Strafbarkeit vorliege. Damit wirke die Schuldtheorie in einigen Fällen im Vergleich zur bisherigen Rechtsprechung sogar strafbegründend. Ebenfalls strafbegründende Wirkung habe die Schuldtheorie, wenn der Erfolg einer strafbaren Handlung ausbleibe: Handle der Täter mit Tatvorsatz und in vermeidbarem Verbotsirrtum, liege nach der Schuldtheorie ein möglicherweise strafbarer Versuch vor.[107] Nach der Vorsatztheorie würden in derartigen Fällen der Vorsatz und damit auch die Versuchsstrafbarkeit entfallen. Gegen diese Ausdehnung der Strafbarkeit, zu der die Schuldtheorie führen musste, wandten nicht nur die Vertreter der Vorsatztheorie,[108] sondern auch einige Anhänger der Schuldtheorie[109] Bedenken ein. In der Tat hat sich rückblickend gezeigt, dass die Schuldtheorie im Vergleich zur reichsgerichtlichen Rechtsprechung im Bereich des Nebenstrafrechts zu einer Verschärfung der Strafbarkeit geführt hat. Im Kernstrafrecht dagegen ist das Gegenteil der Fall: Dort führte die Schuldtheorie zu einer Verminderung der Strafbarkeit überhaupt und einer milderen Bestrafung der Verurteilten. Dies insbesondere in Bezug auf diejenigen, die diese wissenschaftliche Diskussion ausgelöst hatten: die NS-Verbrecher.

---

102 LANG-HINRICHSEN JR 1952, 184 (184 ff.).
103 LANG-HINRICHSEN JR 1952, 356 (357).
104 LANG-HINRICHSEN JR 1952, 356 (357).
105 MEZGER Moderne Wege, S. 43.
106 MEZGER NJW 1951, 500 (502).
107 LANG-HINRICHSEN JR 1952, 184 (188).
108 LANG-HINRICHSEN JR 1952, 184 (188); MEZGER NJW 1951, 500 (502).
109 SCHAFFSTEIN MDR 1951, 196 (200); H. v. WEBER JZ 1951, 260 (261 f.).

3. *Rechtspraxis nach 1945*

Mit dem Einmarsch der amerikanischen Truppen in Leipzig im April 1945 war das Reichsgericht geschlossen worden.[110] Es hatte an seiner Irrtumsjudikatur trotz der anhaltenden und vehementen Kritik in der Rechtslehre bis zum Ende seiner Spruchtätigkeit im Jahr 1945 festgehalten. Nach dem Zusammenbruch hatten die Besatzungsmächte bereits im Sommer 1945 mit dem Wiederaufbau der deutschen Justiz begonnen, der zunächst jedoch auf der Ebene der Oberlandesgerichte endete:[111] Bis Ende des Jahres 1945 waren die Amts- und Landgerichte, spätestens ab Anfang 1946 auch die Oberlandesgerichte wieder in Funktion. Das Reichsgericht hatte seine Tätigkeit dagegen nicht wieder aufgenommen. Daher waren nach Art. 2 des Kontrollratsgesetzes Nr. 4 vom 30. 10. 1945 zunächst die Oberlandesgerichte für Revisionen in Strafsachen zuständig. Die britische Besatzungsmacht errichtete für ihre Zone am 29. 05. 1948 den „Deutschen Obersten Gerichtshof für die Britische Zone“ (OGHBZ) als oberstes Revisionsgericht.[112] Ein derartiges gemeinsames Obergericht, das über den Oberlandesgerichten einer Zone stand, gab es in den anderen Besatzungszonen jedoch nicht. Bis zur Eröffnung des Bundesgerichtshofs im Jahr 1950 fehlte somit eine den Oberlandesgerichten übergeordnete einheitliche Revisionsinstanz. Daher kam es nach Ende des Zweiten Weltkrieges auch im Bereich der Irrtumslehre zu uneinheitlichen Ansichten in der Rechtsprechung der Instanzengerichte.

a) Festhalten an der reichsgerichtlichen Rechtsprechung

Nur vereinzelt folgten die Oberlandesgerichte noch der Irrtumslehre des Reichsgerichts. So beispielsweise das Oberlandesgericht Dresden in seinem Urteil vom 04. 07. 1947:[113] Der Angeklagte hatte als Volkssturmmann bei antifaschistischen Tumulten in den letzten Tagen vor dem Einmarsch amerikanischer Truppen mit einer Maschinenpistole Schüsse auf die Volksmenge abgegeben und dabei unter anderem einen Menschen getötet. Hinsichtlich der vorsätzlichen Tötung hatte die erste Instanz den Schuldausschließungsgrund der vermeintlichen Notwehr bejaht und entsprechend von einer Bestrafung abgesehen, da der Angeklagte irrtümlich angenommen habe, von der Menge angegriffen zu werden. Zu Unrecht, entschied das Oberlandesgericht Dresden: Der vermeintliche Angriff auf den Angeklagten wäre – hätte er vorgelegen – nach der Rechtslage zum Zeitpunkt des Urteils nicht rechtswidrig gewesen. Weiter führte es aus:

---

110 Pauli, S. 27.

111 Pauli, S. 25 ff.; Raim Wiederaufbau der Justiz, S. 69 (70).

112 Pauli, S. 28 f.

113 OLG Dresden, Urt. v. 18. 07. 1947, JR 1947, 121.

„Ein etwaiger Irrtum des Angekl., ob für die Frage der Rechtswidrigkeit den positiven Rechtsvorschriften der Hitlerzeit oder den aus Geboten der Menschlichkeit abzuleitenden antifaschistischen Grundsätzen der Vorzug zu geben sei, würde einem strafrechtlichen Irrtum gleichzustellen sein und könnte den Angekl. unter dem Gesichtspunkte der Notwehr von der strafrechtlichen Schuld nicht befreien“.[114]

Das Oberlandesgericht Celle und das Oberlandesgericht Hessen legten in ihren Urteilen vom 27.08.1947 und vom 08.07.1948 ebenfalls die reichsgerichtliche Irrtumslehre zugrunde. Beide sahen den Irrtum über den Inhalt einer ein Blankettgesetz ausfüllenden Rechtsnorm als einen nach § 59 StGB a. F. beachtlichen außerstrafrechtlichen Irrtum an.[115] Auch das Oberlandesgericht Oldenburg berief sich in seiner Entscheidung vom 06.04.1948 noch[116] auf die reichsgerichtliche Rechtsprechung. Der Angeklagte hatte als Arbeiter die Transporte von Lebensmittelkartenvordrucken eines Ernährungsamtes begleitet. Während der einzelnen Fahrten hatte er, zusammen mit dem Mitangeklagten, die verschlossenen Kisten, in denen die Kartenvordrucke befördert wurden, mit einem Nachschlüssel geöffnet und sich insgesamt ca. 20 bis 25 Lebensmittelkartenvordrucke angeeignet. Er wurde in erster Instanz unter anderem wegen gemeinschaftlichen fortgesetzten schweren Diebstahl verurteilt. Die Revision erhob den Einwand, der Angeklagte habe bei seiner Tat keinen Vorsatz bezüglich eines schweren Diebstahls gehabt, sondern allenfalls Unterschlagungsvorsatz. Ein derartiger Irrtum war nach Ansicht des Oberlandesgerichts aber ein reiner Subsumtionsirrtum und damit ein unbeachtlicher strafrechtlicher Rechtsirrtum. Über strafrechtlich erhebliche Tatumstände habe sich der Angeklagte dagegen nicht geirrt.[117]

b) Abkehr von der reichsgerichtlichen Rechtsprechung

Ganz überwiegend kehrte die Rechtspraxis jedoch von der reichsgerichtlichen Irrtumsjudikatur ab und sah den Irrtum über die Rechtswidrigkeit des Handelns grundsätzlich als beachtlich an. Hinsichtlich der rechtlichen Konsequenzen des Verbotsirrtums herrschte dagegen Uneinigkeit. Diesbezüglich vertraten die Gerichte bis zur Entscheidung des Großen Strafsenats in BGHSt 2, 194 beide der von der Rechtslehre entwickelten Lösungen.

aa) Übernahme der Vorsatztheorie

In seiner Entscheidung vom 13.04.1946 erklärte das Oberlandesgericht Kiel die Rechtsprechung des Reichsgerichts für „überholt“ und schloss sich der zu

---

114 OLG Dresden, Urt. v. 18.07.1947, JR 1947, 121 (121).

115 OLG Celle, Urt. v. 27.08.1947, MDR 1948, 25 (26); OLG Hessen, Urt. v. 08.07.1948, NJW 1948, 699 (699).

116 Später schloss sich auch das OLG Oldenburg der Schuldtheorie an, siehe unten Teil 3 I 3 b 2.

117 OLG Oldenburg, Urt. v. 06.04.1948, NdsRpfl 1948, 134 (136).

dieser Zeit vorherrschenden Vorsatztheorie an. In dem zugrunde liegenden Fall hatte der Angeklagte gegen das Verbot der Schwarzschlachtung verstoßen. Allerdings hatte er sein Handeln für erlaubt gehalten, da er glaubte, alle Gesetze aus der Zeit des Nationalsozialismus, worunter auch das einschlägige Verbot fiel, seien nach der Kapitulation der deutschen Wehrmacht aufgehoben. In seiner Begründung berief sich das Oberlandesgericht auf die Bestimmungen zur Zurechnungsfähigkeit in §§ 51, 58 StGB a. F.[118] und § 3 JGG a. F.[119], in denen der Gesetzgeber darauf abstellte, ob der Täter außerstande sei, „das Unerlaubte der Tat einzusehen und nach dieser Einsicht zu handeln". Wenn aber, so das Oberlandesgericht Kiel weiter, die Fähigkeit zur Erkenntnis des Unrechts Voraussetzung der Schuld sei, müsse zum Vorsatz schlechthin immer das Bewusstsein gehören, Unrecht zu tun.[120] Damit hatte sich das Oberlandesgericht Kiel der (strengen) Vorsatztheorie angeschlossen.

Zahlreiche Revisionsgerichte entschieden sich in der Zeit zwischen 1946 und 1950 dagegen zugunsten der eingeschränkten Vorsatztheorie, wie sie vor allem *Mezger* vertrat.[121] Sie verlangten für den Vorsatz also grundsätzlich auch das Bewusstsein der Rechtswidrigkeit, machten hiervon jedoch eine Ausnahme für die Fälle der „Rechtsblindheit". Wann jedoch eine solche „Rechtsblindheit" vorlag, formulierten die Gerichte noch sehr unterschiedlich: Das Kammergericht etwa ließ es in seiner Euthanasie-Entscheidung vom 24. 08. 1946[122] dahinstehen, ob der reichsgerichtlichen Rechtsprechung noch zu folgen sei, wonach der Irrtum der angeklagten Ärztin über die Rechtswidrigkeit ihres Handelns ein unbeachtlicher Rechtsirrtum gewesen wäre. Denn auch die Vorsatztheorie könne jedenfalls nicht in ihrer uneingeschränkten Form gelten. Vielmehr könne sich niemand auf ein fehlendes Bewusstsein der Rechtswidrigkeit berufen, wenn dieser Irrtum auf einer Einstellung beruhe, die „im Gegensatz zum allgemein anerkannten Sittengesetz" stehe.[123] Das fehlende Unrechtsbewusstsein der Angeklagten blieb daher im genannten Fall des Kammergerichts nach beiden Ansichten unbeachtlich – sowohl nach der reichsgerichtlichen Irrtumslehre als auch nach der eingeschränkten Vorsatztheorie. Hiergegen meldete *Welzel* „schwere Bedenken" an.[124] Denn die angeklagte Ärztin hätte sich erst nach dreitägigem „Gewissenskampf" zur Mitwirkung an den Tötungen der Geisteskranken bereit erklärt. Ihre Aufgabe habe darin bestanden, von einer Liste der zur Tötung bestimmten Patienten diejenigen zu streichen, die noch arbeitsfähig gewesen seien. *Welzel* unterstell-

118 RGBl. 1933 I, S. 998.
119 RGBl. 1943 I, S. 639.
120 OLG Kiel, Urt. v. 13. 04. 1946, DRZ 1946, 126 (126).
121 Siehe oben Teil 3 I 2 b 1.
122 KG Berlin, Urt. v. 24. 08. 1946, DRZ 1947, 198; vollständiges Urteil abgedruckt in RÜTER I, S. 39 ff.
123 KG Berlin, Urt. v. 24. 08. 1946, DRZ 1947, 198 (199).
124 Siehe WELZEL SJZ 1948, Sp. 368 (371 in Fn. 8).

te der Ärztin, sich nur deswegen zur Mitwirkung entschieden zu haben, um noch möglichst viele der „*ohnehin* zu Tötenden" zu retten. Dieser „Gewissensirrtum" der Angeklagten hätte seiner Ansicht nach mildernd berücksichtigt werden müssen, jedenfalls aber sei es mit der „bloßen Feststellung" der Vorsätzlichkeit der Tat „gewiss nicht getan". *Welzel* vermochte sich mit seiner Ansicht jedoch zunächst nicht durchzusetzen. In einem weiteren Euthanasie-Urteil vom 12.08.1947 führte das Oberlandesgericht Frankfurt am Main aus, es könne „einem Angeklagten nicht gestattet werden, sich darauf zu berufen, dass er an das Vorhandensein eines Rechtssatzes geglaubt habe, wenn dieser Rechtssatz gegen naturrechtlich evidente Sätze verstieß".[125] Die Tötungen des angeklagten Arztes im Rahmen des nationalsozialistischen Euthanasie-Programms verstießen nach Ansicht des Oberlandesgerichts in einem solchen Maße „wider die Natur des Menschen, wider die Natur des Rechts" und entbehrten damit „so völlig der Rechtsnatur, dass ein wirklicher oder angeblicher Irrtum hierüber nicht beachtet werden kann"; Rechtsblindheit könne kein Entschuldigungsgrund sein. Damit bezog sich auch das Oberlandesgericht Frankfurt am Main auf die eingeschränkte Vorsatztheorie. Ebenso das Oberlandesgericht Tübingen, das in seinem Urteil vom 21.06.1949 der Auffassung war, dass „wesentlicher Bestandteil des Vorsatzes das Unrechtsbewusstsein des Täters ist". Ein Irrtum, der zum Mangel des Unrechtsbewusstseins führe, müsse den Vorsatz des Täters daher ausschließen, „wobei allerdings dieser Mangel im Bewusstsein nicht auf einer mit der Bereitschaft zur Gemeinschaftsordnung unvereinbaren bösen Gesinnung beruhen darf".[126] Derselben Meinung folgte ferner das Oberlandesgericht Freiburg mit Urteil vom 09.02.1950:[127] Ein Soldat, der sich unerlaubt von seiner Truppe entfernt hatte, war auf widerrechtlichen Befehl seines Batteriechefs als Deserteur erschossen worden. Zum Erschießungskommando hatten vier weitere Soldaten der Batterie gehört. Das erstinstanzliche Gericht hatte insoweit festgestellt, dass den bei der Erschießung mitwirkenden Soldaten die Rechtswidrigkeit ihres Tuns nicht bewusst gewesen war. Dies war nach Ansicht des Oberlandesgerichts Freiburg jedoch unbeachtlich, weil sich die Soldaten zwar auf das Nichterkennen des kriminellen Charakters eines Befehls hätten berufen können, nicht aber auf das Nichterkennen der „Naturrechtswidrigkeit" des Befohlenen.[128] Das Oberlandesgericht bestätigte diese Ansicht und berief sich dabei ausdrücklich auf *Mezger*: Niemand dürfe sich auf ein fehlendes Unrechtsbewusstsein berufen, „wenn

---

[125] Dazu und zum Folgenden OLG Frankfurt a. M., Urt. v. 12.08.1947, SJZ 1947, Sp. 621 (627); vollständiges Urteil abgedruckt in RÜTER I, S. 166 ff.; dazu ausführlich unter Teil 3 III 1 c.

[126] OLG Tübingen, Urt. v. 21.06.1949, DRZ 1950, 211 (211).

[127] OLG Freiburg/Brsg., Urt. v. 09.02.1950, JZ 1951, 85.

[128] LG Freiburg/Brsg., Urt. v. 31.12.1949, RÜTER V, S. 468 (470 f.).

dieser Irrtum auf einer Einstellung beruht, die mit einer gesunden Auffassung von Recht und Unrecht unvereinbar ist".[129]

Interessanterweise setzte sich keines der genannten Gerichte in seiner Begründung auch mit der Schuldtheorie auseinander – obwohl diese zu jener Zeit, spätestens seit dem Aufsatz *Welzels* im Jahr 1948,[130] im Schrifttum bereits ebenfalls lebhaft vertreten wurde.

bb) Übernahme der Schuldtheorie

Sowohl auf die Vorsatz- als auch die Schuldtheorie ging dagegen das Oberlandesgericht Stuttgart in seiner Entscheidung vom 15.09.1948[131] ein. Es lehnte zunächst die strenge Vorsatztheorie, wie sie *Schönke* vertrat,[132] ab und sprach sich gegen die völlige Gleichbehandlung von Tatsachen- und Rechtsirrtum aus. Das Oberlandesgericht verwies auf eine Entscheidung des Reichsgerichts aus dem Jahr 1887, in der es bereits einen Ansatz zur Lösung des Verbotsirrtums zu finden glaubte. Das Reichsgericht hatte dort ausgeführt, dass das Bewusstsein von dem rechtlichen Ge- oder Verbot keine Voraussetzung der Verschuldung sei, sondern „die Schuldbarkeit des Vorsatzes" lediglich durch die objektive Rechtswidrigkeit bedingt sei.[133] Hierin sah das Oberlandesgericht Stuttgart den gemeinsamen Ansatz mit *Welzel* und der Schuldtheorie, wonach aus dem Schuldprinzip als „wesensmäßige Konsequenz" folge, dass niemand für schuldig erklärt werden könne, der nicht gewusst habe oder habe wissen können, dass sein Handeln Unrecht sei. Folglich könne ein mangelndes Unrechtsbewusstsein des Täters an der Vorsätzlichkeit seiner Tat nichts ändern, lediglich der Schuldgehalt, also das Maß der Vorwerfbarkeit, könne betroffen sein.[134] Damit befürwortete das Oberlandesgericht Stuttgart die Lösung der Schuldtheorie, wonach der vermeidbare Verbotsirrtum innerhalb der vorsätzlichen Tatbestände lediglich einen Schuldmilderungsgrund bildete.

Der Oberste Gerichtshof der britischen Zone (OGHBZ) ging in seinem Urteil vom 04.04.1950 nicht ausdrücklich auf die Schuldtheorie ein, lehnte aber ersichtlich die Vorsatztheorie ab. In dem zugrundeliegenden Fall hatte ein Kriminalbeamter am Tag vor dem Einmarsch der Amerikaner einen wegen Plünderungen Verhafteten aus dem Gefängnis geholt und erschossen. Der Angeklagte brachte vor, er habe geglaubt, ein rechtskräftiges Todesurteil auf Befehl des dafür zuständigen Beamten zu vollstrecken. Zudem hielt er seine Handlung auch deswegen für berechtigt, weil er die Bevölkerung vor weiteren Strafta-

---

[129] OLG Freiburg/Brsg., Urt. v. 09.02.1950, JZ 1951, 85 (86); vollständiges Urteil abgedruckt in RÜTER V, S. 468 (470).

[130] WELZEL SJZ 1948, Sp. 368.

[131] OLG Stuttgart, Urt. v. 15.09.1948, DRZ 1949, 164.

[132] SCHÖNKE DRZ 1946, 101 (102).

[133] RGSt 15, 158 (159) = Urt. v. 17.01.1887.

[134] OLG Stuttgart, Urt. v. 15.09.1948, DRZ 1949, 164 (165).

ten des Täters – ein Dieb und Plünderer – im Falle einer Freilassung nach der zu erwartenden feindlichen Besetzung habe schützen wollen.[135] In seinen Entscheidungsgründen trennte der Gerichtshof zwischen einem möglichen Sachverhaltsirrtum und einem „Rechtsirrtum über das Erlaubtsein einer vorsätzlichen Tötung" und stellte klar, dass beide unterschiedlich zu behandeln seien: Nur den Sachverhaltsirrtum beurteilte das Gericht nach § 59 StGB a. F. Der Verbotsirrtum dagegen

„könnte den Angekl. […] nur dann entschuldigen, wenn er zur Tatzeit nach seinen persönlichen Umständen und nach der Sachlage überhaupt außerstande gewesen ist, das Unrechte seines auf einer solchen Vorstellung beruhenden Tuns zu erkennen […]. Fahrlässigkeit hierbei vermöchte den Vorsatz nicht auszuschließen".[136]

Erstmals in sehr ausführlicher Weise setzte sich schließlich das Oberlandesgericht Oldenburg mit der Schuldtheorie auseinander. In dem Urteil vom 28. 06. 1950[137] ging es um die Veranstaltung einer Lotterie ohne behördliche Erlaubnis, wobei der Angeklagte fälschlich davon ausgegangen war, seine Veranstaltung sei keine „öffentliche Ausspielung" im Sinne des einschlägigen Tatbestandes und er benötige daher keine behördliche Genehmigung. Das Oberlandesgericht stellte zunächst klar, dass die reichsgerichtliche Unterscheidung von strafrechtlichem und außerstrafrechtlichem Irrtum nicht aufrechterhalten werden könne. Es schloss sich der Auffassung an, dass das Unrechtsbewusstsein ein selbständiges Schuldelement neben dem Tatvorsatz und damit kein Bestandteil des Vorsatzes sei.[138] Mit den Vertretern der Schuldtheorie war auch das Oberlandesgericht Oldenburg der Ansicht, der Vorsatz umfasse nur die Kenntnis der gesetzlichen Tatbestandsmerkmale, wozu die Rechtswidrigkeit gerade nicht gehöre. Zudem wäre es nach Ansicht des Gerichts „lebensfremd", bei vorsätzlicher Handlung nur fahrlässige Tatbegehung anzunehmen, weil der Handelnde sein Tun irrtümlich für erlaubt gehalten habe. Daher sei das Unrechtsbewusstsein „nach richtiger Ansicht" ein selbständiges Schuldelement neben dem Tatvorsatz. Ein Rechtsirrtum schließe den Vorsatz nicht aus. Ferner sah das Gericht kein Problem darin, dass die Vorsatzstrafe nach der Lösung der Schuldtheorie von Erwägungen abhing, die auch im Rahmen der Tatfahrlässigkeit eine Rolle spielten, nämlich der Vermeidbarkeit beziehungsweise Unvermeidbarkeit des Verbotsirrtums. Denn insoweit stimmte es der Auffassung *zu Dohnas*[139] zu, wonach der Schuldvorwurf nur das Ergebnis einer Bewertung des Vorsatzes sei. Die Vorsatztheorie dagegen lehnte das Oberlandesgericht mit den von den Anhängern der Schuldtheorie bekannten Einwänden ab: Sie führe zu „krimi-

135 OHGBZ, Urt. v. 04. 04. 1950, NJW 1950, 551 (551).

136 OHGBZ, Urt. v. 04. 04. 1950, NJW 1950, 551 (552).

137 NJW 1950, 795 = SJZ 1950, Sp. 834 = MDR 1950, 690.

138 Siehe – auch zum Folgenden – OLG Oldenburg, Urt. v. 28. 06. 1950, NJW 1950, 795 (795 f.).

139 Aufbau der Verbrechenslehre, S. 31 ff.

nalpolitisch und denkgesetzlich unhaltbaren Ergebnissen“, Strafbarkeitslücken und in den Fällen der Rechtsblindheit zu „unerträglichen Fiktion[en]“ im Bereich der Schuld.[140] Damit schloss sich das Oberlandesgericht Oldenburg nunmehr ausdrücklich der Lösung der Schuldtheorie an.

II. Die Entscheidung BGHSt 2, 194

Mit dem Gesetz zur Wiederherstellung der Rechtseinheit auf dem Gebiete der Gerichtsverfassung, der bürgerlichen Rechtspflege, des Strafverfahrens und des Kostenrechts vom 12.09.1950[141] wurde der Bundesgerichtshof geschaffen. Er war nunmehr das Revisionsgericht für die ordentliche Gerichtsbarkeit des gesamten Bundesgebiets. Der Bundesgerichtshof begann seine Arbeit am 01.10.1950. Seine berühmte Entscheidung zum Verbotsirrtum am 18.03.1952 erließ er bereits im zweiten Jahr seines Bestehens.

1. Inhalt der Entscheidung

In der Entscheidung vom 18.03.1952[142] klärte der Bundesgerichtshof die Streitfrage über die rechtlichen Konsequenzen des Verbotsirrtums – bekanntermaßen zugunsten der Schuldtheorie. In dem vom Bundesgerichtshof zu entscheidenden Fall hatte der Angeklagte, ein Rechtsanwalt, die Verteidigung in einer auf mehrere Verhandlungstage anberaumten Strafsache gegen eine Frau übernommen, ohne ein bestimmtes Honorar zu vereinbaren. In der ersten Verhandlungspause hatte der Angeklagte von seiner Mandantin die sofortige Zahlung von 50 DM verlangt, wobei er ihr gedroht hatte, die Verteidigung andernfalls nicht weiterzuführen. Nachdem die Mandantin die geforderte Summe gezahlt hatte, hatte der Anwalt mit derselben Drohung weitere 400 DM gefordert. Hierbei war der Angeklagte irrtümlich davon ausgegangen, zu einem derartigen Vorgehen berechtigt zu sein. Der Rechtsanwalt wurde in erster Instanz vor dem Landgericht wegen Nötigung in zwei Fällen verurteilt. Entsprechend der reichsgerichtlichen Rechtsprechung ging das Landgericht davon aus, dass es sich bei dem Irrtum des Anwalts um einen unbeachtlichen Strafrechtsirrtum gehandelt habe.[143] Der Große Senat für Strafsachen hatte nun die Frage zu klären, ob für die Frage der Schuld das Bewusstsein der Rechtswidrigkeit erforderlich war und wie sich ein (fahrlässiger) Irrtum des Täters über die Rechtswidrigkeit der Tat auswirkte.

---

140 Zu den Einwänden gegen die Vorsatztheorie siehe ausführlich oben Teil 3 I 2 b 1.
141 BGBl. 1950, S. 455.
142 BGHSt 2, 194 = Beschl. v. 18.03.1952.
143 Zum Ganzen BGHSt 2, 194 (194 f.) = Beschl. v. 18.03.1952.

Im Einklang mit der damals fast einhelligen Ansicht sowohl der Rechtslehre als auch der Rechtspraxis unterschied der Bundesgerichtshof in seinen Entscheidungsgründen zwischen Tatbestands- und Verbotsirrtum. Damit bestätigte er höchstrichterlich die endgültige Aufgabe der vom Reichsgericht praktizierten Unterscheidung zwischen Tat- und Rechtsirrtum, sowohl begrifflich als auch inhaltlich. Der Bundesgerichtshof formulierte insoweit nochmals deutlich den Unterschied zwischen den beiden Irrtümern: Im Falle des Tatbestandsirrtums halte der Täter sein Tun für erlaubt, „jedoch weil er nicht weiß, was er tut. Sein Wille sei nicht auf die Verwirklichung des Tatbestandes gerichtet." Dagegen betreffe der Irrtum über die Rechtswidrigkeit das Verbotensein der tatbestandsmäßigen Handlung. „Der Täter weiß, was er tut, nimmt aber irrig an, es sei erlaubt. [...] Der Irrtum über die Rechtswidrigkeit ist Verbotsirrtum".[144]

In den weiteren Gründen erteilte der Große Senat zunächst ausdrücklich der Irrtumslehre des Reichsgerichts eine Absage. Die gegen sie in Rechtslehre und Schrifttum erhobenen Einwände seien begründet: Die Unbeachtlichkeit des strafrechtlichen Irrtums führe bei einem unverschuldeten Verbotsirrtum zur Bestrafung des Täters, obwohl diesen kein Schuldvorwurf treffe.[145] Denn wenn der Täter trotz der ihm zumutbaren Anspannung des Gewissens die Einsicht in das Unrechtmäßige seines Tuns nicht zu gewinnen vermochte, sei der Irrtum für ihn unüberwindlich und die Tat für ihn nicht vermeidbar gewesen. Ein Schuldvorwurf könne in diesem Fall gegen den Täter nicht erhoben werden. Durch die Bestrafung des Täters wegen Unbeachtlichkeit des Irrtums werde also der Grundsatz allen Strafens, wonach Strafe stets Schuld voraussetze, verletzt. Der Bundesgerichtshof stellte klar, dass das Reichsgericht mit seinem Satz von der Unbeachtlichkeit des strafrechtlichen Irrtums keineswegs die Möglichkeit habe schaffen wollen, Strafe ohne Schuld zu verhängen. Vielmehr sei man damals davon ausgegangen, dass jedermann die den Strafgesetzen zugrunde liegenden Verbote und Gebote kenne oder zumindest kennen müsse, so dass ein unverschuldeter Irrtum über ein Strafgesetz gar nicht denkbar gewesen sei. Diese Auffassung hat nach Meinung des Bundesgerichtshofes für die im Reichsstrafgesetzbuch unter Strafe gestellten Verbrechen „in den politisch und sozial ausgeglichenen Zeiten der zweiten Hälfte des 19. Jahrhunderts" wohl einige Berechtigung gehabt.

„In Zeiten dagegen, in denen das Gefüge des staatlichen und sozialen Lebens in seinen Grundfesten erschüttert oder geradezu umgestaltet wird, trifft dies nicht zu. Hier werden oft die richtungsgebenden Werte durch das Erlebnis der Vergänglichkeit der auf ihnen beruhenden Ordnungen und durch die Ansprüche der um die Macht ringenden Gewalten verdunkelt. Was Recht und Unrecht ist, ist nicht mehr selbstverständlich. Damit eröffnet sich die Möglichkeit des Verbotsirrtums, und zwar auch des unverschuldeten."

---

144 BGHSt 2, 194 (197) = Beschl. v. 18.03.1952.

145 Dazu und zum Folgenden BGHSt 2, 194 (200 ff.) = Beschl. v. 18.03.1952.

Ferner sei auch die Behandlung des außerstrafrechtlichen Irrtums als Tatbestandsirrtum nicht geeignet, den Grundsatz „Keine Strafe ohne Schuld“ zu sichern. Denn hinsichtlich der Frage der Vermeidbarkeit des Irrtums könne der Gegenstand des Irrtums allenfalls mittelbar von Bedeutung sein. Zudem sei die Unterscheidung zwischen strafrechtlichem und außerstrafrechtlichem Irrtum logisch nicht durchführbar.

Die heftig umstrittene Frage, wie der Verbotsirrtum nun also zu behandeln war, entschied der Bundesgerichtshof zugunsten der Schuldtheorie. Ihre Lösung sei „im Vergleich zu derjenigen der Vorsatztheorie die bessere“.[146] In seiner Begründung argumentierte der Große Senat dabei weniger dogmatisch als vielmehr vom Ergebnis her und verglich die Vor- und Nachteile der Vorsatztheorie mit denjenigen der Schuldtheorie. Demnach habe die Vorsatztheorie zwar den scheinbaren Vorzug, die Unterscheidung von Tatbestands- und Verbotsirrtum hinfällig werden zu lassen. Dem stünden jedoch gewichtige Nachteile gegenüber: Die Vorsatztheorie verlange ein aktuelles Unrechtsbewusstsein des Täters, welches im Augenblick der Tat aber häufig fehlen könne. Auch Überzeugungstäter und Gewohnheitsverbrecher könnten nicht wegen vorsätzlicher Tatbegehung verurteilt werden, da sie „von ihrer rechtsfeindlichen Grundhaltung aus gar nicht zum Bewusstsein der Rechtswidrigkeit ihres Tuns zu gelangen vermögen“. Ein Schuldvorwurf sei aber gleichwohl begründet. Die Vorsatztheorie müsste hier zu „kriminalpolitisch unerträglichen“ Freisprüchen führen. Wolle man dies vermeiden, müsse man zu einer im Bereich der Schuld unzulässigen Unterstellung (Fiktion) des Unrechtsbewusstseins greifen. Wolle man den Täter in diesen Fällen wie einen vorsätzlich Handelnden bestrafen, würde ein Einschreiten des Gesetzgebers erforderlich. Auch in der weiteren Begründung verwendete der Bundesgerichtshof – ohne ausdrückliche Bezugnahme – die vor allem von *Welzel*[147] bereits vorgebrachten Einwände gegen die Vorsatztheorie: Sie führe bei der großen Zahl der nur vorsätzlich begehbaren Verbrechen zu einer nicht gerechtfertigten Beschränkung der Strafbarkeit. Zur Vermeidung dieses „kriminalpolitisch höchst unerwünschten“ Ergebnisses hätten die Vertreter der Vorsatztheorie zwar den Aushilfstatbestand der Rechtsfahrlässigkeit vorgeschlagen. Dieser würde jedoch die Unterscheidung zwischen Tatbestands- und Verbotsirrtum wieder erforderlich machen. Damit entfalle aber auch der (einzige) Vorzug der Vorsatztheorie, diese Unterscheidung gerade überflüssig gemacht zu haben. Schließlich könne mit der Lösung der Vorsatztheorie auch der Grad der Schuld bei verschuldetem Verbotsirrtum nicht hinreichend berücksichtigt werden. Dem Richter stünde stets nur der starre Strafrahmen des jeweiligen Fahrlässigkeitsdelikts zur Verfügung, welcher im Einzelfall selbst in der

[146] BGHSt 2, 194 (209) = Beschl. v. 18.03.1952.

[147] SJZ 1948, Sp. 368 (370); MDR 1951, 65 (66); NJW 1951, 577 (577); dazu bereits oben Teil 3 I 2 b 1.

Höchststrafe zu milde oder in der Mindeststrafe zu hart sein und damit im Ergebnis zu unbilliger Strafe führen könne.

All diese gewichtigen Nachteile der Vorsatztheorie würden nach Ansicht des Bundesgerichtshofes durch die Lösung der Schuldtheorie vermieden. Weder würde ein Strafwürdiger in den Fällen fehlender Strafbarkeit der fahrlässigen Tatbegehung straffrei ausgehen noch wäre der Gesetzgeber gezwungen, hierfür einen Sammeltatbestand der Rechtsfahrlässigkeit zu schaffen. Ferner ermögliche die Schuldtheorie eine Anpassung der Strafe an den jeweiligen Grad des Verschuldens, indem sie dem Richter gestatte, je nach Einzelfall den Verbotsirrtum schuldmildernd zu berücksichtigen. Schließlich bedürfe es auch keiner Ausnahmebehandlung für die Fälle der „Rechtsblindheit" („Rechtsfeindschaft")[148]. Sie stellten nach der Schuldtheorie eine „Spielart" des verschuldeten Verbotsirrtums dar: Die Schuld des Überzeugungstäters liege darin, dass er bewusst an die Stelle der Wertordnung der Gemeinschaft seine eigene setze und von dieser her im Einzelfall falsch werte. Er habe durch strafbare Lebensführung die Ansprechbarkeit durch sittliche Werte und damit die Fähigkeit eingebüßt, durch Gewissensanspannung zur Unrechtserkenntnis zu gelangen. Seine Schuld sei Lebensführungsschuld.[149]

2. Reaktionen auf den BGH-Beschluss

„Der […] Beschluss des *Großen Senats für Strafsachen* des *Bundesgerichtshofs* vom 18. März 1952 wird in seiner Tragweite kaum überschätzt werden können. Er ist eine der grundlegendsten Entscheidungen, zu denen ein Gerichtshof aufgerufen werden konnte. Ihm gegenüber verblassen auch die großen Entscheidungen des *Reichsgerichts*, selbst die zum übergesetzlichen Notstand […]. Er zieht den Schlußstrich unter eine lange Entwicklung und eröffnet einen neuen hoffnungsvollen Abschnitt in der Geschichte der menschlichen Bemühungen um Einsicht in die Grundgesetze der sittlichen Welt".[150]

Mit diesen hochlobenden Worten leitete *Hans Welzel* seine Anmerkung in der Juristenzeitung zum genannten BGH-Beschluss ein. Und in der Neuen Juristischen Wochenschrift schrieb er: Der Beschluss werde „als eine der Wendemarken" in die Geschichte des Strafrechts eingehen.[151] Die Entscheidung fand bei *Welzel* selbstverständlich größte Zustimmung: Der Bundesgerichtshof stelle in seinem Beschluss „mit bewunderungswürdiger Klarheit und Präzision" den entscheidenden Unterschied zwischen Tatbestands- und Verbotsirrtum heraus. Mit Recht habe der Bundesgerichtshof die Befugnis und Verpflichtung für sich in Anspruch genommen, zum Problem des Verbotsirrtums „neue, den

[148] Der BGH verwendet in seinen Gründen beide Begriffe synonym, siehe BGHSt 2, 194 (207 f.) = Beschl. v. 18. 03. 1952.
[149] BGHSt 2, 194 (208 f.) = Beschl. v. 18. 03. 1952.
[150] WELZEL JZ 1952, 340 (340).
[151] WELZEL NJW 1952, 564 (564).

Schuldgrundsatz voll zur Geltung bringende Rechtssätze zu entwickeln".[152] Auch der ehemalige Reichsgerichtsrichter *Hartung* befürwortete die Entscheidung: Der Senatsbeschluss rage in seiner Bedeutung für Theorie und Praxis weit über alles hinaus, was der Bundesgerichtshof im Strafrecht bisher erarbeitet habe, und trete würdig an die Seite der großen strafrechtlichen Entscheidungen des Reichsgerichts.[153] Wie schon *Eb. Schmidt*[154] war auch *Hartung*[155] der Ansicht, dass zwischen den beiden vorgeschlagenen Lösungswegen der Vorsatz- und Schuldtheorie „echte Entscheidungs*freiheit*" bestanden habe, beide Meinungen seien haltbar und mit § 59 StGB a. F. vereinbar. Er stimmte dem Bundesgerichtshof aber darin zu, dass letztlich nur die Schuldtheorie „*gradlinig* zu praktisch brauchbaren Folgerungen" komme; sie ermögliche es, die Strafreaktion jeder denkbaren Schuldgröße anzupassen, während die Vorsatztheorie über die starre Bindung an § 59 StGB a. F. nicht hinauskommen könne. Trotz der grundsätzlichen Zustimmung hatten aber beide – sowohl *Welzel* als auch *Hartung* – Bedenken hinsichtlich der Verwendung des Gewissensbegriffs durch den Bundesgerichtshof. Danach kam es für die Vermeidbarkeit des Irrtums und damit für die Strafbarkeit des Täters darauf an, ob dieser nach der ihm zuzumutenden „Anspannung des Gewissens" zur Unrechtseinsicht gelangen konnte. Eine solche Forderung könne man doch nur, so *Welzels* Bedenken, an denjenigen stellen, welcher ein Gewissen besitze. Der Täter könne sich darauf berufen, überhaupt kein Gewissen zu haben, denn ein solches setze „einen Grundstock sozialer Gesinnung voraus".[156] Ausdrücklich bezog sich *Welzel* in diesem Zusammenhang auf die jüngste Vergangenheit und die grausamen Verbrechen des Nationalsozialismus: „Mit Erschrecken haben wir es wieder bei Kapitalverbrechern der jüngsten Zeit gesehen, wie ihnen jeder innere Kontakt mit den Menschen abgeht, wie ihnen der Grundstock sozialer Gesinnung völlig fehlt. Sie könnten sich mit Recht darauf berufen, kein Gewissen zu haben". Offenbar hatte *Welzel* hier die Prozesse gegen NS-Verbrecher im Blick. Das Problem des fehlenden Gewissens, so *Welzel* weiter, könne auch nicht durch die vom Bundesgerichtshof angesprochene „Lebensführungsschuld" der Gewohnheitsverbrecher gelöst werden, die ihre Ansprechbarkeit durch sittliche Werte bereits verloren hätten. Denn bei den genannten Tätern handle es sich „um gemütskalte Menschen, denen von *vornherein* die soziale Ansprechbarkeit gefehlt hat und bei denen allein die Ansprechbarkeit auf das Wohl und Wehe ihrer eigenen Person wirksam ist." Sie hätten also gar kein „Gewissen".[157] *Hartungs* Vorbehalt betraf dagegen weniger den „gewissenlosen" Täter; er sah ein Problem viel-

---

[152] BGHSt 2, 194 (204) = Beschl. v. 18. 03. 1952; Welzel JZ 1952, 340 (342).
[153] Hartung NJW 1952, 761 (761).
[154] Eb. Schmidt SJZ 1950, Sp. 837 (839).
[155] Hartung NJW 1952, 761 (762).
[156] Welzel JZ 1952, 340 (342).
[157] Welzel JZ 1952, 340 (342).

mehr bei Tatbeständen aus dem Nebenstrafrecht, die etwa reine Ordnungsgebote sanktionierten. Anders als die Tatbestände des Strafgesetzbuchs liefen diese Tatbestände nicht stets dem „sittlichen Bewußtsein“ zuwider. Hier helfe dem Täter daher in der Regel auch keine „Gewissensanspannung“, um das Unrecht seiner Tat einzusehen. Gleichwohl sei hier ein verschuldeter, also vermeidbarer Verbotsirrtum denkbar. Nach Ansicht *Hartungs* habe der Bundesgerichtshof aber auch diese Fälle miteinbeziehen wollen, wie sich aus den grundlegenden Äußerungen des Großen Senats ergebe.[158]

Neben den Befürwortern fand die Entscheidung aber natürlich auch ihre Kritiker. *H. Mayer,* einer der wenigen verbliebenen Verteidiger der reichsgerichtlichen Irrtumsjudikatur, war der Ansicht, der Bundesgerichtshof habe mit dem Beschluss gar keine Rechtsprechungsänderung vollzogen.[159] Vielmehr habe dieser den Kernsatz der reichsgerichtlichen Rechtsprechung bestätigt, dass der Verbotsirrtum den Vorsatz oder auch die Schuld nicht beseitige. Lediglich die Begriffe habe der Bundesgerichtshof gewechselt und den missverständlichen „strafrechtlichen Irrtum“ durch den „Verbotsirrtum“ ersetzt. Bedenken äußerte *H. Mayer* hinsichtlich der „Vermeidbarkeit“ des Irrtums, an die der Bundesgerichtshof im Anschluss an die Schuldtheorie die Strafbarkeit knüpfte. Danach sei der Irrtum vermeidbar, wenn der Täter „seiner vom BGH vorausgesetzten Pflicht, sich im Einzelfall über Recht und Unrecht zu informieren, nicht genügte“. Eine solche Informationspflicht kenne das Gesetz jedoch nicht. Zudem habe der Einzelne häufig überhaupt keinen Anlass, sich über Recht und Unrecht Gedanken zu machen, etwa wenn er sich in ungewohnten, fremden Berufspflichten zurechtfinden müsse.[160] Dem hielt *Welzel* wiederum entgegen, eine derartige „abstrakte Prüfungspflicht“ verlange der Bundesgerichtshof überhaupt nicht, sondern nur eine „Anspannung des Gewissens“, deren Maß sich „nach den Umständen des Falles und nach dem Lebens- und Berufskreis des Einzelnen“[161] richte.[162]

Lang-Hinrichsen hatte als Anhänger der Vorsatztheorie naturgemäß ebenfalls Einwände gegen die Entscheidung und die Argumentation des Bundesgerichtshofes.[163] Er zweifelte daran, ob die Schuldtheorie tatsächlich, wie der Bundesgerichtshof meinte, „ohne Schwierigkeiten und Widersprüche zur allseitigen, sachgemäßen Anwendung der aus dem Wesen der Schuld sich zwingend ergebenden Rechtssätze führe“ und „der Schuldspruch im Einklang mit dem Schuldvorwurf bleibe“. Durch die Entscheidung des Bundesgerichtshofes sei eine Scheinproblematik durch eine andere ersetzt worden, nämlich die

---

158 Hartung NJW 1952, 761 (762).
159 H. Mayer MDR 1952, 392 (392).
160 H. Mayer MDR 1952, 392 (393).
161 BGHSt 2, 194 (201) = Beschl. v. 18.03.1952.
162 Welzel MDR 1952, 584 (588).
163 Dazu und zum Folgenden Lang-Hinrichsen JR 1952, 356 (357 f.).

der Unterscheidung von Tatbestands- und Verbotsirrtum – welche nach *Lang-Hinrichsens* Ansicht ebenso wenig möglich sei wie die „Quadratur des Kreises“. Durch ihre „weitgehende Freiheit“ bei der Klassifizierung der Irrtümer, der „Dehnbarkeit der Sorgfaltsanforderungen“ und den fakultativen Charakter des Strafmilderungsgrundes lasse die Schuldtheorie das Ergebnis der richterlichen Entscheidung offen. Gerade aber in dieser Unverbindlichkeit der Schuldtheorie liege ihre Anziehungskraft. Die Schuldtheorie ziehe ihre Kraft nicht aus ihren dogmatischen Wurzeln, vielmehr fließe ihr die Kraft von der rechtspolitischen Zielsetzung zu. Zu demselben Schluss kam auch *Schmidt-Leichner* gut eineinhalb Jahre nach dem Beschluss des Großen Senats: Die Entscheidung sei nicht deshalb zugunsten der Schuldtheorie ausgefallen, weil die Vorsatztheorie inhaltlich als unrichtig erkannt und verworfen worden wäre. Vielmehr habe der Bundesgerichtshof in erster Linie eine rechtspolitische Entscheidung getroffen.[164] Dies zeige sich deutlich in einer der Erwägungen des Großen Senats, mit denen er die Vorsatztheorie ablehnte: Einer ihrer Nachteile sei es, dass die Bestrafung von vorsätzlichen Verbrechen, die in verschuldetem Verbotsirrtum begangen worden seien, auf die Delikte beschränkt sei, bei denen auch die fahrlässige Begehung mit Strafe bedroht sei. Und weiter: „Bei der großen Zahl der nur vorsätzlich begehbaren Verbrechen bedeutet dies eine kriminalpolitisch höchst unerwünschte und sachlich nicht gerechtfertigte Beschränkung der Strafbarkeit“.[165] Somit habe der Bundesgerichtshof, so *Schmidt-Leichner*, eine „spezifisch gesetzgeberische Funktion“ ausgeübt.[166]

III. Verbotsirrtum und NS-Verfahren – Die Auswirkungen von BGHSt 2, 194

In seiner Untersuchung über die „Einflüsse des Nationalsozialismus auf das Strafrecht“ erklärte *Joachim Vogel*, die deutsche Strafrechtsprechung habe sich auch nach 1945 weiterhin zur „richterlichen Rechtsfindung“, also zur Rechtsfortbildung für befugt gehalten, und zwar „auch in so eminent politischen Fragen wie dem Verbotsirrtum“:[167] Die Entscheidung des Großen Senats zum Verbotsirrtum sei „mit Blick auf den von nahezu allen nationalsozialistischen Beschuldigten geltend gemachten Verbotsirrtum von eminenter politischer und in diesen Fällen – und fast nur in ihnen – auch von praktischer Bedeutung“ gewesen. Ein entsprechendes Referat hielt *Vogel* auf der Strafrechtslehrertagung in Bayreuth 2003. In der sich hieran anschließenden Aussprache wandte sich Professor *Hirsch* gegen die Ansicht *Vogels*: Dessen Deutung der Grundsatzent-

[164] Schmidt-Leichner GA 1954, 1 (4 f., 7); so auch Vogel, S. 69.
[165] BGHSt 2, 194 (207) = Beschl. v. 18.03.1952.
[166] Schmidt-Leichner GA 1954, 1 (5).
[167] Vogel, S. 69.

scheidung des Bundesgerichtshofs aus dem Jahr 1952 sei „historisch unrichtig". Weder in dem Plenarbeschluss selbst noch in der ihm vorhergehenden wissenschaftlichen Debatte sei es offen oder hintergründig darum gegangen, NS-Tätern die Möglichkeit zu eröffnen, sich auf einen Verbotsirrtum zu berufen.[168] Dem lässt sich bereits entgegenhalten, dass die wissenschaftliche Diskussion um den Verbotsirrtum[169] nicht nur zufällig gerade nach 1945 wieder einsetzte. Vielmehr hatte der Verbotsirrtum seinerzeit offenkundig einen aktuellen Bezug zur justiziellen Bewältigung der NS-Vergangenheit in Deutschland. Dass dies den Autoren ebenso wie den Bundesrichtern selbst bewusst war, zeigen sowohl die ausdrücklich auf die NS-Täter bezugnehmenden Ausführungen *Welzels*[170] als auch die des Großen Senats in seinem Beschluss. Der Bundesgerichtshof stellte dort den „politisch und sozial ausgeglichenen Zeiten der zweiten Hälfte des 19. Jahrhunderts" jene Zeiten gegenüber, „in denen das Gefüge des staatlichen und sozialen Lebens in seinen Grundfesten erschüttert oder geradezu umgestaltet" wurde.[171] Ferner wird jedoch die nachfolgend dargestellte Untersuchung zeigen, dass der Verbotsirrtum und mit ihm der Beschluss des Bundesgerichtshofs vom 18.03.1952 auch tatsächlich erhebliche Auswirkungen auf die Verfahren gegen und die Verurteilung von NS-Tätern hatte. Die Entscheidung zugunsten der Schuldtheorie führte in zahlreichen Fällen zu einer milderen Bestrafung der NS-Täter, wie sie nach der reichsgerichtlichen Rechtsprechung – ebenso wie nach der eingeschränkten Vorsatztheorie – nicht möglich gewesen wäre. Für die Untersuchung wurde die von *Rüter* und anderen herausgegebene Sammlung „Justiz und NS-Verbrechen" herangezogen. Sie enthält in aktuell fünfzig Bänden sämtliche Urteile, die seit 1945 bis heute vor (west-)deutschen Gerichten in NS-Prozessen ergangen sind. In einem ersten Schritt wurden aus dieser umfassenden Urteilssammlung die Urteile herausgesucht, in denen die Angeklagten einen Verbotsirrtum geltend gemacht und die Gerichte einen solchen bejaht hatten. In einem zweiten Schritt wurden dann die Auswirkungen dieser Verbotsirrtümer auf den jeweiligen Schuldspruch geprüft. Das Ergebnis dieser Untersuchung wird im Folgenden dargestellt, wobei die Prozesse in drei Kategorien unterteilt sind, welche sich im Laufe der Untersuchung ergeben haben: Erstens die sogenannten Euthanasie-Prozesse. Bei den Angeklagten dieser Verfahren handelt es sich überwiegend um Ärzte, Schwestern oder Pfleger, also Zivilpersonen. Zweitens die Prozesse wegen Verbrechen im Zusammenhang mit der Ermordung von Juden und dem Feldzug gegen die Sowjetunion während des Krieges. Hierzu ist anzumerken, dass es sich bei diesen Taten nicht um Kriegsverbrechen handelt, sondern um Taten, die nach da-

---

168 Siehe bei Julius ZStW 115 (2003), 671 (695 f.).

169 Siehe oben Teil 3 I 2.

170 So in SJZ 1948, Sp. 368 (369 f.); MDR 1952, 584 (587); JZ 1952, 340 (342); siehe dazu oben Teil 3 I 2 b 1 und 2 und Teil 3 II 2.

171 Siehe BGHSt 2, 194 (202) = Beschl. v. 18.03.1952.

mals wie heute geltendem Strafrecht als Mord, Totschlag, Freiheitsberaubung, Körperverletzung und so weiter zu qualifizieren sind.[172] Die Angeklagten dieser Verfahren sind vor allem frühere Angehörige der Gestapo, des Sicherheitsdienstes Reichsführer SS (SD) oder der Schutzstaffel (SS). Die dritte Kategorie beinhaltet schließlich die kleine Gruppe von verbleibenden Fällen, die in keine der anderen beiden Kategorien fallen.Die Aufklärung und Aburteilung von NS-Verbrechen betrieben in der Bundesrepublik zunächst die Alliierten. In den von 1945 bis 1949 durchgeführten „Nürnberger Prozessen" stellten sie führende Repräsentanten des Dritten Reichs vor Gericht. In einem ersten Prozess vor dem Internationalen Militärgerichtshof, dem „Nürnberger Hauptkriegsverbrecherprozess", wurden 22 Überlebende der NS-Führung abgeurteilt: Zwölf von ihnen wurden zum Tode verurteilt, drei zu lebenslanger Freiheitsstrafe, vier zu zeitiger Freiheitsstrafe und drei Angeklagte wurden freigesprochen.[173] An den Hauptkriegsverbrecherprozess schlossen sich zwölf Nachfolgeprozesse an, die nur noch von der amerikanischen Besatzungsmacht betrieben wurden. Die „Nürnberger Nachfolgeprozesse" richteten sich vor allem gegen führende Angehörige bestimmter Berufsgruppen, wie Ärzte, Juristen, Mitglieder der SS und der Polizei oder militärische Führer. Auch von ihnen wurde der überwiegende Teil zum Tode oder zu lebenslanger oder einer zeitigen Freiheitsstrafe verurteilt. Daneben fanden weitere Prozesse zur Ahndung der nationalsozialistischen Verbrechen vor alliierten Militärgerichten statt.[174] Parallel hierzu waren aber auch die deutschen Gerichte bereits im Oktober 1945 von den Alliierten bemächtigt worden, bestimmte Verbrechen selbst zu verfolgen.[175] Ausgenommen waren nach Artikel 3 lit. b) des Kontrollratsgesetzes Nr. 4[176] unter anderem „strafbare Handlungen, die von Nazis oder von anderen Personen begangen wurden, und die sich gegen Staatsangehörige Alliierter Nationen […] richten". Ergänzend hierzu enthielt das im Dezember 1945 erlassene Kontrollratsgesetz Nr. 10[177] in Artikel 3 eine Bestimmung, wonach deutsche Gerichte Verbrechen von Deutschen an Deutschen oder Staatenlosen aburteilen konnten, wenn die jeweilige Besatzungsbehörde das deutsche Gericht für zuständig erklärte. Von dieser Möglichkeit machten die Besatzungsmächte unterschiedlichen Gebrauch: Während in der amerikanischen Zone nur Einzelermächtigungen erteilt wurden, erließen die britische und französische Besatzung eine allgemeine Ermächtigung

---

172 Rückerl Strafverfolgung von NS-Verbrechen, S. 38.

173 Dazu und zum Folgenden Rückerl Strafverfolgung von NS-Verbrechen, S. 25 ff.; Vormbaum Moderne Strafrechtsgeschichte, S. 218 f.

174 Etwa die „Dachauer Prozesse" im ehemaligen KZ Dachau, in denen gegen mehr als tausend Angeklagte aus den Konzentrationslagern verhandelt wurde; dazu E. Klee FS Jäger, S. 15 (21).

175 Dazu auch Raim Wiederaufbau der Justiz, S. 69 (78, 80 ff.).

176 Amtsblatt des Kontrollrats in Deutschland, S. 26.

177 Amtsblatt des Kontrollrats in Deutschland, S. 50.

für deutsche Gerichte.[178] Damit konnte die deutsche Justiz insbesondere zahlreiche Euthanasie-Verbrechen bereits ab 1945 verfolgen. Die Beschränkung der deutschen Gerichtsbarkeit wurde durch die Alliierten nach und nach gelockert. Ab 1950 konnten die deutschen Gerichte nach den Vorschriften des deutschen Strafrechts auch solche NS-Verbrechen verfolgen, die gegen Angehörige der alliierten Nationen begangen worden waren.[179]

1. Euthanasie-Prozesse

Die konkreten Folgen der Entscheidung des Großen Senats für Strafsachen in BGHSt 2, 194 zeigten sich bei den Verfahren gegen NS-Täter in der Nachkriegszeit zunächst vor allem in den sogenannten Euthanasie-Prozessen, in denen Männer und Frauen vor Gericht standen, die an der Euthanasie-Aktion der Nationalsozialisten zwischen 1939 und 1945 beteiligt waren. Das erste Euthanasie-Urteil erging bereits im März 1946 durch das Landgericht Berlin. Der nach aktuellem Stand letzte Euthanasie-Prozess vor einem deutschen Gericht endete 1988 mit einem Beschluss des Bundesgerichtshofs.[180] Um bei den einzelnen Urteilen eine komprimierte Sachverhaltsdarstellung zu ermöglichen, wird vorab das „Euthanasie-Programm" der Nationalsozialisten geschildert, das den historischen Hintergrund der angeklagten Taten bildet. Anschließend wird das ebenfalls in allen Fällen gleichgelagerte rechtliche Problem des fehlenden Unrechtsbewusstseins erläutert, bevor dann die einschlägigen Urteile analysiert werden.

a) Das Euthanasie-Programm der Nationalsozialisten[181]

Adolf Hitler erließ vermutlich[182] im Oktober 1939 einen auf den 01. 09. 1939 rückdatierten geheimen Führererlass mit folgendem Wortlaut:

„Reichsleiter Bouhler und Dr. med. Brandt sind unter Verantwortung beauftragt, die Befugnisse namentlich zu bestimmender Ärzte so zu erweitern, dass nach menschlichem

---

[178] Raim Wiederaufbau der Justiz, S. 69 (81); Rückerl Strafverfolgung von NS-Verbrechen, S. 35.

[179] Rückerl Strafverfolgung von NS-Verbrechen, S. 41.

[180] BGH, Beschl. v. 14. 12. 1988, Rüter XLVII, S. 287 ff.

[181] Zum Folgenden siehe etwa LG Frankfurt a. M., Urt. v. 21. 02. 1946, Rüter I, S. 135 (136 ff.); LG Frankfurt a. M., Urt. v. 30. 01. 1947, Rüter I, S. 223 (227 ff.); LG Koblenz, Urt. v. 04. 10. 1948, Rüter III, S. 251 (251 ff.); LG Frankfurt a. M., Urt. v. 20. 12. 1968, Rüter XXXI, S. 409 (413 ff.); LG Frankfurt a. M., Urt. v. 06. 06. 1972, Rüter XXXVII, S. 249 (250 ff.); LG Frankfurt a. M., Urt. v. 23. 05. 1967, Rüter XLVII, S. 232 (238 ff.); dazu auch Benzler/Perels Justiz und Staatsverbrechen, S. 15 (16 ff.); Broszat, S. 398 ff.; E. Klee Euthanasie im NS-Staat, S. 100 ff., 115 ff., 135 ff., 166 ff., 220 ff., 326 ff., 417 ff.

[182] Der genaue Zeitpunkt, zu dem Hitler den Erlass unterzeichnete, ist nicht bekannt; dazu E. Klee Euthanasie im NS-Staat, S. 100.

Ermessen unheilbar Kranken bei kritischster Beurteilung ihres Krankheitszustandes der Gnadentod gewährt werden kann."[183]

Auf der Grundlage dieses geheimen, von Hitler unterzeichneten Schriftstücks führten die Nationalsozialisten zwischen 1940 und 1945 die sogenannte Euthanasie-Aktion durch – eine systematische, auf Nützlichkeitserwägungen beruhende Massenermordung geistig kranker Menschen. Sie erfolgte in zwei Phasen: In den Jahren 1940/41 tötete man über 70.000 Erwachsene durch Vergasungen in sogenannten Euthanasie-Anstalten. Diese Form der Massenermordung beendete Hitler schlagartig im August 1941. Danach gingen die Nationalsozialisten dazu über, die Kranken in den jeweiligen Heil- und Pflegeanstalten durch eine Überdosis bestimmter Medikamente oder durch Unterernährung zu töten. Obwohl die Aktion in der Bevölkerung Unruhen und Empörung hervorrief, nahmen die Tötungen in steigendem Maße ihren Fortgang und endeten erst mit Kriegsende und dem Zusammenbruch des Dritten Reichs im Frühjahr 1945. Erst ab diesem Zeitpunkt konnte auch der gesamte organisatorische Hintergrund sowie das ganze Ausmaß der Massentötungen aufgedeckt werden. Nach vorsichtiger Schätzung sind der NS-Euthanasie insgesamt etwa 125.000 Menschen zum Opfer gefallen.[184]

Die Tötungsaktion war von der Kanzlei des Führers ins Leben gerufen, organisiert und gelenkt worden. In Anlehnung an den zentralen Verwaltungssitz der Aktion in der Tiergartenstraße Nr. 4 in Berlin sprach man im internen Sprachgebrauch auch von der „Aktion T 4". Die gesamte Aktion war gekennzeichnet durch strengste Geheimhaltung, Tarnung und ausgeklügelte Täuschungsmaßnahmen, weil verhindert werden sollte, dass sie in der Öffentlichkeit bekannt wurde. Hitler hatte angeordnet, dass die Angelegenheit als „Geheime Reichssache" zu behandeln sei. Sämtliches an der Euthanasie beteiligtes Personal wurde unter Androhung von Strafen zu absolutem Stillschweigen verpflichtet. Auch sollte die Kanzlei des Führers nicht als sachbearbeitende Dienststelle nach außen in Erscheinung treten, weswegen zur Durchführung der Tötungsaktion verschiedene Tarnorganisationen mit möglichst harmlos klingenden Namen gegründet worden waren. Dies waren: die „Reichsarbeitsgemeinschaft für Heil- und Pflegeanstalten" (RAG) für die Erfassung der Anstalten und ihrer Insassen sowie die Anordnung und Vorbereitung der Transporte; die „Gemeinnützige Stiftung für Anstaltspflege" als Arbeitgeber der nichtärztlichen Beschäftigten; die „Gemeinnützige Krankentransport GmbH" („Gekrat") für alle Angelegenheiten im Zusammenhang mit dem Transport der Kranken zu den Tötungsanstalten; die „Zentralverrechnungsstelle Heil- und Pflegeanstalten" für die Kostenabwicklung (und sonstige finanzielle Angelegenheiten im Zusam-

183 Abdruck des „Euthanasieerlasses" in Loewy/Winter (Hg.), NS-Euthanasie vor Gericht, S. 182.

184 Benzler/Perels Justiz und Staatsverbrechen, S. 15 (15).

menhang mit der Aktion); und schließlich der „Reichsausschuss zur wissenschaftlichen Erforschung erb- und anlagebedingter Leiden", der die Kindereuthanasie lenkte.

Mit Runderlass vom 09. 10. 1939[185] ordnete das Reichsinnenministerium die Erfassung sämtlicher in den Heil- und Pflegeanstalten nicht nur vorübergehend untergebrachter Geisteskranker an. Hierzu übersandte das Reichsinnenministerium den Anstalten Fragebögen, die mit der „Notwendigkeit planwirtschaftlicher Erfassung der Heil- und Pflegeanstalten" begründet wurden, und forderte die Anstaltsleiter auf, diese Meldebögen umgehend auszufüllen und an das Reichsinnenministerium zurückzusenden. Inhalt der Meldebögen waren unter anderem Fragen nach den Personalien der Patienten, einer Diagnose und ihrer Arbeitsfähigkeit.[186] Zu Beginn der Aktion war den meisten Anstaltsleitern der wahre Zweck der Meldebögen unbekannt. Als später Gerüchte hierüber aufkamen, weigerten sich zahlreiche Anstaltsärzte, die Meldebögen weiterhin auszufüllen. Dies führte jedoch dazu, dass seitens der Zentralstelle in Berlin Ärzte, die der Aktion positiv gegenüber standen, in die Anstalten geschickt wurden, um die Meldebögen auszufüllen. Die ausgefüllten Meldebögen leitete das Reichsinnenministerium an die Zentrale der „T 4" weiter, wo die Bögen registriert und in Kopien an ärztliche Gutachter versandt wurden. Diese versahen ein auf dem Meldebogen vorgesehenes schwarz umrandetes Kästchen mit einem roten Kreuz, wenn sie der Meinung waren, dass der jeweilige Kranke zu töten sei, andernfalls mit einem blauen Minuszeichen oder im Falle der Unentschlossenheit mit einem Fragezeichen. Eine genauere Begutachtung erfolgte dabei nicht, die Gutachter mussten durchschnittlich etwa 100 Meldebögen in ca. drei bis vier Tagen mit ihrem Votum versehen. Ein wesentlicher Begutachtungspunkt war die Arbeitsfähigkeit der Patienten. Abschließend gab ein Obergutachter sein endgültiges Votum ab – stets ohne den jeweiligen Patienten auch nur gesehen zu haben. Anhand dieser Meldebögen wurden dann die Transportlisten für die „Gemeinnützige Krankenhaustransport GmbH" zusammengestellt. Diese schickten die Transportlisten wiederum an die Anstalten mit der Aufforderung, die betreffenden Patienten für den Abtransport an einem bestimmten Tag bereit zu halten. Dabei sprach man immer nur von einer „Verlegung" der Patienten. Weitere Informationen, etwa über den Zweck und das Ziel der „Verlegungen" erhielten die Anstalten nicht. Zudem war es ihnen verboten, die Angehörigen der Kranken von den Verlegungen zu unterrichten. Der Transport der Kranken erfolgte in der Regel mit Bussen der „Gemeinnützigen Krankenhaustransport GmbH". Die Kranken wurden entweder sofort in die Euthanasie-Anstalten gebracht oder zunächst in sogenannte Zwischenanstalten verlegt, wo sie

---

185 Abgedruckt in E. Klee Euthanasie im NS-Staat, S. 91.

186 Abbildungen solcher Meldebögen in E. Klee Euthanasie im NS-Staat, S. 92, 176; weitere Muster von Meldebögen finden sich etwa im Urteil des LG Frankfurt a. M., Rüter XXXVII, S. 249 (258 f.).

gesammelt und nach einiger Zeit ebenfalls in eine Euthanasie-Anstalt transportiert wurden. Den jeweiligen Angehörigen teilte man formularmäßig mit, dass der Kranke „aus kriegswichtigen Gründen gemäß einer Anordnung des Reichsverteidigungskommissars“ verlegt worden sei. Insgesamt existierten sechs von der Organisation „T 4“ angelegte Euthanasie-Anstalten: Die Anstalt Grafeneck in Württemberg, die Anstalt Brandenburg an der Havel, die Anstalt Hartheim bei Linz an der Donau, die Anstalt Sonnenstein bei Pirna in Sachsen, die Anstalt Bernburg an der Saale, die ab Dezember 1940 an die Stelle der Tötungsanstalt Brandenburg trat, sowie die Anstalt Hadamar bei Limburg an der Lahn in Hessen, ab Januar 1941 Nachfolgeanstalt der Anstalt Grafeneck. Sie alle waren nach demselben Prinzip eingerichtet und gingen bei den Tötungen im Wesentlichen einheitlich vor: In allen Anstalten befanden sich ein eigens eingebauter Vergasungsraum sowie eine fahrbare oder fest eingebaute Einrichtung zur Verbrennung der Leichen (Verbrennungsofen). Die Kranken wurden, nachdem sie mit einem Transport eingetroffen waren, zunächst entkleidet und einem oder mehreren Ärzten vorgeführt. Eine tatsächliche Untersuchung fand hierbei aber nicht statt. Die „Untersuchung“ diente vielmehr der Identifizierung der Kranken und der Auswahl einer später anzugebenden fingierten Todesursache. Anschließend brachte man die Kranken in die als Duschraum getarnten Gaskammern, wo sie durch Kohlenmonoxid, das in den Raum eingeleitet wurde, zunächst bewusstlos wurden und wenig später verstarben. Anschließend wurden die Leichen in den hierfür vorgesehenen Öfen verbrannt. Jede Euthanasie-Anstalt hatte zudem eine eigene Büroabteilung, die für die anfallenden Verwaltungsarbeiten zuständig war. Ferner wurde in jedem Anstaltsbezirk ein eigenes Sonderstandesamt eingerichtet, um zu verhindern, dass den örtlichen Standesämtern die Vielzahl der Todesfälle in einer einzigen Anstalt auffiel. Die Angehörigen wurden von der Büroabteilung der jeweiligen Anstalt mit einem formularmäßigen Schreiben vom Tod des jeweiligen Patienten benachrichtigt, wobei eine natürliche Todesursache und in der Regel ein späterer Todestag angegeben wurden.[187]

Bei den auf diese Weise Getöteten handelte es sich keineswegs nur um solche Patienten, die keinen erkennbaren Lebenswillen mehr hatten, so dass man von einem „Gnadentod“ hätte sprechen können. Vielmehr wählten die Gutachter die zur Tötung bestimmten Kranken primär nach ihrer Arbeitsfähigkeit aus – wer nicht oder kaum arbeiten konnte, erhielt ein rotes Pluszeichen, das Zeichen zur Tötung. Die große Anzahl der zu begutachtenden Meldebögen ermöglichte den Gutachtern auch gar keine genauere und differenzierte Untersuchung des Krankheitsbildes und des Zustandes der Patienten. Zudem hatten ahnungslose Anstaltsleiter zu Beginn der Aktion in dem irrigen Glauben, die Erfassung diene dazu, der Anstalt gute Arbeitskräfte zu entziehen, häufig die Leistungsfähigkeit

[187] Abbildung eines Trostbriefes der Anstalt Hadamar in Loewy/Winter (Hg.), NS-Euthanasie vor Gericht, S. 186.

der Patienten bewusst schlechter angegeben, als es der Wirklichkeit entsprach. Sie glaubten, die Patienten damit zu deren Wohl in der Pflegeanstalt behalten zu können. Dass die gesamte Aktion nicht das Geringste mit der „Gewährung eines Gnadentods" von „unheilbar Kranken" zu tun hatte, wie es in dem Geheimerlass Hitlers bewusst irreführend hieß, zeigt auch sehr anschaulich die Erzählung einer Klosterschwester aus der Nähe Limburgs, die 1940 den Tod ihres Bruders miterlebte. Der Bruder, Wilhelm, war eine Frühgeburt gewesen und daher körperbehindert. Er hatte ein verkürztes Bein und eine verkrümmte Wirbelsäule. Nach dem Besuch der Schule arbeitete er am Hof der Eltern mit. In ihrem Buch schreibt seine Schwester in einem Kapitel über die Kindheit:

> „Mittlerweile war mein Bruder einundzwanzig Jahre alt geworden und meinem Vater eine gute Hilfe bei der Arbeit. Er war groß und kräftig. Seine Körperbehinderung war kaum noch zu erkennen. […] Die Arbeit in Feld und Stall machte ihm Freude und er war gewissenhaft."[188]

Im Winter 1926/27 hatte er einen Platz auf einem zur Heil- und Pflegeanstalt Hadamar gehörender Hof erhalten, wo er im Stall „selbständig und verantwortungsbewusst" arbeitete. Die Familie besuchte ihn häufig. 1933 wurde der Bruder in die Heil- und Pflegeanstalt Hadamar gebracht, die Familie hiervon per Postkarte unterrichtet. Gründe wurden nicht genannt. Besuchen durften sie ihn von da an „nur beschränkt und nach vorheriger Erlaubnis". Die Schwester erinnert sich: „Wir saßen uns in dem Besuchszimmer mit den vergitterten Fenstern gegenüber. Wilhelm in seiner Anstaltskleidung, die wie eine Sträflingskluft wirkte und was man nicht gewohnt war: Er war schmutzig".[189] Wenn die Familie ihn besuchen durfte, was nur ein bis zwei Mal im Jahr gewesen sei, sei er immer sehr traurig gewesen und habe von Mal zu Mal schlechter ausgesehen. Die Familie versuchte, ihn nach Hause zu holen, erhielt jedoch nicht die erforderliche Genehmigung. Die Schwester erzählt in ihrem Buch von dem letzten Besuch bei ihrem Bruder im August 1940:

> „Unser Bruder hat immer nur gesagt: ‚Nehmt mich mit heim!' […] Er war total abgemagert, seine Haltung gebeugt und so traurig. […] Später erfuhren wir dann, dass er damals schon großen Hunger leiden musste. Er wollte uns nicht fortlassen und klammerte sich immer wieder an meine Schwester […]. Was damals tatsächlich mit meinem Bruder geschah, davon hatten wir keine Ahnung".

Am 10. September 1940 erhielt die Familie per Postkarte die kurze Nachricht, dass der Bruder verstorben sei. Er gehört offenbar zu den frühen Opfern der Euthanasie. Die weiteren Schilderungen der Schwester lassen vermuten, dass der Bruder noch nicht zu den Patienten gehörte, die in Hadamar massenhaft vergast wurden. Denn es gelang der Familie, den Verstorbenen im Sarg nach Hause zu

---

188 RUCKES/UNGEFROREN, S. 24.

189 Dazu und zum Folgenden RUCKES/UNGEFROREN, S. 44 ff.

holen, um ihn dort zu beerdigen. Vergasungsopfer wurden jedoch in der Regel sofort verbrannt. Hinzu kommt, dass die Anstalt in Hadamar auf dem „Mönchberg" erst ab Beginn des Jahres 1941 als „Euthanasie-Anstalt" in Betrieb war. Bei den Einwohnern Hadamars kam es sehr bald zu Gerüchten darüber, was da „auf dem Berg" geschah. Auch hierüber berichtet die Schwester in ihrem Buch:

„Unbegreiflich erschien es den Einwohnern von Hadamar zunächst, was sie sahen, einen zeitweise stark qualmenden Kamin auf dem Mönchberg, und was sie hinter vorgehaltener Hand hörten, dass dort oben in der Heil- und Pflegeanstalt Menschen vergast und anschließend verbrannt würden. Man konnte es riechen. Aus dem hohen Schornstein, der vor einiger Zeit gebaut worden war, kam mit dem Qualm auch der Geruch von verbrannten Menschen."[190]

Ähnlich wie in Hadamar erlangte auch andernorts die Bevölkerung trotz aller Geheimhaltungs-, Tarn- und Täuschungsmaßnahmen zunehmend Kenntnis von den Massentötungen und der dagegen gerichtete Protest – insbesondere seitens der Kirchen – wurde immer lauter. Daher befahl Hitler im August 1941 die sofortige Beendigung der Aktion. Damit wurden zwar die Massentötungen in den Anstalten beendet, nicht jedoch die Euthanasie-Aktion. Vielmehr begann damit die zweite Phase der Euthanasie, in der eine weitere Großzahl von Patienten in den jeweiligen Heil- und Pflegeanstalten durch tödliche Injektionen oder eine Überdosis Tabletten getötet wurden. Diese Form der Euthanasie bezeichnet man heute auch als „wilde Euthanasie".

Ein Zweig des Euthanasie-Programms war die Kinder-Euthanasie, der etwa 5.000 Kinder zum Opfer fielen.[191] Bereits am 18.08.1939 erging diesbezüglich ein Runderlass des Reichsministers des Inneren, der alle Hebammen und Ärzte verpflichtete, jedes neugeborene Kind mit bestimmten schweren Fehlern oder Leiden den Gesundheitsämtern zu melden. In den Heil- und Pflegeanstalten wurden hierfür eigens sogenannte Kinderfachabteilungen eingerichtet, in die man die zur Tötung bestimmten Kinder brachte. Solche Kinderfachabteilungen befanden sich in Görden bei Brandenburg an der Havel, Ansbach, Eichberg, Kaufbeuren, Eglfing bei München, Wiesloch und in der Anstalt Kalmenhof bei Idstein. In diese Abteilungen wurden vom „Reichsausschuss zur wissenschaftlichen Erfassung von erb- und anlagebedingten schweren Leiden" (kurz „Reichsausschuss") Kinder eingewiesen – einzeln oder in größeren Transporten –, die unter schweren körperlichen Missbildungen oder geistigen Erkrankungen litten. Die Kinder wurden zunächst beobachtet und hinsichtlich ihrer Bildungsfähigkeit untersucht, woraufhin ein entsprechender Bericht an den Reichsausschuss geschickt wurde. Je nach Ergebnis der Begutachtung ordnete dieser die Fortdauer der Beobachtung an oder erließ eine „Behandlungsermächtigung", also den Auftrag zur Tötung des jeweiligen Kindes. Einige Kinder trafen auch

190 RUCKES/UNGEFROREN, S. 46 f.
191 Dazu E. KLEE Euthanasie im NS-Staat, S. 77 ff., 294 ff.

bereits mit einer solchen „Behandlungsermächtigung“ in der Anstalt ein. Die Tötungen erfolgten meistens ebenfalls durch die Verabreichung von Medikamenten (Tabletten oder Injektionen) in tödlich wirkender Dosis.[192]

Im Hinblick auf einige der im Folgenden wiedergegebenen Urteilsbegründungen sei an dieser Stelle noch darauf hingewiesen, dass es bereits seit Beginn der Zwanziger Jahre des 20. Jahrhunderts Publikationen von angesehenen Wissenschaftlern gab, die sich mit der Tötung von Geisteskranken befassten. Dazu gehört auch die 1920 veröffentlichte und schon damals schwer umstrittene Schrift von *Karl Binding* und dem Psychiater *Alfred Hoche* „Die Freigabe der Vernichtung lebensunwerten Lebens“. Die Autoren setzten sich in dieser Schrift aus juristischer und medizinischer Sicht mit der Frage auseinander, ob „lebensunwertes Leben“ getötet werden dürfe. Sie bejahten dies,[193] jedoch nur unter ganz bestimmten engen Voraussetzungen und unter Einhaltung eines streng geregelten Verfahrens,[194] wozu unter anderem eine genaue ärztliche Untersuchung gehörte. Die Tötungen sollten auf Fälle schwerster Erkrankungen beschränkt sein, auf Menschen, denen die Möglichkeit fehlt, „sich der eigenen Persönlichkeit bewusst zu werden“[195]. Die Euthanasie-Aktion Hitlers hatte mit diesen Überlegungen nichts gemein. Es handelte sich dabei weder um Euthanasie im Sinne einer Sterbehilfe zur Verkürzung des Leidens oder um einen auf humanitären Erwägungen beruhenden „Gnadentod“, sondern um eine auf nationalsozialistischen Wunschbildern wie Volksgesundheit, Rassenreinheit und Elitezüchtung beruhende, in allen Einzelheiten geplante Massenermordung mehr oder minder geistig oder körperlich kranker Menschen.

b) Das Problem des fehlenden Unrechtsbewusstseins

Für die Euthanasie-Aktion gab es keine gesetzliche Grundlage. Weder hatte – so die ganz herrschende Ansicht – der geheime Führererlass vom 01.09.1939 Gesetzeskraft, noch wurde zu irgendeiner Zeit ein förmliches Gesetz zur Tötung von Geisteskranken erlassen. Die Vorbereitung der Euthanasie-Aktion im Dritten Reich war auch ohne Mitwirkung und Kenntnis der Reichsjustizverwaltung erfolgt. Erst nach deren Anlaufen hatte der damalige Reichsjustizminister Gürtner Kenntnis von ihr erlangt.[196] Da es trotz aller Täuschungs- und Tarnmaßnahmen nicht gelungen war, die Massentötungen geheim zu halten, waren bei den Staatsanwaltschaften häufig Strafanzeigen eingegangen, in denen ein entsprechender Verdacht geäußert wurde. Generalstaatsanwälte und Ober-

---

[192] Dazu etwa LG Frankfurt a. M., Urt. v. 21.02.1946, RÜTER I, S. 135 (145 f.), 223 (229).

[193] BINDING/HOCHE, S. 31 f., 51 ff.

[194] BINDING/HOCHE, S. 36 f., 60 ff.

[195] BINDING/HOCHE, S. 57.

[196] Dazu und zum Folgenden etwa LG Frankfurt a. M., Urt. v. 20.12.1968, RÜTER XXXI, S. 409 (426 ff.) und Urt. v. 06.06.1972, RÜTER XXXVII, S. 249 (266 f.); dazu ferner FÖRSTER Rechtsschutz für Behinderte, S. 59 (62 ff.).

landesgerichtspräsidenten wandten sich daher an das Reichsjustizministerium und baten um Anweisung, wie sie sich verhalten sollten. Hierauf wandte sich der damalige Reichsjustizminister Gürtner an den Chef der Reichskanzlei, Dr. Lammers, und erfuhr erst so von der Tötungsaktion. Gürtner vertrat zunächst die Auffassung, dass die Aktion wegen der fehlenden gesetzlichen Regelung sofort einzustellen sei. Daraufhin händigte ihm der Leiter der Kanzlei des Führers, Philipp Bouhler, in einer Besprechung eine Fotokopie des geheimen Hitlererlasses vom 01. 09. 1939 aus. Nach eingehender Prüfung der Rechtsnatur dieses Schreibens zusammen mit Staatssekretär Schleglberger kam Gürtner zu dem Schluss, dass es sich dabei um eine ausreichende gesetzliche Grundlage für die Tötungen handle, weil Hitler als Diktator die Form und die Art seiner Anordnung selbst wählen könne und seine Willensäußerungen kraft der von ihm in Anspruch genommenen Machtbefugnis auch ohne förmliches Gesetzgebungsverfahren rechtsverbindlich seien.[197] Demzufolge schritten in der Folgezeit keine Behörden mehr gegen die Tötungen ein, insbesondere leiteten die Staatsanwaltschaften keine Ermittlungsverfahren mehr ein, anhängige Ermittlungsverfahren wurden eingestellt.

Obwohl Hitler den an der Euthanasie Beteiligten Straffreiheit zugesichert hatte, stellten vor allem einige Ärzte die Frage nach der gesetzlichen Grundlage ihrer Arbeit. Um sie und andere Mitwirkende zu beruhigen, erzählte man ihnen wahrheitswidrig, es läge ein entsprechendes Gesetz in der Schublade, das jedoch aus kriegsbedingten Gründen erst nach dem Endsieg veröffentlicht werden könne und dürfe. Teilweise wurde auch auf den Geheimerlass vom 01. 09. 1939 als eine – in Wahrheit nicht gegebene – ausreichende gesetzliche Grundlage verwiesen.[198] In der Kanzlei des Führers arbeitete man in der Folgezeit zwar mehrere Entwürfe für ein Euthanasie-Gesetz aus, um die Bedenken gegen die Rechtmäßigkeit des Euthanasie-Programms völlig zu zerstreuen. Doch Hitler lehnte es ab, vor Kriegsende ein entsprechendes Gesetz zu erlassen.[199]

Im Rahmen der Euthanasie-Prozesse nach 1945 setzte sich als erstes Revisionsgericht das Oberlandesgericht Frankfurt am Main in seiner Entscheidung vom 12. 08. 1947 ausführlich mit der Gesetzeskraft des geheimen Euthanasieerlasses auseinander. Es versagte dem Erlass vom 01. 09. 1939 sowohl die formelle als auch die materielle Rechtsgültigkeit:[200] Das Ermächtigungsschreiben habe weder einen die staatsrechtliche Stellung des Unterzeichneten bezeichnenden Zusatz enthalten noch die Gegenzeichnung eines Ministers, noch sei es

---

[197] FÖRSTER Rechtsschutz für Behinderte, S. 59 (64); GRUCHMANN Euthanasie, S. 235 (253 f.); DERS. Justiz im Dritten Reich, S. 512.

[198] LG Frankfurt a. M., Urt. v. 27. 05. 1970, RÜTER XXXIV, S. 191 (199); Urt. v. 06. 06. 1972, RÜTER XXXVII, S. 249 (255).

[199] BENZLER/PERELS Justiz und Staatsverbrechen, S. 15 (18).

[200] Dazu und zum Folgenden OLG Frankfurt a. M., Urt. v. 12. 08. 1947, RÜTER I, S. 166 (170 ff).

veröffentlicht worden. Selbst während der NS-Herrschaft seien derartige Formalien aber bis zuletzt Brauch geblieben. Einem geheimen, also nicht veröffentlichten Erlass könne kein Gesetzescharakter zukommen, da er die Verkündung als Gesetz gerade scheue. Die im nationalsozialistischen Schrifttum vertretene Auffassung, dass jeder Willensäußerung Hitlers Gesetzeskraft zukommen müsse, sei zu keiner Zeit selbst Gesetz geworden. Bei dem Geheimerlass handle es sich also nur um „ein Schreiben ohne Adresse, in dem einem Reichsleiter und einem Arzt eine Ermächtigung erteilt wird". Bereits aus diesen Gründen könne es sich nicht um eine gültige Rechtsnorm gehandelt haben. Dies werde noch durch die aus dem Nürnberger Ärzteprozess bekannt gewordenen Tatsachen unterstützt, dass zum einen Hitler es gerade abgelehnt hatte, ein förmliches Gesetz zu erlassen; zum anderen erging der Erlass unter völliger Umgehung des damaligen Reichsjustizministers Gürtner, der von diesem Ermächtigungsschreiben erst knapp ein Jahr nach dessen Erlass Kenntnis erhalten hatte.

„Berücksichtigt man, dass Hitler dem eigenen Volke und der Welt gegenüber den Anspruch erhob, legal zu regieren, und dies dadurch manifestierte, dass er Gesetze unter Gegenzeichnung von Ministern veröffentlichen ließ, so wird man diese geheime Ermächtigung, die unter Ausschaltung des Reichsjustizministers erlassen worden ist – zumal da sie auf Hinrichtung zehntausender unschuldiger Personen abzielte – unmöglich als ein Gesetz oder eine Rechtsnorm ansehen können, vielmehr nur als einen Willkürakt ohne rechtsverbindliche Kraft."[201]

Auch unter dem Aspekt der „normativen Kraft des Faktischen" verneinte das Oberlandesgericht die Rechtsgültigkeit des Erlasses. Voraussetzung dafür ist, dass die Staatsangehörigen das Geschehen wahrnehmen, anerkennen und sich bei ihnen die Überzeugung bildet, dass das, was geschieht, rechtens ist. Gerade hieran aber habe es hinsichtlich der Euthanasieaktion gefehlt:

„Die nationalsozialistischen Machthaber selbst, die sich Unmenschliches offen erlaubten, scheuten sich gerade hier, an die Anerkennung des Volkes zu appellieren, die ihnen in so vielem willig entgegengebracht wurde. Sie hielten das, was geschah, mit allen Mitteln der Tarnung und Täuschung geheim. So kam es, dass weite Kreise des Volkes sogar glaubten, was da in den Tötungsanstalten vor sich ging, geschehe ohne Willen des Führers und dieser würde sicher dagegen einschreiten, wenn er davon wüsste. Hitler, der für sich in Anspruch nahm, legal zu regieren, verhinderte, dass die Gewaltunterworfenen Kenntnis erhielten. Kenntnis aber ist die erste Voraussetzung zur Bildung einer Rechtsnorm durch die normative Kraft des Faktischen."[202]

Damit erkannte das Oberlandesgericht Frankfurt am Main dem geheimen Ermächtigungsschreiben Hitlers vom 01.09.1939 jegliche rechtsetzende Kraft ab. Der Erlass sei vielmehr ein „Freibrief des tatsächlichen Gewalthabers an einen bestimmten Personenkreis [gewesen], das Verbrechen des Mordes zu begehen".

---

[201] OLG Frankfurt a. M., Urt. v. 12.08.1947, RÜTER I, S. 166 (172).
[202] OLG Frankfurt a. M., Urt. v. 12.08.1947, RÜTER I, S. 166 (174).

Diese Ansicht war zwar in der juristischen Literatur nicht unumstritten,[203] die Rechtsprechung vertrat jedoch in sämtlichen Euthanasie-Prozessen einheitlich die Auffassung, dass der Geheimerlass Hitlers keine gültige Rechtsgrundlage war. Die Handlungen der Angeklagten in den Euthanasie-Fällen waren somit – auch und gerade zur Zeit der jeweiligen Tat – objektiv rechtswidrig. Problematisch war dagegen die Frage, ob die Angeklagten die Rechtswidrigkeit auch subjektiv erkannt hatten oder erkennen mussten. Zahlreiche Euthanasie-Täter erklärten, dem Schreiben Hitlers Gesetzescharakter beigemessen zu haben oder auf die Aussage vertraut zu haben, dass ein entsprechendes Gesetz vorliege. Sie beriefen sich damit rechtlich auf einen Verbotsirrtum, weil sie aufgrund des Geheimerlasses vom 01.09.1939 an die Rechtmäßigkeit der Tötungen geglaubt und daher kein Unrechtsbewusstsein gehabt hätten. Was nun die Beurteilung des Unrechtsbewusstseins der Euthanasie-Täter für die Gerichte so schwierig machte, war Folgendes: Das Strafgesetzbuch, nach dem geurteilt wurde und wird, geht von Einzeltätern aus, die entgegen der sie umgebenden Gesellschaft und den staatlichen Organen handeln. Dagegen handelten die Euthanasie-Täter aber gerade im Einklang mit den staatlichen Institutionen als Glied einer arbeitsteiligen bürokratischen Organisation.[204] Eben dies machte den Handelnden aber offenbar die erfolgreiche Berufung auf einen Verbotsirrtum so einfach und führte zur Exkulpierung zahlreicher an der NS-Euthanasie beteiligten Täter. So wurde im Nachkriegsdeutschland die Tat zwar verurteilt, die Täter jedoch häufig nicht.

Diese waren im Übrigen in der Regel nicht durch Notstand (§§ 52, 54 StGB a. F.[205]) gerechtfertigt oder entschuldigt. Die Ausführungen einiger Angeklagter, sie hätten im Falle der Weigerung um ihr Leben fürchten oder mit der Einweisung ins Konzentrationslager rechnen müssen, konnten die Gerichte durchweg widerlegen. Die „Anwerbung" der Euthanasietäter erfolgte ohne Drohung und Zwang.[206] Zwar gab es Leib und Leben gefährdende Drohungen gegenüber den Beteiligten, doch wurden diese „ausschließlich zur Einhaltung der allen auferlegten Schweigepflicht ausgesprochen"[207] – nicht hinsichtlich der Teilnahme an der Euthanasieaktion überhaupt. Wer sich zur Mitwirkung entschloss, tat dies freiwillig.[208]

---

[203] Anderer Ansicht insbesondere Roesen NJW 1964, 133 (133 ff.) und 1111 (1111 f.); Werle NJW 1992, 2529 (2534 f.); dagegen wiederum Arndt NJW 1964, 486 (487 f.); Welzel NJW 1964, 521 (521 ff.); Baumann NJW 1964, 1398 (1399 ff.).

[204] Benzler/Perels Justiz und Staatsverbrechen, S. 15 (30).

[205] RGBl. 1871, S. 136 f.

[206] Siehe etwa LG Frankfurt a. M., Urt. v. 21.02.1946, Rüter I, S. 135 (158 f.); LG Freiburg/Brsg., Urt. v. 16.11.1948, Rüter VI, S. 484 (519).

[207] LG Frankfurt a. M., Urt. v. 21.02.1946, Rüter I, S. 135 (159).

[208] Benzler Justiz und Anstaltsmord, S. 383 (389); dazu auch E. Klee Was sie taten, S. 189.

c) Euthanasie-Prozesse zwischen 1945 und 1952

Das erste Euthanasie-Urteil eines deutschen Gerichts war das des Landgerichts Berlin vom 25.03.1946.[209] Angeklagt waren die Anstaltsärztin Dr. Wernicke sowie die Anstaltspflegerin Wieczorek aus der Heil- und Pflegeanstalt Meseritz-Obrawalde. Nach den Feststellungen des Gerichts waren sie in den Jahren 1943 und 1944 an den Tötungen mehrerer hundert Geisteskranker beteiligt gewesen: Dr. Wernicke durch die Auswahl der zu tötenden Patienten; die Pflegerin Wieczorek zunächst durch „Handreichungen" bei den Einspritzungen, später nahm sie die tödlichen Injektionen auch selbst vor. Das Landgericht verurteilte beide Frauen wegen Mordes zum Tode. Gegen dieses Urteil legten beide Angeklagten Revision ein, die sie insbesondere darauf stützten, dass ihnen das Bewusstsein der Rechtswidrigkeit gefehlt habe. Das Kammergericht Berlin äußerte sich daher in seiner Revisionsentscheidung[210] zu einem möglichen Verbotsirrtum der Angeklagten:

„Da die Vernichtung des Lebens der unheilbaren Geisteskranken unter dem Gesichtspunkt ihrer dauernden völligen Arbeitsunfähigkeit gegen das allgemein anerkannte Sittengesetz verstößt und auch damals verstieß, wird die Schuld der Angeklagten nicht dadurch ausgeschlossen, dass sie nicht das Bewusstsein der Rechtswidrigkeit gehabt und ihr Tun für erlaubt gehalten haben könnten. Nach der Rechtsprechung des früheren Reichsgerichts würde es sich hierbei um einen auf dem Gebiet des Strafrechts liegenden und daher unbeachtlichen Rechtsirrtum handeln. Es kann dahingestellt bleiben, ob diese jahrzehntelange Rechtsprechung […] noch als richtig anerkannt werden kann, oder ob der von der Revision vertretenen Auffassung zu folgen ist, dass auch nach dem geltenden Strafrecht das Bewusstsein, Unrecht zu tun, zum Vorsatz gehört, und vorsätzlich nur handelt, wer sich bewusst ist, gegen ein Gesetz zu verstoßen oder sonst Unrecht zu tun. Denn dieser Grundsatz könnte jedenfalls nicht in dieser uneingeschränkten Form Geltung beanspruchen, wie auch seine Verfechter anerkennen. […] Der Senat ist der Auffassung, dass sich niemand zur Begründung dafür, dass ihm das Bewusstsein der Rechtswidrigkeit gefehlt habe, auf eine Einstellung berufen kann, die im Gegensatz zum allgemein anerkannten Sittengesetz steht. Deshalb würde der Vorsatz der Angeklagten auch dann nicht zu verneinen sein, wenn man der früheren reichsgerichtlichen Rechtsprechung nicht folgen wollte."[211]

Damit wandte das Kammergericht hier die eingeschränkte Vorsatztheorie an und bejahte den Vorsatz und folglich die volle Strafe für beide Angeklagten. Die beiden Angeklagten wurden am 14.01.1947 aufgrund des rechtskräftigen Urteils hingerichtet.[212]

Mit insgesamt vier Euthanasie-Prozessen beschäftigte sich das Landgericht Frankfurt am Main in den Jahren 1946 bis 1948. Der erste hiervon im Jahr 1946 betraf die Ärzte Dr. M. und Dr. Schmidt sowie vier Personen des Pflegeper-

---

[209] LG Berlin, Urt. v. 25.03.1946, Rüter I, S. 33 (33).
[210] KG Berlin, Urt. v. 24.08.1946, Rüter I, S. 39 ff.
[211] KG Berlin, Urt. v. 24.08.1946, Rüter I, S. 39 (41).
[212] Dressen NS-Euthanasie-Prozesse, S. 35 (38).

sonals aus der Heil- und Pflegeanstalt Eichberg in Hessen.[213] Ein Jahr später folgte der zweite Prozess, der sich gegen die Ärztin Dr. Weber[214], ihren Nachfolger Dr. Wesse und weiteres Personal der Heil- und Erziehungsanstalt Kalmenhof in Idstein (Taunus) richtete.[215] Beide Anstalten dienten im Rahmen des Euthanasieprogramms zunächst als Zwischenanstalten, von denen aus Patienten nach Hadamar „verlegt" wurden, wo sie zum ganz überwiegenden Teil den Tod in der Gaskammer fanden. Nach den Feststellungen des jeweiligen Gerichts wurden aus der Anstalt Eichberg von Januar bis August 1941 2.262 Patienten abtransportiert, vom Kalmenhof waren es von Januar bis April 1941 232 Patienten.[216] Nachdem diese Form der Massenermordung eingestellt worden war, wurden in den Anstalten eine Reihe weiterer erwachsener Patienten in den Jahren 1941 und 1942 durch Injektionen und Tabletten getötet. Zudem verfügten beide Anstalten über eine sogenannte Kinderfachabteilung, die gezielt der Kindereuthanasie diente. Dr. M. hatte als Direktor der Anstalt Eichberg vollständige Kenntnis hinsichtlich des Euthanasie-Programms und war an den Tötungen maßgeblich beteiligt: Er hatte die Meldebögen ausgefüllt, war als „Untergutachter" tätig gewesen und hatte den Abtransport der Patienten organisiert. Auch an den Einzeltötungen der Erwachsenen und der Kinder war er als Direktor der Anstalt beteiligt. Leiter der Kinderfachabteilung war der ebenfalls angeklagte Dr. Schmidt. Er hatte ca. 30 Kinder selbst getötet, weitere mindestens 30 Kinder wurden auf seine ausdrückliche Anweisung hin getötet. Der Ärztin Dr. Weber aus der Anstalt Kalmenhof konnte das Gericht eigenhändige Tötungen zwar nicht nachweisen; als leitende Ärztin des Krankenhauses hatte sie jedoch in Kenntnis aller Umstände die Kindertötungen durch die zuständige Schwester geduldet und gedeckt. Ihr Nachfolger Dr. Wesse hatte in 25 Fällen die Tötung angeordnet, bei zwei Kindern die tödliche Injektion selbst vorgenommen. 1947 hatte das Landgericht Frankfurt am Main in seinem dritten Euthanasie-Verfahren über 25 Angeklagte der Anstalt Hadamar in Hessen zu urteilen[217] – eine der insgesamt sechs Euthanasieanstalten in Deutschland, in der von Juni bis August 1941 mehrere Tausend Menschen getötet und anschließend verbrannt wurden. Die genaue Zahl der durch Vergasung Getöteten ließ sich wegen der Vernichtung der Unterlagen zwar nicht mehr ermitteln. Jedoch waren es mindestens 10.000 Menschen, da das Personal anlässlich der Verbrennung der zehntausendsten Leiche in Hadamar eine kleine Feier abgehalten hatte.[218] Nachdem die Vergasungen im Rahmen der Euthanasie eingestellt wor-

213 LG Frankfurt a. M., Urt. v. 21.02.1946, Rüter I, S. 135 ff.

214 Name zitiert nach E. Klee Was sie taten, S. 202.

215 LG Frankfurt a. M., Urt. v. 30.01.1947, Rüter I, S. 223 ff.

216 LG Frankfurt a. M., Urt. v. 21.02.1946, Rüter I, S. 135 (144); LG Frankfurt a. M., Urt. v. 30.01.1947, Rüter I, S. 223 (230).

217 LG Frankfurt a. M., Urt. v. 21.03.1947, Rüter I, S. 307 ff.

218 Siehe – auch zum Folgenden – LG Frankfurt a. M., Urt. v. 21.03.1947, Rüter I, S. 307 (320).

den waren, wurden die Gaskammer und die Verbrennungsanlage abgebaut. Ab dem Jahr 1942 fanden dann auch in Hadamar Einzeltötungen statt. Hierbei starben nochmals mehrere tausend, zum Teil gesunde und nur leicht geisteskranke Menschen. Ferner gab es auch in Hadamar zwei „Kinderfachabteilungen“ sowie eine Abteilung für Mischlingskinder. Zu den insgesamt 25 Angeklagten gehörte unter anderem Dr. Gorgaß, der als Arzt an den „Untersuchungen“ der zur Tötung bestimmten Kranken mitgewirkt und anschließend das Gas in die Kammern eingelassen hatte. Weitere Angeklagte waren der Arzt Dr. Wahlmann, der in der zweiten Phase der Aktion Patienten durch überdosierte Medikamente getötet hatte sowie weitere Personen des Pflege-, Büro- und des technischen Personals der Anstalt Hadamar, die durch ihre jeweilige Tätigkeit an den Tötungen beteiligt waren. 1948 standen nochmals sechs Krankenschwestern und zwei Pfleger vor dem Landgericht Frankfurt am Main, die in den Euthanasieanstalten in Grafeneck und Hadamar sowie in der Anstalt Irsee bei Kaufbeuren tätig waren.[219] Das Oberlandesgericht Frankfurt am Main entschied jeweils über die Revisionen dieser Verfahren.[220]

Soweit das Bewusstsein der Rechtswidrigkeit in den genannten vier Verfahren eine Rolle spielte, bejahte das Landgericht Frankfurt am Main dieses bei allen[221] Angeklagten.[222] Das Vorliegen des Unrechtsbewusstseins begründete es zum einen damit, dass es sich bei den Handlungen der Angeklagten in Wirklichkeit nicht um „Euthanasie“ im Sinne einer Sterbehilfe gehandelt habe, sondern um ein groß angelegtes Programm, durch das unerwünschte Menschengruppen ermordet werden sollten. Dies sei auch den Angeklagten bewusst gewesen. In allen Anstalten hätten es die Angeklagten selbst erlebt, dass auch solche Menschen getötet wurden, die keineswegs „in ihrer Persönlichkeit vollkommen zerfallene Menschen“ waren oder solche, die in schmerzhaftem Todeskampf lagen und denen daher das Sterben erleichtert werden sollte.[223] Zum anderen hätte auch die Tatsache, dass die Angeklagten seelisch stark unter ihren

[219] LG Frankfurt a. M., Urt. v. 28.01.1948, Rüter II, S. 187 ff.

[220] Urt. v. 12.08.1947, Rüter I, S. 166 ff.; Urt. v. 16.04.1948, Rüter I, S. 262 ff.; Urt. v. 20.10.1948, Rüter I, S. 366 ff.

[221] Wenn das LG Frankfurt in dem Verfahren gegen das Personal der Anstalt Hadamar hinsichtlich des Büropersonals annimmt, es habe „möglicherweise auch nicht das Bewusstsein des Unrechts und damit der Rechtswidrigkeit gehabt“ (Urt. v. 21.03.1947, Rüter I, S. 307 [345]), ist dies hier nicht von Bedeutung; denn aus den vorhergehenden Ausführungen des LG wird deutlich, dass es vielmehr schon den Gehilfenvorsatz verneint: Die Angeklagten hätten nämlich ein „derart lückenhaftes Bild“ von der gesamten Tötungsaktion gehabt, dass sie keine Vorstellung darüber gewonnen hätten, dass ihre Arbeit die Tötungen förderte und das Unterbleiben ihrer Tätigkeit diese beeinträchtigt hätte. Daher, so das LG, sei die Möglichkeit nicht auszuschließen, dass die Angeklagten „weder gewusst noch gewollt haben, dass sie eine fremde strafbare Tat unterstützten“.

[222] LG Frankfurt a. M., Urt. v. 21.02.1946, Rüter I, S. 135 (157); Urt. v. 30.01.1947, Rüter I, S. 223 (254 f.); Urt. v. 21.03.1947, Rüter I, S. 307 (348 ff.); Urt. v. 28.01.1948, Rüter II, S. 187 (202 ff.).

[223] Dazu und zum Folgenden LG Frankfurt a. M., Urt. v. 21.02.1946, Rüter I, S. 135

Handlungen litten, gezeigt, dass ihr Gewissen geschlagen habe, weil sie klar erkannten, dass sie schweres Unrecht taten. So hatten etwa die Angeklagten Dr. Schmidt und Oberschwester Schürg aus der Anstalt Eichberg geschildert, dass für sie die ganze Aktion „schrecklich" war und ihnen manchmal Kinder, die sie getötet hatten, im Traum erschienen waren. Der Pfleger Härtle aus der Anstalt in Hadamar sagte im Verfahren: „Ich bin an dieser Sache zugrunde gegangen". In dem Urteil gegen das Personal der Anstalt Kalmenhof führte das Landgericht aus: „Sie [die Angeklagten] wussten alle, dass ihre Taten das Licht der Öffentlichkeit in jeder Weise zu scheuen hatten". Da es das Unrechtsbewusstsein somit bei allen Angeklagten als erwiesen ansah, ging das Frankfurter Landgericht nur noch hilfsweise auf einen etwaigen Verbotsirrtum ein und stellte klar:

> „Selbst aber wenn die Angeklagten ein solches Unrechtsbewusstsein nicht gehabt hätten, könnten sie sich hierauf nicht berufen, weil der Unrechtsgehalt des sogenannten Gesetzes auch für den einfachsten Menschen erkennbar war und ein Nichterkennen nur auf einer Auffassung beruhen könnte, die jeder herkömmlichen Anschauung von Recht und Unrecht in krasser Form zuwider läuft und deshalb unberücksichtigt bleiben muss".[224]

In dem erneuten Verfahren gegen Dr. Weber zwei Jahre später führte das Landgericht nochmals aus:

> „Die Bewertung des Einzelnen über Recht und Unrecht verliert dann ihre Gültigkeit, wenn sie in krassem Widerspruch zu den allgemein anerkannten Anschauungen steht (sog. Rechtsblindheit). Auf ein abnormes Rechtsgefühl kann sich der Täter selbst dann nicht berufen, wenn er irrtümlich angenommen hat, die Staatsführung billige sein Tun".[225]

Das Landgericht Frankfurt am Main hielt also entsprechend der Vorsatztheorie das Bewusstsein der Rechtswidrigkeit zur Bejahung des Vorsatzes zwar für erforderlich; auf Grundlage der eingeschränkten Vorsatztheorie kam es jedoch in allen genannten Verfahren selbst bei hilfsweiser Annahme des fehlenden Unrechtsbewusstseins gleichwohl zur vollen Vorsatzstrafe der Täter.

Die Ausführungen zum Unrechtsbewusstsein und einem etwaigen Verbotsirrtum bestätigte auch das Oberlandesgericht Frankfurt am Main in seinen drei Revisionsentscheidungen.[226] Ein Täter könne sich nicht auf mangelndes Unrechtsbewusstsein berufen, wenn ihm dieses Bewusstsein im Einzelfall aufgrund einer Einstellung gefehlt habe, „die im Gegensatz zum allgemeinen Sittengesetz steht"; dies sei ein unentschuldbarer Rechtsirrtum, der den Vor-

---

(157); Urt. v. 30.01.1947, Rüter I, S. 223 (254); Urt. v. 21.03.1947, Rüter I, S. 307 (350f.); Urt. v. 28.01.1948, Rüter II, S. 187 (203).

224 LG Frankfurt a.M., Urt. v. 21.02.1946, Rüter I, S. 135 (157); Urt. v. 30.01.1947, Rüter I, S. 223 (254); Urt. v. 21.03.1947, Rüter I, 307 (352); im Ergebnis so auch in LG Frankfurt a.M., Urt. v. 28.01.1948, Rüter II, S. 187 (204ff.).

225 LG Frankfurt a.M., Urt. v. 09.02.1949, Rüter IV, S. 47 (63).

226 OLG Frankfurt a.M., Urt. v. 12.08.1947, Rüter I, S. 166ff.; Urt. v. 16.04.1948, Rüter I, S. 262ff.; Urt. v. 20.10.1948, Rüter I, S. 366ff.

satz unberührt lasse.[227] Ergänzend führte es im Rahmen der Revision des Dr. Schmidt aus der Anstalt Eichberg aus, es könne dem Angeklagten nicht gestattet werden, sich darauf zu berufen, dass er bei seinen Handlungen an das Bestehen eines die Tötung gestattenden Rechtssatzes geglaubt habe, wenn dieser gegen „naturrechtlich evidente Sätze" verstieß. Eine derartige Vorstellung hätte ihn vielleicht dann entschuldigen können, wenn es sich um eine Euthanasie im eigentlichen Sinn gehandelt hätte, um einen Gnadentod also, der dem Tode verfallenen Kranken zur Abkürzung schmerzhaften Todeskampfes gewährt werde. Um eine solche Hilfe für die unheilbar Kranken habe es sich jedoch nicht gehandelt, sondern „um eine Tötung im Dienste eines zynischen Utilitarismus". Diese aber

> „verstieß in einem solchen Maße wider die Natur des Menschen, wider die Natur des Rechts, entbehrte also so völlig der Rechtsnatur, dass ein wirklicher oder angeblicher Irrtum hierüber nicht beachtet werden kann. Darf und muss schon bei jedem Menschen ein gewisser Grundstock von rechtlichen Vorstellungen vorausgesetzt werden […], so kann Rechtsblindheit eines Arztes, dessen Beruf das Heilen, nicht das Töten ist, gegenüber der Heiligkeit und Unverletzlichkeit jedes menschlichen Lebens, auch und gerade des schwächsten, ärmsten und wehrlosen, kein Entschuldigungsgrund sein".[228]

Damit versagte auch das Oberlandesgericht Frankfurt am Main dem Arzt Dr. Schmidt die Berufung auf einen Verbotsirrtum. Hervorzuheben ist hier ferner, was das Oberlandesgericht hinsichtlich des Unrechtsbewusstseins der Krankenschwester Schürg ausführte. Es berücksichtigte nämlich insoweit ihren „im Vergleich zu Dr. Schmidt geringere[n] Bildungsgrad"; zudem sei sie nur von Dr. Schmidt über die Tötungen unterrichtet worden und dadurch weniger als dieser in der Lage gewesen, sich ein eigenes Urteil zu bilden. Trotzdem bejahte es das Unrechtsbewusstsein auch bei der Schwester Schürg: Denn das „jedem Menschen innewohnende Rechtsgefühl, die Fähigkeit zu unterscheiden, was recht und was unrecht [ist]", sei nicht abhängig vom Bildungsgrad. Insbesondere bei einer Frau – und zwar einer solchen, die sich zuvor gewissenhaft, aufopfernd und feinfühlend um die Patienten gekümmert hatte – sei es „völlig undenkbar", dass sie das Gefühl für das Unrecht des Tötens nicht gehabt haben sollte.[229] Auch berücksichtigte das Oberlandesgericht in der Revisionsentscheidung gegen das Personal der Anstalt Hadamar, dass die Pfleger und Pflegerinnen zwar den Ärzten untergeordnet waren und deren Anordnungen zu befolgen hatten. Daher mochten sie „leichter der Suggestion einer Irrlehre unterliegen", da sie gesehen hatten, dass auch die Ärzte töteten. Jedoch könne auch bei ihnen Rechtsblindheit in Beziehung auf das Rechtsgut des menschlichen Lebens keine Beachtung finden.[230] Damit bestätigte das Oberlandesgericht Frankfurt

---

[227] OLG Frankfurt a. M., Urt. v. 16.04.1948, RÜTER I, S. 262 (269 f.).
[228] OLG Frankfurt a. M., Urt. v. 12.08.1947, RÜTER I, S. 166 (176).
[229] OLG Frankfurt a. M., Urt. v. 21.02.1947, RÜTER I, S. 166 (184).
[230] OLG Frankfurt a. M., Urt. v. 20.10.1948, RÜTER I, S. 366 (371).

am Main in allen Fällen die Unbeachtlichkeit eines fehlenden Unrechtsbewusstseins wegen sogenannter Rechtsblindheit.

Mit Urteil vom 21.07.1948 verurteilte das Landgericht München I drei Pflegerinnen der Heil- und Pflegeanstalt Eglfing-Haar in Bayern wegen gemeinschaftlicher Beihilfe zum Totschlag in mindestens 120 Fällen zu jeweils einer Gefängnisstrafe von zweieinhalb Jahren.[231] Die Anstalt Eglfing-Haar war eine der Anstalten, in denen die Kindereuthanasie durchgeführt wurde. Nach den Feststellungen des Gerichts waren die Angeklagten in der Zeit von Oktober 1940 bis Ende August 1945 an mindestens 120 Tötungen von geistig und körperlich schwer behinderten Kindern beteiligt. Sie hatten ihnen auf Anweisung des in der Anstalt tätigen Arztes mehrmals täglich Luminaltabletten verabreicht, wodurch die Kinder an den Folgen des Gifts nach zwei bis drei, spätestens fünf Tagen verstarben. Das Vorbringen der Angeklagten, sie hätten an die Recht- und Gesetzmäßigkeit ihrer Handlungen geglaubt, daher habe ihnen das Bewusstsein der Rechtswidrigkeit gefehlt, war für das Landgericht München I unbeachtlich: Es folgte in seiner Entscheidung der reichsgerichtlichen Rechtsprechung, wonach das Bewusstsein der Rechtswidrigkeit überhaupt nur dann erforderlich sei, wenn die Rechtswidrigkeit im Tatbestand der Norm ausdrücklich genannt werde. Dies sei beim Totschlag nicht der Fall. Der Irrtum der Angeklagten sei daher ein unbeachtlicher strafrechtlicher Irrtum. Aber selbst bei Anwendung der Vorsatztheorie, so das Gericht weiter, würde der Vorsatz der Angeklagten nicht entfallen. Denn bei ihnen allen habe das dann erforderliche Unrechtsbewusstsein vorgelegen: Sie alle hätten zugegeben, von den Vorgängen „erschüttert" gewesen zu sein und unter ihren Handlungen „gelitten" zu haben. Dies zeige, dass die Pflegerinnen das Unrechtmäßige ihrer Handlungen eingesehen hätten. Hilfsweise führte das Landgericht weiter aus:

> „Darüber hinaus kann aber kein Zweifel darüber bestehen, dass die Angeklagten ihrer Erziehung, dem Maß ihrer Bildung und ihrer auf viele Jahre Tätigkeit im Umgang mit Geisteskranken zurückgehenden Erfahrung nach gewusst haben, dass die Tötung jedes menschlichen Lebens, auch des schwächsten, im Gegensatz zum allgemein anerkannten Sittengesetz steht. Ihre Meinung, der Tod sei für die geisteskranken und verkrüppelten Kinder eine reine Erlösung gewesen, kann daher kein Entschuldigungsgrund sein".[232]

Die Revisionen der drei Angeklagten hatten insoweit keinen Erfolg. Das Oberlandesgericht München bestätigte in seiner Entscheidung vom 22.12.1948 vollständig die Ausführungen des Landgerichts zum Bewusstsein der Rechtswidrigkeit.[233]

Einen anderen Weg ging erstmals in den Euthanasie-Verfahren das Landgericht Düsseldorf, das im Verfahren gegen einen Arzt – unter anderem noch-

---

[231] LG München I, Urt. v. 21.07.1948, RÜTER III, S. 19 ff.

[232] LG München I, Urt. v. 20.07.1948, RÜTER III, S. 19 (22 f.).

[233] OLG München, Urt. v. 22.12.1948, RÜTER III, S. 27 ff.

mals Dr. Wesse – und zwei Krankenpflegerinnen der Anstalt Waldniel die Schuldtheorie anwandte. Die Heil- und Pflegeanstalt Waldniel verfügte ebenfalls über eine „Kinderfachabteilung", war also Teil der Kindereuthanasie. Der Abteilungsarzt Dr. Wesse hatte die Kinder untersucht und den Krankenbericht für den Reichsausschuss erstellt. In den Fällen, in denen der sogenannte Einschläferungsbefehl erteilt worden war, hatte Dr. Wesse der Krankenpflegerin W. oder ihrer Vertreterin M. eine entsprechende Anordnung gegeben. Die Krankenpflegerinnen hatten daraufhin den Kindern eine Überdosis Luminaltabletten verabreicht, durch die die Kinder nach ein bis zwei Tagen verstarben. Hinsichtlich des Unrechtsbewusstseins schloss sich das Landgericht Düsseldorf zunächst[234] der Rechtsprechung des Obersten Gerichtshofes für die britische Zone (OGHBZ) an, wonach es nicht erforderlich sei, dass der Täter tatsächlich das Bewusstsein der Rechtswidrigkeit seiner Handlung hatte. Vielmehr sei es für die Strafbarkeit ausreichend, dass er nach seiner geistigen Veranlagung, seiner Einsichtsfähigkeit, seiner Verstandesreife und seiner Lebenserfahrung dieses Bewusstsein haben *konnte*.[235] Das Landgericht begründete diese Auffassung bemerkenswerterweise damit,

> „dass sonst gerade die nationalsozialistischen Überzeugungstäter, die sich für ihr verbrecherisches Tun auf ihren behaupteten und nicht zu widerlegenden guten Glauben an die Gesetzmäßigkeit ihres Handelns und den verpflichtenden Willen des Führers berufen könnten, straffrei ausgehen müssten, weil ihnen das Bewusstsein der Rechtswidrigkeit kaum nachgewiesen werden könnte. Das wäre aber bei dem besonders verbrecherischen Tun gerade der überzeugten Anhänger des Nationalsozialismus in der verflossenen Zeit ein unbilliges Ergebnis"[236].

Wie die vorhergehenden Urteile zeigen, hätte gerade die eingeschränkte Vorsatztheorie dieses Ergebnis aber vermieden. Das Düsseldorfer Landgericht kam unter Zugrundelegung der zuvor genannten Kriterien hinsichtlich Dr. Wesse zu dem Schluss, dass dieser aufgrund seiner Lebenserfahrung und seiner geistigen und charakterlichen Bildung im Stande war, das Unrecht seiner Handlungen zu erkennen. Er habe „das notwendige Rüstzeug an Verstand, Einsicht, Reife, Lebenserfahrung und geistiger Bildung" gehabt, um zu erkennen, dass die damaligen Maßnahmen an den Geisteskranken – unabhängig davon, ob sie gesetzlich geregelt waren oder nicht – niemals im Einklang standen mit dem hohen Gebot der Unantastbarkeit des Lebens und der ersten, unbedingten Pflicht des Arztes, das Leben zu schützen und zu erhalten. Er habe „erkennen können und müssen", dass die Tötungen sowohl der allgemeinen Sittenordnung und dem übergesetzlichen und überstaatlichen Naturrecht von der unbedingten Unantastbarkeit des menschlichen Lebens als auch dem Berufsethos der Ärzte wider-

---

234 LG Düsseldorf, Urt. v. 24. 11. 1948, Rüter III, S. 465 ff.
235 OGHBZ, Urt. v. 17. 08. 1948, MDR 1948, 425 (427).
236 LG Düsseldorf, Urt. v. 24. 11. 1948, Rüter III, S. 465 (521 f.).

sprachen.[237] Einen strafrechtlich beachtlichen Irrtum verneinte das Gericht somit und verurteilte Dr. Wesse wegen Mordes in 30 Fällen in Tateinheit mit einem Verbrechen gegen die Menschlichkeit zu lebenslangem Zuchthaus. Der OGHBZ bestätigte diese Entscheidung.[238]

Die Krankenpflegerinnen W. und M. waren mit demselben Urteil des Düsseldorfer Landgerichts zunächst wegen Beihilfe zum Mord verurteilt worden. Beide hätten bei ihren Handlungen „ganz allgemein" das Gefühl gehabt, sich mit ihrer Handlungsweise „außerhalb der allgemeinen Sitte und Moral zu bewegen". Im Übrigen seien sie aber auch nach ihrer geistigen Veranlagung, ihrer Einsichtsfähigkeit und Reife sowie ihrer Lebenserfahrung in der Lage gewesen, die Rechtswidrigkeit der Tötungen von Kindern zu erkennen.[239] Der Oberste Gerichtshof der britischen Zone hob das Urteil insoweit auf und verwies die Sache zur erneuten Verhandlung zurück. Er rügte unter anderem die „formelhaften" Hilfserwägungen zum Unrechtsbewusstsein der Krankenschwestern, die nicht ausreichten, um die Einsichtsfähigkeit der Angeklagten in das Verbotensein ihrer Handlungen nachzuweisen.[240] Der Oberste Gerichtshof stellte klar, dass es insoweit nicht darauf ankäme, ob die Angeklagten glaubten, man dürfe geisteskranke Kinder beliebig töten; sondern ob sie glaubten, dass dies auf (vermeintlicher) gesetzlicher Grundlage mit Kenntnis und auf Anordnung ärztlicher Vorgesetzter erlaubt sei. Das Landgericht müsse also prüfen, ob die Angeklagten damals fähig gewesen seien, zu erkennen, dass ein staatliches Gesetz, das die Tötung geisteskranker Kinder erlaubte, nicht bestanden hatte oder dass ein solches jedenfalls in Wirklichkeit Unrecht war. Sei diese Fähigkeit bei den Angeklagten zu verneinen, so müsse Freispruch erfolgen. In den erneuten Verhandlungen vor dem Landgericht Düsseldorf verneinte dieses nunmehr prompt eine entsprechende Fähigkeit der Pflegerinnen und sprach folglich beide frei.[241] Hierzu kam es durch folgende bemerkenswerte Erwägungen: Zum einen hätten die Angeklagten unwiderlegt nicht gewusst, wie ein Gesetz zustande kommt. Soweit ihnen die Nichtveröffentlichung des angeblichen Gesetzes mit Reichssicherheitsgründen erklärt worden sei, hätten sie dies nicht bezweifeln müssen, zumal sie davon überzeugt gewesen seien, dass die Angelegenheit, wie vieles andere, im Kriege geheim gehalten werden müsse.[242] Zum anderen konnten sie auch nicht erkennen, dass das angebliche Gesetz, hätte es bestanden, Unrecht war: Die Angeklagten seien nach ihrer Herkunft und Schulbildung „einfache Menschen". Sie hätten eine solide Ausbildung genossen, bei

---

237 LG Düsseldorf, Urt. v. 24. 11. 1948, Rüter III, S. 465 (522 f.).

238 OGHBZ, Urt. v. 23. 07. 1949, Rüter III, S. 547 f.

239 LG Düsseldorf, Urt. v. 24. 11. 1948, Rüter III, S. 465 (527 f.).

240 Siehe – auch zum Folgenden – OGHBZ, Urt. v. 23. 07. 1949, Rüter III, S. 530 (545 ff.).

241 LG Düsseldorf, Urt. v. 31. 05. 1951 (gegen M.), Rüter VIII, S. 453 ff. und Urt. v. 07. 02. 1953 (gegen W.), Rüter X, S. 339 ff.

242 Siehe – auch zum Folgenden – LG Düsseldorf, Urt. v. 31. 05. 1951, Rüter VIII, S. 453 (458 f.) und Urt. v. 07. 02. 1953, Rüter X, S. 339 (344 f.).

der sie gelernt hätten, sich dienstlich unterzuordnen und in Ärzten und sonstigen Dienstvorgesetzten Persönlichkeiten zu sehen, die unbedingte Autorität genössen und deren dienstliche Anordnungen zu befolgen seien. Ihr vorgesetzter Arzt Dr. Wesse war selbst von der Rechtmäßigkeit des Gesetzes überzeugt und hatte überdies bei einem Gespräch mit den Angeklagten über die Tötungen das Interesse in den Vordergrund gestellt, nicht lebensfähige, tiefidiotische Kinder von ihrem Dahinvegetieren zu erlösen. Zudem hätten sie gesehen, dass auch übergeordnete Stellen, also weitere Ärzte, an der Aktion teilnahmen und sie (jedenfalls dem äußeren Anschein nach) billigten. Die Kinder, die nicht unter die „Therapie" fielen, seien besonders betreut und weitergebildet worden, so dass die Angeklagten zu der Annahme gelangen konnten, dass in der Anstalt in Waldniel alles „ordnungsgemäß und moralisch einwandfrei" sei. Die ganze Sachlage sei für die Angeklagten „schwer durchschaubar" gewesen. Anders also als das Landgericht München I, das auch Pflegerinnen in untergeordneter Position nach dem „Maß ihrer Bildung" zutraute, das Unrecht derart willkürlicher Tötungen geisteskranker Kinder zu erkennen, sprach das Landgericht Düsseldorf den Pflegerinnen diese Fähigkeit ab. Trotz ihrer „soliden Ausbildung" sollten sie zu „autoritätshörig" und „ungebildet" gewesen sein, um das Unrecht zu erkennen.[243] Ihre geringere Bildung wurde „als regelrechte Dummheit interpretiert"[244], um den Weg zu einem entschuldbaren, unvermeidbaren Irrtum zu ebnen. Folglich sprach das Landgericht Düsseldorf beide Pflegerinnen auf Grundlage der Schuldtheorie frei.

Das Landgericht Tübingen hatte mit Urteil vom 05.07.1949 über acht Angeklagte zu entscheiden, die an der NS-Euthanasie in den Heil- und Pflegeanstalten in Württemberg beteiligt waren. In Württemberg befand sich mit der Anstalt Grafeneck ebenfalls ein „Vergasungsbetrieb", in den zahlreiche Patienten aus württembergischen und badischen Anstalten – teils über Zwischenanstalten – transportiert und anschließend dort getötet wurden. Zudem war für den Bereich der Anstalt Grafeneck „infolge des zu erwartenden großen Anfalls von Sterbefällen" ein eigener Melde- und Standesamtbezirk gegründet und ein neues Standesamt in Grafeneck eingerichtet worden. Ob in den württembergischen Heil- und Pflegeanstalten nach Beendigung der Vergasungen auch Einzeltötungen stattgefunden hatten, konnte das Gericht nicht mit ausreichender Sicherheit feststellen. „Kinderfachabteilungen" hatte es in Württemberg selbst keine gegeben, jedoch waren mindestens 93 Kinder aus württembergischen Anstalten in derartige Einrichtungen außerhalb Württembergs verlegt und getötet worden.[245] Bei den Angeklagten handelte es sich um folgende Personen:[246] Der Sachbearbeiter für das Irrwesen im Württembergischen Innenministerium

---

[243] Benzler Justiz und Anstaltsmord, S. 383 (405).
[244] Benzler/Perels Justiz und Staatsverbrechen, S. 15 (26).
[245] LG Tübingen, Urt. v. 05.07.1949, Rüter V, S. 89 (92 ff.).
[246] LG Tübingen, Urt. v. 05.07.1949, Rüter V, S. 89 (94 ff.).

(WIM) Dr. Mauthe[247]. Er hatte die auf dem Gebiet der Euthanasie in Württemberg erforderlichen Verwaltungsmaßnahmen bearbeitet, Erlasse vorbereitet und teils auch unterzeichnet. Außerdem hatte er Anstalten besucht, um dort die noch fehlenden Meldebögen auszufüllen, und war ferner an der Verlegung einiger Kinder in entsprechende Euthanasie-Anstalten persönlich beteiligt. Ebenfalls angeklagt war der Facharzt für Psychiatrie Dr. E., der zusammen mit Dr. Mauthe Anstalten besucht hatte, um dort noch fehlende Meldebögen auszufüllen. Weitere Angeklagte waren Dr. S. und seine Nachfolgerin Dr. F., die als Leiter der Heil- und Pflegeanstalt Zwiefalten Transporte anhand von Transportlisten abgefertigt und die Kranken an die Transportführer hatten ausliefern lassen. Schließlich waren noch die Krankenpfleger U. und A. angeklagt, die Transporte nach Grafeneck begleitet hatten, sowie die im Standesamt Grafeneck tätigen W. und H., die mit der Aufgabe betraut gewesen waren, die Sterbebücher zu führen und dabei Todesursachen, Sterbedaten und teils auch Sterbeorte wissentlich falsch beurkundet hatten. Alle Angeklagten beriefen sich im Rahmen ihrer Verteidigung auf fehlendes Unrechtsbewusstsein mit der Begründung, sie hätten an das Vorhandensein eines gültigen Gesetzes geglaubt und sich verpflichtet gefühlt, dem zu folgen. Das Gericht ließ es dahingestellt bleiben, ob das Vorbringen der Angeklagten der Wahrheit entsprach. Denn auch das Landgericht Tübingen schloss sich der eingeschränkten Vorsatztheorie an, so dass der Einwand der Angeklagten wegen Rechtsblindheit unbeachtlich war, selbst wenn ihnen tatsächlich das Bewusstsein der Rechtswidrigkeit gefehlt hätte. In seinen Entscheidungsgründen führte es hierzu aus:

> „Verstößt ein Gesetz, ein Erlass oder ein Befehl so offensichtlich gegen die einfachsten Gesetze der Menschlichkeit wie in diesem Fall, so können die Beteiligten auch die Rechtswidrigkeit und Unverbindlichkeit desselben erkennen. Alle Angeklagten haben selbst zu ihrer Verteidigung ihre Abneigung und ihre Abscheu gegen die hinterhältige und unverantwortliche Art der Massentötungen zum Ausdruck gebracht und damit zugegeben, dass sie tatsächlich erkannt haben, wie krass diese Tötungen gegen die menschlichen Grundrechte verstoßen. Und selbst wenn sie es nicht erkannt hätten, könnte ihnen das nichts nützen, da eine derartige Rechtsblindheit nicht vor Strafe schützen kann. Hier ist der Maßstab des normal sittlich empfindenden Menschen und nicht der eines völlig abgestumpften Werkzeugs oder Fanatikers anzulegen."[248]

Diese Ansicht bestätigte auch das Oberlandesgericht Tübingen in seiner Revisionsentscheidung. In bemerkenswerter Kürze stellte es hierzu klar: „Jedem mit gesundem Rechtsgefühl begabten, einsichtigen Menschen musste sich die Widerrechtlichkeit der Tötung der Kranken ohne weiteres aufdrängen"[249] – offenbar also auch den mitangeklagten Krankenpflegern, wie mit Blick auf das genannte Urteil des Düsseldorfer Landgerichts hervorzuheben ist. Damit fand

247 Name zitiert nach E. Klee Was sie taten, S. 198.
248 LG Tübingen, Urt. v. 05.07.1949, Rüter V, S. 89 (103).
249 OLG Tübingen, Urt. v. 14.03.1950, Rüter V, S. 118 (122).

der Einwand mangelnden Unrechtsbewusstseins auch in diesem Verfahren im Ergebnis keine Beachtung.

Ebenso entschied das Landgericht Freiburg im Breisgau: Angeklagt waren der ehemalige Ministerialrat des Badischen Innenministeriums Dr. Sprauer sowie der Arzt Dr. Schreck. Dr. Sprauer war der Leiter der Gesundheitsabteilung des Badischen Innenministeriums. Ihm unterstanden die staatlichen Heil- und Pflegeanstalten Badens sowie in gesundheitlicher Hinsicht auch Kreispflegeanstalten und zwei konfessionelle Anstalten. Daher war er mit der „Bearbeitung aller Anstaltsangelegenheiten" betraut, wozu auch „die Freimachung von Anstaltsbetten" gehörte. In das Euthanasie-Programm war er vollständig eingeweiht. Er hatte die ihm im Rahmen der Aktion übertragenen Aufgaben erfüllt und die erforderlichen Maßnahmen ergriffen, um auftretenden Hindernissen und Widerständen aus den Anstalten, etwa seitens der Anstaltsleiter, entgegenzutreten.[250] Dr. Schreck, der der Euthanasie-Aktion positiv gegenüberstand, war an dieser in mehrfacher Hinsicht beteiligt: zunächst als Leiter zweier badischer Anstalten, ab 1940 als Begutachter der Meldebögen im Auftrag der „Reichsarbeitsgemeinschaft für Heil- und Pflegeanstalten" und zeitweise als Leiter der Kinderfachabteilung in Wiesloch, wo er drei Kinder eigenhändig durch Luminaleinspritzungen tötete.[251] Beide Angeklagten beriefen sich darauf, die Euthanasie-Aktion im Hinblick auf den Führererlass für rechtmäßig gehalten zu haben. Hinsichtlich Dr. Sprauer sah es das Freiburger Landgericht jedoch als erwiesen an, dass er sich der Unrechtmäßigkeit wie auch der Ungesetzlichkeit der Aktion von Anfang an bewusst gewesen sei.[252] Dies unter anderem deswegen, weil er bereits Ende Oktober 1939 erkannt hatte, dass die geplante „Aktion" mit dem Inhalt des Führererlasses nicht übereinstimmte. Seine Mitwirkung habe er nur deshalb nicht versagt, „weil er erfahren hatte, dass auch hinter dieser unrechtmäßigen und ungesetzlichen tatsächlichen Durchführung der Aktion der Führerwille, seine Autorität und der Wille der Berliner Aktivisten stand" und weil er von einer Weigerung persönliche Nachteile befürchtete. Dr. Sprauer habe gewusst, dass die vom Staat betriebene Ermordung der Anstaltsinsassen nicht nur aller überlieferten Gesittung widersprach, sondern dass sie auch mit dem in Deutschland wie in allen anderen Kulturstaaten geltenden Recht in Widerspruch stand. „Wenn er Hitler die Macht zusprach, sich über dieses Recht hinwegzusetzen, dann steht ihm vor dem Recht ein Schutz wegen dieses rechtsleugnenden Irrglaubens nicht zu." Nur hilfsweise stellte das Landgericht Freiburg daher noch klar, dass selbst ein Verbotsirrtum des Angeklagten unerheblich wäre. Denn ein solcher Irrtum sei „bei der Ungeheuerlichkeit des Verbrechens, um das es sich hier handelt, nicht mehr beachtlich". Insoweit

[250] LG Freiburg/Brsg., Urt. v. 16.11.1948, Rüter VI, S. 484 (491 f.).
[251] LG Freiburg/Brsg., Urt. v. 16.11.1948, Rüter VI, S. 484 (500 ff.).
[252] LG Freiburg/Brsg., Urt. v. 16.11.1948, Rüter VI, S. 484 (517 f.).

verwies es ausdrücklich auf die Ausführungen des Oberlandesgerichts Frankfurt am Main in seinem ersten Euthanasie-Prozess[253] und schloss sich damit ebenfalls der eingeschränkten Vorsatztheorie an: Die Aktion habe „in einem solchen Maße wider die Natur des Menschen, wider die Natur des Rechts [verstoßen], entbehrte also so völlig der Rechtsnatur, dass ein wirklicher oder angeblicher Irrtum hierüber nicht beachtet werden kann“; Rechtsblindheit gerade eines Arztes, dessen Beruf das Heilen und nicht das Töten sei, könne kein Entschuldigungsgrund sein.[254] Hinsichtlich Dr. Schreck verwies das Landgericht Freiburg ebenfalls auf diese Ausführungen, so dass auch seine Berufung auf fehlendes Unrechtsbewusstsein erfolglos blieb.[255] Das Oberlandesgericht Freiburg bestätigte in seinem Revisionsurteil die Entscheidung des Landgerichts, soweit es das mangelnde Unrechtsbewusstsein betraf.[256] Die Angeklagten wurden schließlich mit Urteil des Landgerichts Freiburg vom 02.05.1950 wegen Verbrechen gegen die Menschlichkeit rechtlich zusammentreffend mit tateinheitlich begangener Beihilfe zum Mord an Anstaltsinsassen zu elf Jahren (Dr. Sprauer) und zwölf Jahren (Dr. Schreck) Zuchthaus verurteilt.[257]

d) Euthanasie-Prozesse ab 1952

Sehr deutlich zeigen sich die Auswirkungen der Entscheidung des Bundesgerichtshofs vom 18.03.1952 in einem Euthanasie-Verfahren, das 1948 vor dem Landgericht Münster begann und erst 1953 vor dem Landgericht Dortmund endete. Angeklagt waren der Anstaltsdirektor Dr. P. und der Stationsarzt Dr. S. aus der Anstalt Warstein. Beide waren an der Euthanasie-Aktion vor allem durch die Überprüfung von Verlegungslisten beteiligt.[258] Auf den Verlegungslisten waren diejenigen Kranken aufgeführt, die von ihrer Stammanstalt zunächst in Zwischenanstalten und von dort jedenfalls teilweise weiter nach Hadamar gebracht werden sollten. Bei der Überprüfung dieser Listen sollten diejenigen Kranken wieder von der Liste gestrichen werden, die etwa als „qualifizierte Arbeiter“, „Kriegsversehrte“ oder „transportunfähige Kranke“ eingestuft wurden. Dabei war jedoch ein strenger Maßstab anzulegen, nicht mehr als 5 % der Kranken sollten von der Liste entfernt werden. An dieser Überprüfung war Dr. P. als ärztlicher Sachverständiger in mehreren westfälischen Anstalten beteiligt. Als Direktor der Anstalt Warstein ordnete er ferner den Abtransport der auf den Listen verbliebenen Patienten an. Dr. S. war in Warstein als Abteilungsarzt ebenfalls an der Überprüfung der Verlegungslisten beteiligt.

---

253 OLG Frankfurt a. M., Urt. v. 12.08.1947, Rüter I, S. 166, siehe oben Teil 3 III 1 c.

254 LG Freiburg/Brsg., Urt. v. 16.11.1948, Rüter VI, S. 484 (518 f.).

255 LG Freiburg/Brsg., Urt. v. 16.11.1948, Rüter VI, S. 484 (522).

256 OLG Freiburg/Brsg., Urt. v. 13.10.1949, Rüter VI, S. 529 (538).

257 LG Freiburg/Brsg., Urt. v. 02.05.1950, Rüter VI, S. 479 (479).

258 Siehe – auch zum Folgenden – LG Dortmund, Urt. v. 02.12.1953, Rüter XI, S. 663 (667 ff., 672 ff.).

Vom 24.06.1941 bis zum 26.08.1941 wurden aus westfälischen Anstalten insgesamt 2.720 Kranke in hessische Zwischenanstalten verlegt. Von ihnen starben nachweislich 1.227 Menschen, ein Teil davon in Hadamar. Beide Angeklagten hatten bei der Überprüfung der Verlegungslisten die Kriterien für die zu streichenden Patienten weisungswidrig möglichst weit ausgelegt, so dass sie statt der vorgegebenen maximal 5% etwa 30% der Kranken von den Listen absetzen und so vor der Verlegung und der Tötung retten konnten. Zu diesem Zweck hatten sie etwa falsche Diagnosen gestellt, unrichtige Tatsachen angegeben oder entlassungsunfähige Kranke kurzerhand nach Hause entlassen. Das Landgericht Münster sprach die Angeklagten in erster Instanz frei. Es bejahte zwar für beide Angeklagten eine vorsätzliche, bewusst rechtswidrige Beihilfe zur rechtswidrigen Tötung, billigte ihnen aber den Rechtfertigungsgrund des übergesetzlichen Notstandes zu. Der Oberste Gerichtshof der britischen Zone sah dies in seiner Revisionsentscheidung als rechtsfehlerhaft an, hob das Urteil auf und verwies die Sache zurück an das Landgericht Münster. Was das Bewusstsein der Rechtswidrigkeit betraf, bestätigte der Oberste Gerichtshof jedoch die Ausführungen der Vorinstanz, wonach die Angeklagten das Unrechtsbewusstsein jedenfalls gehabt hätten. Auf eine „dem allgemeinen Sittengesetz widersprechende Haltung" könnten sie sich außerdem nicht berufen; nach den Feststellungen des Landgerichts hätten sie „bewusst an einer willkürlichen Zweckmaßnahme teilgenommen, ohne sich über deren etwaige gesetzliche Grundlage ausreichend zu unterrichten". Ferner hätten sie an eine wirkliche Sterbehilfe nach allen Umständen nicht glauben können. Die gesamte Aktion wie auch ihre eigene Tatbeteiligung hätten die Angeklagten als Unrecht empfunden, das alles habe sie in schwere Gewissenskonflikte geführt. Aus diesen Feststellungen, so der Oberste Gerichtshof, habe das Landgericht ohne Rechtsirrtum entnehmen können, dass beide Angeklagten im Bewusstsein der Rechtswidrigkeit handelten.[259] Nach erneuter Hauptverhandlung vor dem Landgericht Münster sprach dieses die Angeklagten mit Urteil vom 29.08.1949 erneut frei, diesmal aufgrund eines persönlichen Strafausschließungsgrundes. Die Staatsanwaltschaft legte gegen das Urteil erneut Revision ein, über die nun der inzwischen gegründete Bundesgerichtshof zu entscheiden hatte. Dieser hob am 28.11.1952 das Urteil erneut auf und verwies die Sache zurück an das benachbarte Landgericht Dortmund. Die Aufhebung begründete der Bundesgerichtshof damit, dass das Landgericht Münster zur Frage des Bewusstseins der Rechtswidrigkeit keine hinreichenden Feststellungen getroffen habe. Es habe möglicherweise die Prüfung unterlassen, ob die Angeklagten ihre Handlungen wegen der zugleich in die Tat umgesetzten Rettungsabsicht für rechtmäßig gehalten hätten. Denn

„[w]enn die Angeklagten sich […] verpflichtet fühlten, möglichst viele dem Tode verfallene Kranke zu retten, lässt sich nicht ohne weiteres ausschließen, dass sie es nicht

[259] OGHBZ, Urt. v. 05.03.1949, RÜTER XI, S. 708 (714).

als Unrecht ansahen, wenn sie zu diesem Zweck zu der nach ihrer Überzeugung unvermeidlichen Vernichtung der übrigen Geisteskranken in entfernter Weise beitrugen“[260].

Diesen hier vom Bundesgerichtshof aufgestellten Grundsatz bezeichnet *Benzler* sehr treffend als „Lehre vom Verbotsirrtum wegen Rettungsabsicht“[261]. Er ermöglichte in den betreffenden Fällen die Exkulpation der Täter. So auch in diesem Verfahren: Unter Berücksichtigung der nunmehr in der höchstrichterlichen Rechtsprechung entwickelten Grundsätze zum Verbotsirrtum sprach das Landgericht Dortmund die Angeklagten mit Urteil vom 02.12.1953 erneut frei. Nach der Überzeugung des Landgerichts hätten die Angeklagten P. und S. weder das erforderliche Unrechtsbewusstsein gehabt noch konnten sie trotz gehöriger Anspannung ihres Gewissens das Unrecht ihres Tuns erkennen. Maßgebendes Motiv der Angeklagten zu ihrer Mitwirkung bei der Euthanasie-Aktion sei die Absicht gewesen, möglichst viele Kranke zu retten. „Diese im Sittlichen begründete Pflichtauffassung der Angeklagten lässt es schon offenbar werden, dass sie ihr Verhalten bei der Überprüfung der Verlegungslisten auch für rechtlich erlaubt, ja sogar geboten ansahen“. Das Bewusstsein, Unrecht zu tun, habe den Angeklagten bei ihren Handlungen daher gefehlt.[262] Während also das Landgericht Münster und der Oberste Gerichtshof 1948/49 das Unrechtsbewusstsein von Dr. P. und Dr. S. noch bejaht hatten, kam das Landgericht Dortmund 1953 zu der „sicheren Überzeugung“, dass den Angeklagten das Unrechtsbewusstsein gefehlt habe. Diesen Verbotsirrtum hielt das Dortmunder Gericht zudem für unvermeidbar:[263] Zum einen sei, worauf schon der Große Senat in BGHSt 2, 194 hingewiesen habe, die Gefahr, einem Verbotsirrtum zu unterliegen, zu verschiedenen Zeiten unterschiedlich groß. Sie sei vor allem in solchen Zeiten gegeben, „in denen das Gefüge des staatlichen und sozialen Lebens in seinen Grundfesten erschüttert und bis zur Umkehr vieler Wertmaßstäbe umgestaltet ist“. Die gegenständliche Tatzeit sei aber „geradezu getragen von einer Geisteshaltung, die über die völlige Abkehr von einer ruhigen rechtsstaatlichen Entwicklung geradezu zur Umkehr zahlreicher sittlicher und rechtlicher Begriffe führte“. Die allgemeinen Vorstellungen von Gut und Böse seien in „ungeheuerlicher Weise“ ins Wanken geraten. Zum anderen hätten die beiden Ärzte vor einer Gewissensfrage gestanden, deren rechtliche Betrachtung derart umstritten war, dass selbst ein Jurist Gefahr gelaufen wäre, hierbei einem Irrtum zu unterliegen – nämlich die Frage, ob die gegen Leib und Leben anderer gerichteten Notstandshandlungen erlaubt seien, die zur Rettung einiger aus einer Gefahrengemeinschaft vorgenommen werden, in der ohne die rettende Tat alle gleichermaßen verloren wären. Die Angeklagten hätten bei ihrer Entscheidung, ohne

---

260 BGH, Urt. v. 28.11.1952, Rüter XI, S. 723 (727).
261 Benzler Justiz und Anstaltsmord, S. 383 (401).
262 LG Dortmund, Urt. v. 02.12.1953, Rüter XI, S. 663 (700 f.).
263 LG Dortmund, Urt. v. 02.12.1953, Rüter XI, S. 663 (703 ff.).

dass sie hieran eine persönliche Schuld treffe, „geistig und seelisch ungerüstet vor einer ungewöhnlich komplizierten und verwickelten Situation" gestanden, für deren Lösung ihnen die erforderliche „kasuistische, ethische und rechtliche Durchbildung" gefehlt habe. Zudem habe die Gewissensentscheidung der Angeklagten unter Berücksichtigung der damaligen einmaligen Umstände, aus denen sie erwachsen sei, mit dem Urteil namhafter und sittlich hochstehender Ärzte nicht in Widerspruch gestanden, die eine entfernte Teilnahme an der Aktion zum Zwecke der Sabotage und der Rettung möglichst vieler Kranker befürworteten. Schließlich hatten die Angeklagten ihre Entscheidung auch „im Drange überwältigender Geschehnisse im Angesicht der ihnen anvertrauten von der Vernichtung bedrohten Kranken zu treffen" und nicht „fern von der Dynamik des damaligen Zeitablaufs [...] in ruhigen Überlegungen". Unter Berücksichtigung all dieser Gesichtspunkte kam das Landgericht somit zu dem Schluss, dass die beiden Angeklagten mit einer an Sicherheit grenzenden Wahrscheinlichkeit das Unrecht ihres Tuns selbst bei gehöriger Gewissensanspannung nicht erkennen konnten. Sie seien von der Richtigkeit ihrer Entscheidung überzeugt gewesen und hätten keine Veranlassung gehabt, diese einmal getroffene Entscheidung weiter zu überprüfen. Nach ihrer Begabung und ihrer – auch beruflichen – Bildung hätten sie die besonderen Schwierigkeiten in der sittlichen und rechtlichen Beurteilung der Frage, ob die „entfernte Mitwirkung" am Euthanasieprogramm zum Zwecke der Rettung möglichst vieler Kranker erlaubt sei, gar nicht erkennen können.[264] Damit bejahte das Landgericht Dortmund schließlich einen unvermeidbaren Verbotsirrtum der beiden Angeklagten. Nach den Grundsätzen der Schuldtheorie handelten sie somit schuldlos und wurden freigesprochen.

Nur zwei Tage später erging durch das Landgericht Köln gegen einen Arzt ebenfalls ein freisprechendes Urteil, dem im Wesentlichen dieselben Erwägungen zugrunde lagen. Auch hier stützte das Gericht den Verbotsirrtum auf den „Rettungsgedanken" des Täters und sprach ihn aufgrund des unvermeidbaren Irrtums frei. Der Angeklagte Dr. L. war unter anderem als Leiter der Kinderfachabteilung in der Heil- und Pflegeanstalt Sachsenberg bei Schwerin an der Tötung von etwa 100 Kindern beteiligt.[265] Er brachte in dem Verfahren vor, sein Motiv zur Mitwirkung bei der Euthanasie-Aktion sei die Rettung möglichst vieler Kinder gewesen. Die erste Instanz hatte in ihrem Urteil 1951 das Unrechtsbewusstsein des Angeklagten noch bejaht, ihn aber auf Grund des „über allem gesetzten Recht stehenden höheren ungeschriebenen Rechts" freigesprochen. Auch dieses Urteil hob der Bundesgerichthof 1953 im Hinblick auf die zwischenzeitlich ergangene Entscheidung des Großen Senats auf.[266] Aus den

264 LG Dortumund, Urt. v. 02.12.1953, Rüter XI, S. 663 (705 f.).

265 LG Köln, Urt. v. 04.12.1953, Rüter XII, S. 3 (9 ff.).

266 BGH, Urt. v. 19.05.1953, Rüter XII, S. 58 (60).

dort[267] aufgestellten Grundsätzen folge im Umkehrschluss, dass demjenigen kein Schuldvorwurf gemacht werden dürfe,

„der in einem wirklichen oder vermeintlichen Widerstreit zwischen wirklichen oder vermeintlichen Forderungen des Gesetzes und wirklichen oder vermeintlichen Forderungen seines Gewissens der Stimme des Gewissens folgt, vorausgesetzt, dass er nach dem Maß seiner geistigen und sittlichen Kräfte sein Gewissen angespannt hat, um zu erkennen, was recht oder unrecht ist, und dieser Einsicht gemäß zu handeln"[268].

In dem damit an das Landgericht Köln zurückverwiesenen Verfahren sah dieses es als nicht widerlegt an, dass der Angeklagte aus einer solchen Konfliktlage heraus gehandelt hatte. Daher verneinte es das Unrechtsbewusstsein des Angeklagten.[269] Dieser hätte sich in einem Widerstreit befunden mit der Forderung des Gesetzes, nicht zu töten, und der Forderung seines Gewissens, durch seine Beteiligung einen erheblichen Teil der Kranken zu retten – wenn auch „unter Preisgabe eines Teils derselben". Da der Angeklagte glaubte, seinem Gewissen folgen zu müssen, habe er sich in einem Verbotsirrtum befunden. Dieser sei auch unverschuldet und damit für den Angeklagten unvermeidbar gewesen. Es könne dem Angeklagten nicht vorgeworfen werden, dass er dem Verbotsirrtum infolge einer seinem Lebens- und Berufskreis nicht genügenden Gewissensanspannung unterlegen sei. Denn zahlreiche Anstaltsärzte hätten sich damals in derselben Konfliktlage befunden und die Mehrzahl habe sich nach ernstem Gewissenskampf im Sinne des Angeklagten entschieden, was sie als „dem Gebot der Stunde entsprechend und als unter den damaligen Verhältnissen unausweichlich angesehen hätten". Auch der Angeklagte habe seine Entscheidung nicht leichtfertig getroffen, sie sei also nicht das Ergebnis einer unzulänglichen Gewissensanspannung gewesen. Auch habe er seine Beteiligung auf das äußerst tragbare Mindestmaß beschränkt. Nach alledem sei dem Angeklagten die Beteiligung an der Euthanasieaktion nicht vorwerfbar. Somit wurde Dr. L. aufgrund mangelnder Schuld freigesprochen.

Ein Freispruch wegen unverschuldetem Verbotsirrtum erging auch durch das Landgericht Göttingen im Verfahren gegen zwei an der Kindereuthanasie beteiligte Ärzte.[270] Ihr Verbotsirrtum beruhte wiederum auf dem geheimen Führererlass vom 01.09.1939. Der Angeklagte Dr. Wenzel sowie seine ebenfalls angeklagte Nachfolgerin Dr. Hildegard Wesse[271] waren auf der Kinderstation der Heil- und Pflegeanstalt Uchtspringe bei Magdeburg tätig gewesen, wo sie sogenannte Reichsausschusskinder zunächst beobachtet und anschließend einen entsprechenden Bericht angefertigt hatten. Dieser hatte unter anderem die Prognose enthalten, ob eine Heilung bei dem jeweiligen Kind zu erwarten sei. Beide

[267] BGHSt 2, 194 (200f.) = Beschl. v. 18.03.1952.
[268] BGH, Urt. v. 19.05.1953, Rüter XII, S. 58 (60).
[269] Dazu und zum Folgenden LG Köln, Urt. v. 04.12.1953, Rüter XII, S. 3 (53ff.).
[270] LG Göttingen, Urt. v. 02.12.1953, Rüter XI, S. 735ff.
[271] Namen zitiert nach E. Klee Was sie taten, S. 211f.

Angeklagten seien dabei sehr gewissenhaft vorgegangen und hätten die Kinder teilweise über einen sehr langen Zeitraum beobachtet. Wenn aufgrund des Berichts eine „Behandlungsanordnung“ durch den Reichsausschuss erlassen worden war, hatten sie der Stationsschwester die entsprechende Anordnung gegeben, dem betreffenden Kind eine tödliche Dosis Tabletten oder eine Injektion zu verabreichen. In einzelnen Fällen hatten die Angeklagten die tödlichen Spritzen auch selbst gegeben. Die Angeklagte Wesse hatte zudem ab Ende 1944 die Euthanasie von erwachsenen Frauen übernommen, die in der Anstalt Uchtspringe untergebracht waren.[272] Das Landgericht Göttingen sprach die beiden wegen Totschlag angeklagten Ärzte hinsichtlich der Kindereuthanasie frei. Wegen der Tötung der erwachsenen Frauen wurde Dr. Wesse verurteilt, die Strafe jedoch gemildert.[273] Das Landgericht bejahte zunächst für beide Ärzte das Vorliegen eines Verbotsirrtums, weil sie zwar wussten, was sie taten, und auch das grundsätzliche Verbot der Tötung eines anderen Menschen kannten. Jedoch glaubten sie irrtümlich, dass ihre Mitwirkung an der Euthanasie durch den Führererlass vom 01.09.1939 gerechtfertigt gewesen sei. Dieser Verbotsirrtum sei für die Angeklagten im Falle der Kindereuthanasie unvermeidbar, im Falle der Tötung der Erwachsenen durch Dr. Wesse dagegen vermeidbar gewesen. Diesbezüglich stellt das Gericht zunächst fest, dass den beiden Ärzten kein Vorwurf mangelnder Sorgfalt zu machen sei, weil sie den ihnen bekannten Führererlass als gültige Rechtsnorm angesehen hätten. Ähnlich wie das Landgericht Düsseldorf einige Jahre zuvor meinte nämlich auch das Göttinger Landgericht, dass die Nichtveröffentlichung des „Gesetzes“ und die Geheimhaltung der gesamten Euthanasie-Aktion mit allen denkbaren Täuschungsmaßnahmen bei den Angeklagten keine Zweifel hinsichtlich der Gültigkeit aufkommen lassen mussten.[274] Denn die ihnen hierfür angegebenen Gründe, etwa der Zusammenhang mit der Kriegsführung, hätten den Angeklagten durchaus einleuchtend erscheinen können. Im Übrigen werde, so das Landgericht, „in einem autoritär regierten Staat – zumal während eines Krieges – vieles ohne erkennbaren Grund als geheim behandelt“[275]. Zudem seien „auch unter Gebildeten die Voraussetzungen, unter denen ein Gesetz Gültigkeit erlangt, weitgehend unbekannt“ – nach Ansicht des Landgerichts also auch die grundlegende Voraussetzung, dass ein Gesetz verkündet werden muss. Was das Gericht zudem außer Betracht ließ, ist dass es aber auch während des NS-Regimes in keinster Weise der gängigen Praxis entsprach, Gesetze geheim zu halten. Vielmehr wurden diese bis

[272] LG Göttingen, Urt. v. 02.12.1953, Rüter XI, S. 735 (744 ff.).

[273] Das Urteil gegen Dr. W. wurde jedoch nicht rechtskräftig, da das Verfahren mit Beschluss des Landgerichts Göttingen vom 27.12.1954 gemäß § 6 StrFG a. F. (BGBl. 1954 I, S. 204) eingestellt wurde, siehe die Anmerkung zu LG Göttingen, Urt. v. 02.12.1953, Rüter XI, S. 735 (735 in Fn. 194).

[274] LG Göttingen, Urt. v. 12.02.1953, Rüter XI, S. 735 (757).

[275] LG Göttingen, Urt. v. 02.12.1953, Rüter XI, S. 735 (750).

zuletzt veröffentlicht. Die beiden Ärzte sollen insoweit jedoch einem unüberwindlichen Verbotsirrtum unterlegen sein. Folglich stellte sich die Frage, ob die Angeklagten hätten erkennen können und müssen, dass der Führererlass – wäre er eine gültige Rechtsnorm gewesen – gegen höheres ungeschriebenes Recht verstieß. Denn im Bewusstsein aller zivilisierter Völker gebe es einen bestimmten „Kernbereich des Rechts", der von keinem Gesetz und keiner anderen obrigkeitlichen Maßnahme verletzt werden dürfe. Dieser Kernbereich umfasse

> „bestimmte als unantastbar angesehene Grundsätze des menschlichen Verhaltens, die sich bei allen Kulturvölkern auf dem Boden übereinstimmender sittlicher Grundanschauungen im Laufe der Zeit herausgebildet haben und die als rechtlich verbindlich gelten, gleichgültig, ob einzelne Vorschriften nationaler Rechtsordnungen es zu gestatten scheinen, sie zu missachten".[276]

Während die Gerichte der ersten Euthanasie-Urteile das Verbot der Tötung von geistig und körperlich behinderten Menschen ohne jeden Zweifel zu diesem Kernbereich unantastbarer Grundsätze zählten, hieß es nun im Urteil des Landgerichts Göttingen:

> „Ob die Vernichtung lebensunwerten Lebens absolut und a priori als unsittlich und gegen eine höhere Rechtsordnung verstoßend anzusehen ist, kann schon zweifelhaft sein. Insbesondere bestehen gegen den Ausgangspunkt des [...] Urteils des Oberlandesgerichts Frankfurt am Main[277] [...] erhebliche Bedenken, dass es sich hierbei um einen Verstoß gegen naturrechtlich evidente Sätze handele. Es kann insoweit auf die Ausführungen von Welzel [...] verwiesen werden".[278]

Auch *Welzel* hatte die „naturrechtliche Evidenz" bezüglich der (Un-)Zulässigkeit der „Vernichtung lebensunwerten Lebens" verneint:[279] Die spätscholastische Moraltheologie des 16. Jahrhunderts habe für die Euthanasie im engeren Sinne die Möglichkeit eines unüberwindbaren schuldlosen Verbotsirrtums anerkannt. Zudem müsse es nachdenklich stimmen, dass auch Theologen die Ansicht vertreten haben, es widerspreche nicht der christlichen Ethik, einem unmenschlichen Vegetieren, das sich und anderen zur Last falle, ein Ende zu bereiten. Daher könne auch bei den an der NS-Euthanasie beteiligten Angeklagten die Möglichkeit eines schuldlosen Verbotsirrtums keineswegs ausgeschlossen werden. Dieser Ansicht schloss sich das Göttinger Landgericht an. Zur weiteren Begründung zog es einzelne zusammenhanglose historische Zitate heran, welche zeigten, dass die „Vernichtung lebensunwerten Lebens" schon in vor-

---

276 BGHSt 2, 234 (237) = Urt. v. 29.01.1952.

277 OLG Frankfurt a.M., Urt. v. 12.08.1947, RÜTER I, S. 166 (176); dazu bereits oben Teil 3 III 1 c.

278 LG Göttingen, Urt. v. 02.12.1953, RÜTER XI, S. 735 (758).

279 Siehe WELZEL MDR 1949, 373 (376); hierzu kritisch FROMMEL JZ 2016, 913 (919), die Welzel in diesem Zusammenhang „repräsentativ für die ab 1951 einsetzende Phase der Selbstentlastung" sieht.

christlicher Zeit und im klassischen Altertum erörtert worden sei.[280] Sogar die 1920 erschienene Schrift von *Binding/Hoche* über „Die Freigabe der Vernichtung lebensunwerten Lebens“ nutzte das Gericht für seine Argumentation.[281] Bezüglich der Kindereuthanasie verwies das Gericht zudem auf eine Umfrage aus dem Jahr 1920, in der sich die Mehrzahl (73 %) der Eltern von 200 in Anstalten untergebrachten Kindern für die Abkürzung des lebensunwerten Lebens ausgesprochen hatten, vielfach aus Gründen der Humanität. Dass aber auch bei diesen Eltern offenbar ein Unrechtsbewusstsein hinsichtlich der „Abkürzung“ des Lebens der Kinder vorhanden war, zeigt der Antwortzusatz: Sie seien mit der Tötung stillschweigend einverstanden, wollten jedoch vorher nicht gefragt werden.[282] Insgesamt, so das Göttinger Gericht, sei die Frage der „Verkürzung“ lebensunwerten Lebens also ein höchst umstrittenes Problem, ihre Durchführung könne aber keineswegs ohne Weiteres als Maßnahme bezeichnet werden, die dem allgemeinen Sittengesetz, dem Grundgedanken der Gerechtigkeit und Menschlichkeit widerspreche.[283] Diese Argumentation konstruierte einen fiktiven Sachverhalt, der mit der Realität der systematischen Ermordung psychisch Kranker nicht das Geringste zu tun hatte.[284] In den vom Landgericht Göttingen argumentativ herangezogenen Äußerungen ging es um die Erörterung eines auf einzelne Fälle beschränkten „Gnadentods“ für die schweren Fälle geistiger Erkrankung. Über *deren* Zulässigkeit mag man diskutieren können. Doch derartige Überlegungen heranzuziehen, um die auf Nützlichkeitserwägungen beruhende Massenermordung von über 100.000 kranken Menschen jedenfalls auf subjektiver Ebene zu rechtfertigen, erinnert stark an nationalsozialistische Legitimationsversuche. Im Übrigen hatte schon *Radbruch* 1947 festgestellt, dass auch in den Erörterungen von *Binding/Hoche* und anderen niemals Ermordungen mit dem Ziel gebilligt wurden, sich dadurch arbeitsunfähiger und daher unnützer Esser zu entledigen. Zudem habe gerade das strenge Geheimhaltungsgebot und die Verschleierung der Anstaltsmorde gezeigt, „dass in dieser Hinsicht die Volksmoral noch völlig fest stand“[285]. In den weiteren Entscheidungsgründen fragt dann das Landgericht Göttingen auch immerhin noch danach, wie sich die Aktion des Reichsausschusses für die Angeklagten dargestellt habe; denn ein unverschuldeter Verbotsirrtum könne nur dann vorliegen, wenn die Ärzte der Überzeugung sein konnten, „dass die Maßnahmen, an denen sie mitwirkten, sich im Rahmen der seit mehreren Jahrzehnten diskutierten und ihnen bekannten Bestrebungen bewegten“. Doch die beiden Ärzte, die 130 und 60 Kinder getötet hatten, *konnten* nach Ansicht des Landgerichts Göttingen genau die-

[280] LG Göttingen, Urt. v. 02. 12. 1953, RÜTER XI, S. 735 (758 f.).
[281] LG Göttingen, Urt. v. 02. 12. 1953, RÜTER XI, S. 735 (759 ff.).
[282] LG Göttingen, Urt. v. 02. 12. 1953, RÜTER XI, S. 735 (751, 761 f.).
[283] LG Göttingen RÜTER XI, S. 735 (762).
[284] BENZLER/PERELS Justiz und Staatsverbrechen, S. 15 (23).
[285] RADBRUCH SJZ 1947, Sp. 633 (634).

ser Überzeugung sein. Denn das Verfahren hätte „im Ganzen einen gewissen Schein der Ordnung" gehabt. Es habe zwar „freilich, was die Sicherungsvorkehrungen anbelangt, nicht in jeder Hinsicht den Forderungen Bindings" entsprochen und „wich auch sonst in wesentlichen Punkten von ihnen ab". Dieser Umstand war aber nach Meinung des Landgerichts „nicht von so großer Bedeutung, dass er bei den Angeklagten hätte Zweifel und Bedenken aufkommen lassen müssen".[286] Völlig unerörtert bleibt, ob nicht die vorangegangene Euthanasie-Aktion gegen Erwachsene von 1940/41 bei den Angeklagten Zweifel an der Aktion hätte hervorrufen müssen. Denn wie das Landgericht selbst feststellt, hätten diese hiervon eine „gewisse Kenntnis" gehabt. Dies musste die beiden Ärzte nach Ansicht des Gerichts jedoch nicht an der Rechtmäßigkeit ihrer Tötungen zweifeln lassen; vielmehr konnten die beiden gerade auch aufgrund der äußeren Unterschiede der Tötungsaktionen davon ausgehen, dass die Kindertötungen rechtmäßig waren.[287] Anders lag der Fall auch für das Landgericht Göttingen jedoch hinsichtlich der Tötung der erwachsenen Frauen durch Dr. Wesse. Denn dort sollte die Ärztin die Kranken nicht erst eingehend beobachten und eine Stellungnahme der Gutachter des Reichsausschusses einholen, sondern die zu tötenden Frauen selbst auswählen. Als Grund hierfür war lediglich die Zeitersparnis angeführt worden. Das Verfahren unterschied sich also erheblich von dem bisher der Angeklagten bekannten, was diese auch sofort erkannt hatte. Dieses Verfahren sei derart primitiv gewesen, dass es mit den Grundsätzen einer höheren Rechtsordnung nicht mehr in Einklang zu bringen gewesen sei. Dies hätte auch die Angeklagte bei ernstem Nachdenken erkennen können. Sie hätte erkennen könne, dass es sich bei der Tötung der erwachsenen Frauen „um eine verschleierte Wiederaufnahme jener berüchtigten Aktion handelte, die auf so starken Protest der Volksmeinung gestoßen war" und die die Angeklagte auch selbst aus innerster Einstellung heraus abgelehnt hatte.[288] Soweit der Verbotsirrtum der Angeklagten somit hinsichtlich der Kindereuthanasie unvermeidbar war, verneinte das Landgericht Göttingen die Schuld der Angeklagten und sprach beide frei. Hinsichtlich der Tötung der 30 Frauen durch Dr. Wesse milderte das Gericht die Strafe aufgrund des vermeidbaren Verbotsirrtums nach § 213 StGB a. F.[289] und kam so schließlich zu einer Gesamtfreiheitsstrafe von zwei Jahren.[290]

Die Heil- und Pflegeanstalt Meseritz-Obrawalde war eine weitere Euthanasie-Anstalt in Bayern, in der zwischen 1942 und 1945 mehrere Tausend Kranke getötet wurden. Über die Anklage gegen 14 Personen des Pflegepersonals

---

[286] LG Göttingen, Urt. v. 02. 12. 1953, RÜTER XI, S. 735 (763 f.).

[287] LG Göttingen, Urt. v. 02. 12. 1953, RÜTER XI, S. 735 (763).

[288] LG Göttingen, Urt. v. 02. 12. 1953, RÜTER XI, S. 735 (765 f.).

[289] RGBl. 1871, S. 167.

[290] LG Göttingen, Urt. v. 02. 12. 1953, RÜTER XI, S. 735 (768 f.); die Strafe wurde jedoch nicht vollzogen, siehe Teil 3, Fn. 273.

dieser Anstalt hatte 1965 das Landgericht München I zu entscheiden. Die Tötungen der Patienten in der Anstalt Obrawalde hatte das Pflegepersonal nach Auswahl durch die Oberärzte Dr. Mootz und Dr. Wernicke[291] vorgenommen. Dabei waren nicht nur Kranke mit sehr schweren Abbauerscheinungen ausgewählt worden, sondern auch solche, die zeitweise völlig klar, aber nicht arbeitsfähig waren. Die insgesamt 14 Angeklagten – frühere Pflegerinnen und Schwestern der Anstalt – hatten entweder selbst Tötungshandlungen an Patienten vorgenommen oder dabei Hilfe geleistet. Mit Urteil vom 12.03.1965 sprach das Landgericht München I sie alle frei. Nur bei einem Teil von ihnen spielte der Verbotsirrtum eine Rolle. Hinsichtlich der Vermeidbarkeit des Irrtums meinte das Landgericht, es sei den Angeklagten kein Vorwurf daraus zu machen, dass sie sich auf die Auskünfte der Ärzte über ein die Tötungen anordnendes Gesetz einfach verlassen hätten, ohne eigene Nachforschungen anzustellen.[292] Erneut wurden hier Krankenschwestern und Pfleger, die über Jahre hinweg Patienten getötet hatten, von dem urteilenden Gericht als zu autoritätsgläubig und zu dumm charakterisiert, um zu erkennen, dass das, was sie dort taten, ungeheuerliches Unrecht war: Bei den Angeklagten handle es sich „um Menschen [...], die auf Grund ihrer Ausbildung und Tätigkeit ein grenzenloses Vertrauen in die Ärzte gewonnen hatten und die auch wegen ihrer geistigen Unbeweglichkeit nur mit einem unterdurchschnittlichen Kritikvermögen ausgestattet sind". Insbesondere die Tatsache, dass auch die Ärzte das angebliche Gesetz befolgt hatten, habe bei den Angeklagten keinen Zweifel daran aufkommen lassen, dass ein solches tatsächlich bestand. Zudem hätte im Dritten Reich der Erlass eines solchen Gesetzes durchaus im Bereich des Möglichen gelegen. Es konnte den Angeklagten somit kein Vorwurf daraus gemacht werden, dass sie an das *Bestehen* des vermeintlichen Gesetzes geglaubt hatten. Ferner durften sie das „Gesetz" nach Ansicht des Landgerichts München I aber auch für rechtens und damit für *verbindlich* halten. Anders als in zahlreichen vor 1952 ergangenen Euthanasie-Urteilen hielt das Landgericht es für unerheblich, dass die Angeklagten die Tötungen der Kranken durchweg nicht billigten, weil sie darin Verstöße gegen das fünfte Gebot („Du sollst nicht töten") sahen.

„Aus dieser inneren Not kann nämlich für die hier entscheidende Frage nichts Wesentliches hergeleitet werden. Die Tatsache allein, dass einem Staatsbürger durch ein Gesetz etwas aufgetragen wird, das mit seiner religiösen Überzeugung nicht in Einklang steht, besagt noch nichts darüber, dass er wegen dieser Zweifel die staatliche Norm für unverbindlich und illegitim [...] halten muss".

---

291 Durch Urteil des LG Berlin vom 25.03.1946 rechtskräftig zum Tode verurteilt, siehe oben Teil 3 III 1 c.

292 Dazu und zum Folgenden LG München I, Urt. v. 12.03.1965, RÜTER XX, S. 695 (712 ff.).

Man würde die Angeklagten in „unzumutbarer Weise überfordern", wollte man von ihnen verlangen, dass sie bei ausreichendem Nachdenken zu der richtigen Entscheidung hätten kommen können und müssen, dass das Gesetz nichtig sein müsse.[293] Demnach war der Verbotsirrtum auch in diesem Fall unvermeidbar und führte zum Freispruch.

Einen vermeidbaren Verbotsirrtum nahm dagegen das Landgericht Frankfurt am Main in seinem Urteil vom 20. 12. 1968 gegen die Angeklagten Vorberg und Allers[294] an. Die beiden waren in den Jahren 1940/1941 in der „Kanzlei des Führers" beschäftigt und dort unter anderem mit Maßnahmen zur Durchführung der Erwachseneneuthanasie befasst.[295] Der Angeklagte Vorberg war Leiter der Transportabteilung, er kümmerte sich etwa um die Transporte der Kranken in die Zwischen- und Euthanasieanstalten. Dabei wusste er auch, dass die Kranken, deren Abtransport er vorbereitete und an Ort und Stelle überwachte, der Tötung zugeführt werden sollten. Der Angeklagte Allers war als Verwaltungsjurist ab 1941 in die „Kanzlei des Führers" versetzt worden, wo er Aktenrückstände aufgearbeitet, den die Aktion betreffenden laufenden Schriftverkehr der Berliner Zentrale geführt und das Geheimhaltungssystem verbessert hatte. Das Frankfurter Landgericht bejahte hinsichtlich dieser Mitwirkung der Angeklagten an den Massentötungen der Geisteskranken den Tatbestand der Beihilfe zum Mord. Es gestand aber beiden Angeklagten einen Verbotsirrtum zu, da ihnen „nicht mit Sicherheit zu widerlegen" sei, dass ihnen damals das Unrechtsbewusstsein gefehlt habe.[296] Die den Angeklagten bekannten Geheimhaltungsmaßnahmen mussten bei ihnen nach Ansicht des Gerichts keine Zweifel hinsichtlich der Rechtmäßigkeit der Tötungsaktion wecken:

> „Der propagandistische Einfluss auf die Angeklagten ist […] damals möglicherweise so nachhaltig gewesen, dass sie in dieser Unvereinbarkeit mit dem Hergebrachten noch keinen Grund für die Unerlaubtheit gesehen haben. Unter den heute herrschenden Voraussetzungen erscheint das zwar nicht vorstellbar. Für die damalige Zeit lässt es sich aber nicht mit Sicherheit ausschließen […]."

In der Vorstellung der Angeklagten sei die Geheimhaltung vielleicht lediglich ein aus Zweckmäßigkeitsgründen angewandtes Mittel zur Ausschaltung von Widerständen aus der Öffentlichkeit im Interesse einer reibungslosen Durchführung der Aktion gewesen, nicht mit Sicherheit jedoch ein Faktor, der in ihnen zugleich das Bewusstsein der Rechtswidrigkeit geweckt habe. Dieser Verbotsirrtum war nach Ansicht des Landgerichts Frankfurt am Main jedoch vermeidbar:[297] Hätten sich die Angeklagten damals mit der gebotenen Sorgfalt

---

[293] LG München I, Urt. v. 12.03.1965, RÜTER XX, S. 695 (713).

[294] Namen zitiert nach E. KLEE Was sie taten, S. 56, 66, 74 f.

[295] LG Frankfurt a. M., Urt. v. 20.12.1968, RÜTER XXXI, S. 409 (431 ff.).

[296] Dazu und zum Folgenden LG Frankfurt a. M., Urt. v. 20.12.1968, RÜTER XXXI, S. 409 (451 f.).

[297] LG Frankfurt a. M., Urt. v. 20.12.1968, RÜTER XXXI, S. 409 (462 ff.).

mit der Geltung und Tragweite des Mordparagraphen befasst, so wären ihnen nach Ansicht des Frankfurter Landgerichts zumindest Zweifel hinsichtlich der Rechtmäßigkeit der Tötungen gekommen. „Angesichts der völligen Neuartigkeit und großen Tragweite der Angelegenheit" habe es schon der Angeklagte Vorberg nicht bei der Erklärung Bouhlers und Bracks belassen dürfen, dass ein „Euthanasie-Gesetz" bestehe, ohne der Frage nach der Geltung und Anwendbarkeit des § 211 StGB a. F.[298] im Hinblick auf die Tötungsaktion nachzugehen. Die erforderliche und dem Angeklagten auch mögliche Gewissensanspannung hätte ihm

> „unweigerlich zumindest die Einsicht verschafft [...], dass möglicherweise das ihm angesonnene Tun strafgesetzlich verboten sei. Allein dieser Zweifel hätte ein wenn auch nur bedingtes Unrechtsbewusstsein in sich geschlossen und damit den Verbotsirrtum beseitigt".

Derartige Überlegungen seien angesichts der Tötung von Menschen auch für einen Nichtjuristen naheliegend und „so elementarer Natur", dass der Angeklagte sich dem nicht hätte verschließen dürfen. Erst Recht nicht habe der Angeklagte Allers als Volljurist dem Führererlass vom 01.09.1939 eine „allzu kritiklose Haltung" gegenüber einnehmen und von dessen Rechtsgültigkeit ausgehen dürfen. Dies umso mehr, da er wusste, dass die Tötungsaktion durch Nützlichkeitserwägungen motiviert war und mit dem Begriff der „Euthanasie" im Sinne einer humanen Sterbehilfe nichts zu tun hatte. Zudem war der Erlass auffallend kurz, unspezifiziert und in Form eines Auftrags an zwei Untergebene abgefasst. Ein solch

> „lakonisches in Briefform angefertigtes Dekret zur Massentötung von Menschen musste selbst einem propagandistisch beeinflussten Volljuristen Anlass zu rechtlichen Bedenken geben und Zweifel in ihm aufkommen lassen, ob es sich hier um ein rechtsverbindliches Gesetz oder auch nur um eine Verlautbarung mit Gesetzescharakter handelte".

Der Verbotsirrtum war daher für beide Angeklagten vermeidbar und verschuldet. Die danach zulässige Milderung des Strafrahmens wandte das Frankfurter Landgericht jedoch ausdrücklich nicht an, da es den gefundenen Strafrahmen von drei bis fünfzehn Jahren Zuchthaus angesichts „des ungeheueren [sic!] Ausmaßes des durch die Angeklagten mitbewirkten Unheils und ihrer qualifizierten Betätigung in dem Mordunternehmen, die nicht in bloßen Handlangerdiensten bestand"[299] für erforderlich hielt. Innerhalb dieses Rahmens berücksichtigte es den Verbotsirrtum jedoch strafmildernd, so dass der Angeklagte Vorberg zu zehn, der Angeklagte Allers zu acht Jahren Zuchthaus verurteilt wurde. Die Revisionen sowohl der Angeklagten als auch der Staatsanwaltschaft

---

298 RGBl. 1871, S. 166.

299 LG Frankfurt a. M., Urt. v. 20. 12. 1968, RÜTER XXXI, S. 409 (465).

verwarf der Bundesgerichtshof vier Jahre später.[300] Weder die Würdigung der ersten Instanz, dass ein Verbotsirrtum vorgelegen habe, sei rechtsfehlerhaft,[301] noch die Annahme, dass dieser vermeidbar gewesen sei.[302] Zwar beanstandete der Bundesgerichtshof die Erwägung des Landgerichts, dass die Angeklagten den Irrtum hätten vermeiden können, wenn sie sich Existenz und Inhalt des § 211 StGB a. F. gewissenhaft vergegenwärtigt hätten. Damit habe das Gericht nämlich verkannt, dass sie nicht über das Vorhandensein einer solchen Strafbestimmung geirrt hätten, sondern geglaubt hatten, es bestünde eine Ausnahmeregelung für die Tötung der Geisteskranken. Der Schluss auf die Vorwerfbarkeit des Verbotsirrtums sei aber gleichwohl gerechtfertigt: Etwa wussten die Angeklagten von den Beweggründen für die Tötungen. Die Kranken sollten nicht von ihrem Leiden erlöst werden, vielmehr sollten „unnütze Esser" beseitigt werden. Dieser Gesichtspunkt kam in dem dem Angeklagten Allers vorgelegten Führererlass nicht einmal andeutungsweise zum Ausdruck. Schon daraus hätte sich dem Angeklagten bei gebotener Anspannung seiner geistig-sittlichen Kräfte die Erkenntnis aufdrängen müssen, dass der Führererlass lediglich bezweckte, unter einem falschen Vorwand den Anschein einer Rechtsgrundlage zu erwecken. Der Angeklagte Vorberg hätte Einsichtnahme in das genannte Gesetz verlangen müssen. Hätte er das Schreiben Hitlers vom 01. 09. 1939 gesehen, hätte er in gleicher Weise wie der Angeklagte Allers Grund zu Zweifeln an der Rechtmäßigkeit der Tötungen haben müssen.

In dem nächsten Euthanasie-Verfahren des Frankfurter Landgerichts 1970[303] gegen einen weiteren Verwaltungsangestellten verneinte es dagegen schon das Vorliegen eines Verbotsirrtums. Der Angeklagte Bec. war unter anderem als stellvertretender Leiter der „Zentralverrechnungsstelle Heil- und Pflegeanstalten" für das Kostenwesen zuständig. Die Zentral- und Verrechnungsstelle, die erst auf Vorschlag des Angeklagten eingerichtet worden war, hatte der Verbesserung und Vervollständigung des Täuschungssystems gedient. Der Angeklagte hatte sich dort vor allem mit den Rechnungen der Zwischenanstalten über die Kosten befasst, die während des Aufenthaltes der zur Tötung bestimmten Kranken angefallen waren. Später hatte die Zentralverrechnungsstelle auch die Kosten der Kranken abgewickelt, die der „wilden Euthanasie" zum Opfer gefallen waren. Der Angeklagte hatte auch wesentlich zur Finanzierung der Erwachseneneuthanasie beigetragen, indem er für Patienten, die bereits getötet worden waren, weiter Kosten anforderte bis zum späteren, fingierten Todestag. Dadurch hatte er teils erhebliche Gewinne erwirtschaftet, die dem Reichsschatzmeister der NSDAP zugeflossen waren, der wiederum der „T 4" die für die Organisation

[300] Urteil vom 27. 10. 1972, Rüter XXXI, S. 466 ff.; der BGH wandelte jedoch die Zuchthausstrafen in Freiheitsstrafen um.
[301] BGH, Urt. v. 27. 10. 1972, Rüter XXXI, S. 466 (476 f.).
[302] BGH, Urt. v. 27. 10. 1972, Rüter XXXI, S. 466 (473 ff.).
[303] LG Frankfurt a. M., Urt. v. 27. 05. 1970, Rüter XXXIV, S. 191 ff.

und Aktion benötigten Mittel zur Verfügung gestellt hatte. Die Tätigkeiten des Angeklagten erfüllten den Tatbestand der Beihilfe zum Mord. Einen Verbotsirrtum verneinte das Frankfurter Landgericht mit folgenden Erwägungen:[304]

„Der Bundesgerichtshof hat in seinem Urteil vom 6. Dezember 1960 [...] dargelegt, dass im Jahre 1940 einem Menschen, der einen gewissen Überblick hatte, nicht mehr zweifelhaft sein konnte, dass das NS-Regime vor keinem Verbrechen zurückscheute und deshalb ein Verbotsirrtum bei der Teilnahme an nationalsozialistischen Gewaltverbrechen nur bei ausgesprochen naiven Menschen zu bejahen sei. Hierzu gehörte der Angeklagte mit Sicherheit nicht. Er war nicht der kleine unbedeutende Angestellte, der nicht wusste, was geschieht, und der gläubig den Worten seiner Vorgesetzten folgte. [...] Er hatte einen vollständigen Überblick über die Tötungsmaschinerie. Abgesehen davon, dass kein normal empfindender und durchschnittlich intelligenter Mensch Massentötungen größten Ausmaßes, die unter strengster Geheimhaltung begangen werden, für legal und richtig halten kann, hat der Angeklagte selbst zugegeben, Professor Heyde habe ihn mit seiner Argumentation nicht davon überzeugen können, dass den Geisteskranken mit dem Tod eine Wohltat erwiesen werde".

Dieses Urteil wirft die Frage auf, warum das Landgericht Frankfurt am Main die genannte BGH-Rechtsprechung nicht bereits zwei Jahre zuvor im Urteil gegen die Angeklagten Allers und Vorberg herangezogen hat. Denn auch diese beiden waren, soweit sich dies den Urteilsgründen entnehmen lässt, keine „ausgesprochen naiven Menschen". Beide waren in der Kanzlei des Führers mit wichtigen Aufgaben im Zusammenhang mit der Euthanasie betraut. Warum das Landgericht Frankfurt am Main ihnen trotzdem einen Verbotsirrtum zugestanden hat, ist kaum nachvollziehbar.

Noch weniger nachvollziehbar ist der Freispruch des Arztes Dr. Borm[305], zu dem das Landgericht Frankfurt am Main mit Urteil vom 06.06.1972 kam. Dr. Kurt Borm war von Dezember 1940 bis August 1941 als Assistenzarzt in den Euthanasie-Anstalten Sonnenstein bei Pirna (Sachsen) und Bernburg bei Saale tätig. Dort hatte er bei der Vorführung, Inaugenscheinnahme und Identifizierung der zur Tötung bestimmten Kranken im Untersuchungsraum mitgewirkt, ferner bei der Auswahl der fingierten Todesursache, die den Angehörigen später mitgeteilt worden war, sowie bei der Benachrichtigung der Angehörigen durch Unterzeichnung der „Trostbriefe". Dabei hatte er nie in alleiniger Zuständigkeit gehandelt, sondern stets zusammen mit dem jeweiligen Anstaltsleiter. Dem untergeordneten Personal gegenüber hatte er darüber hinaus zum Ausdruck gebracht, dass es keine Bedenken gegen die Durchführung der Euthanasiemaßnahmen zu haben brauche und es so zum Durchhalten ermuntert.[306] Durch dieses Verhalten war Dr. Borm an der Tötung von mindestens 6.652 Geistes-

[304] LG Frankfurt a. M., Urt. v. 27.05.1970, RÜTER XXXIV, S. 191 (283).

[305] Name zitiert nach DRESSEN NS-Euthanasie-Prozesse, S. 35 (46) und E. KLEE FS Jäger, S. 15 (30).

[306] LG Frankfurt a. M., Urt. v. 06.06.1972, RÜTER XXXVII, S. 249 (269 f., 283).

kranken beteiligt. Das Frankfurter Landgericht sah allerdings die Einlassung des Angeklagten als nicht widerlegt an, dass er unter anderem aufgrund des ihm erläuterten „Gesetzes" von der Rechtmäßigkeit seines Handelns bis zum Ende seines Einsatzes überzeugt gewesen sei.[307] Dieser Verbotsirrtum war nach Ansicht des Gerichts unvermeidbar:[308] Es stellte zunächst klar, dass die Maßstäbe, die beim Angeklagten an die Entschuldbarkeit des Irrtums anzulegen seien, nicht sehr streng sein könnten. Denn in den entscheidenden Jahren seines Heranwachsens habe er kaum etwas anderes vernommen als die Verherrlichung nationalsozialistischen Gedankengutes. Er sei in einem Beamtenhaushalt aufgewachsen mit der dort erfahrungsgemäß „in der Regel vorhandenen staatstreuen Gesinnung und dem unbedingten Glauben an die Gesetzmäßigkeit hoheitlichen Gebarens". Eine Bindung zur Kirche habe er nicht besessen, er gehörte auch keiner Religionsgemeinschaft an. Im Übrigen sei Dr. Borm

> „von seiner Wesensart und Veranlagung her ein offenbar unkomplizierter Typ, der über ein ihm befohlenes oder angewiesenes Tun keine tiefschürfenden Überlegungen anstellt und zu intensiver Gewissensanspannung neigt, ob dieses Tun etwa verbotswidrig sein könnte".

Im Einzelnen führte das Landgericht zur Entschuldbarkeit des Verbotsirrtums weiter aus: Zunächst sei Ende 1940 beim deutschen Volk keineswegs mehr das Bewusstsein vorhanden gewesen, dass nach rechtsstaatlichen Prinzipien ein Gesetz verkündet werden müsse, um Wirksamkeit zu erlangen. Daher sei es dem Angeklagten nicht vorzuwerfen, dass er – zumal er kein Jurist war – an die Wirksamkeit des nach seiner Vorstellung existierenden Gesetzes geglaubt habe, auch wenn dieses nicht verkündet worden war. Ebenfalls könne ihm kein Vorwurf daraus gemacht werden, dass er geglaubt habe, Euthanasie im Sinne einer beschränkten Freigabe der „Vernichtung lebensunwerten Lebens" sei überhaupt durch ein Gesetz regelbar. Dies sei immerhin auch schon vor dem Nationalsozialismus in Deutschland von einem namhaften Juristen in der dem Angeklagten bekannten Schrift von *Binding* und *Hoche* ernsthaft diskutiert worden. Daher sei der Irrtum dem Angeklagten nur dann vorzuwerfen, wenn sich ihm bei seiner Tätigkeit in den Euthanasieanstalten Zweifel hätten aufdrängen müssen, ob die durch das vermeintliche Euthanasie-Gesetz vorgesehenen Grenzen hinsichtlich der Einbeziehung von Kranken überschritten worden waren. Dies verneinte das Landgericht. Zweifel hätten dem Angeklagten weder wegen der großen Zahl der zu Tötenden kommen müssen [!] noch wegen des Zustandes der ihm vorgeführten Kranken. Denn weder hätten *Binding* und *Hoche* in ihrer Schrift eine zahlenmäßige Vorgabe [!] gegeben, noch sei klar, ob der Angeklagte überhaupt den Gesamtüberblick über die ganze Aktion gehabt habe, um das gesamte Ausmaß zu kennen. Auch sonst ergaben sich für das Frankfurter Ge-

---

307 LG Frankfurt a. M., Urt. v. 06.06.1972, RÜTER XXXVII, S. 249 (272, 274).

308 LG Frankfurt a. M., Urt. v. 06.06.1972, RÜTER XXXVII, S. 249 (286 ff.).

richt keine Zweifel an der Unvermeidbarkeit des Verbotsirrtums: Was den Zustand der Geisteskranken betrifft, konnte es dem Angeklagten seine Einlassung nicht widerlegen, dass es sich bei den ihm vorgeführten Kranken durchweg um „völlig abgebaute Patienten" gehandelt habe, die keine Anzeichen geistigen Lebens mehr gezeigt hätten. Angesichts der Feststellungen, die das Landgericht Frankfurt am Main in anderen Urteilen getroffen hatte, scheint dies wenig glaubhaft. Denn unter den Patienten, die in Tötungsanstalten gebracht wurden, befanden sich demnach nicht nur „in ihrer Persönlichkeit völlig zerfallene Geisteskranke"; vielmehr seien immer wieder auch Patienten dabei gewesen, die in den Anstalten wertvolle Arbeitskräfte waren und die fähig waren, eine Unterhaltung zu führen.[309] Es erscheint daher mehr als zweifelhaft, dass es sich bei den über 6.600 Patienten, die Dr. Borm in einem Zeitraum von mehreren Monaten in der Euthanasie-Anstalt gesehen hatte, *ausschließlich* um „völlig abgebaute" Persönlichkeiten gehandelt haben soll. Des Weiteren hätte nach Ansicht des Gerichts nicht einmal die Art des Verfahrens, insbesondere die Täuschung der Kranken und ihrer Angehörigen beim Angeklagten Zweifel hervorrufen müssen: Dies wäre nur dann der Fall gewesen, wenn er aus den Täuschungsmaßnahmen hätte schließen müssen, dass die Patienten noch „täuschbar" gewesen seien. Der Angeklagte hatte sich hierüber aber überhaupt keine Gedanken gemacht. Er hielt die Täuschung der Kranken etwa in Form der Vorspiegelung einer ärztlichen Untersuchung und der Tarnung der Gaskammern als Duschraum vielmehr für unnötig, da er die Patienten aufgrund ihres geistigen Zustandes für gar nicht mehr „täuschbar" hielt. Hinsichtlich der Täuschung der Angehörigen glaubte er, dies geschehe in guter Absicht, um diese zu beruhigen und „ihnen die das Gewissen schwer belastende Zustimmungserklärung als Gebot der Menschlichkeit abzunehmen". Abschließend berücksichtigte das Landgericht zugunsten des Angeklagten zudem, dass die Justiz damals zu den Tötungsmaßnahmen geschwiegen habe und er damit in seiner Überzeugung von der Legalität der Aktion bestärkt worden sei. Nach alledem sei der Verbotsirrtum des Angeklagten unvermeidbar gewesen. Das Gericht sprach ihn folglich frei. Der Freispruch wurde mit Urteil des Bundesgerichtshofes vom 20. 03. 1974 rechtskräftig. In seiner Revisionsentscheidung ließ dieser es allerdings offen, ob das Landgericht den Verbotsirrtum der Angeklagten zutreffend als unvermeidbar eingestuft hatte, da es hierauf nicht mehr ankam: Hinsichtlich des Vorwurfs der Beihilfe zum Mord meinte auch der Bundesgerichtshof, dem Angeklagten sei schon die Kenntnis von der heimtückischen Tötungsweise oder den niedrigen Beweggründen der Haupttäter nicht nachzuweisen. Der damit noch zu prüfende Tatbestand der Beihilfe zum Totschlag war bereits verjährt, weswegen eine weitere Prüfung durch den Bundesgerichtshof unter-

[309] Siehe etwa LG Frankfurt a. M., Urt. v. 21. 12. 1946, RÜTER I, S. 135 (145); Urt. v. 21. 03. 1947, RÜTER I, S. 307 (317); Urt. v. 18. 05. 1987, Rüter XLVII, S. 191 (201 f.).

blieb.[310] In den Medien sorgte das Urteil für großes Aufsehen. Die Süddeutsche Zeitung warf dem Bundesgerichtshof vor, „von jedem Gerechtigkeitssinn verlassen worden zu sein"[311]. In der Frankfurter Allgemeinen Zeitung vom 10. Juni 1974 wandten sich einige deutsche Prominente in einem offenen Brief an den damaligen Bundestagspräsidenten Dr. Heinemann und protestierten gegen das Urteil.[312] Dies änderte jedoch nichts mehr an dem Freispruch für Dr. Borm aufgrund eines angeblich unvermeidbaren Verbotsirrtums.

Zwei weitere Ärzte, die mit Dr. Borm ursprünglich gemeinsam angeklagt waren, sprach das Landgericht Frankfurt am Main 1967 zunächst ebenfalls wegen eines unvermeidbaren Verbotsirrtums frei: Dr. Ullrich und Dr. Bunke[313]. Dr. Ullrich war 1940 mehrere Monate in der Euthanasie-Anstalt Brandenburg tätig gewesen. Sein Nachfolger dort war Dr. Bunke. Nach Schließung der Tötungsanstalt Brandenburg hatte Dr. Bunke 1941 in der Nachfolgeanstalt in Bernburg an der Saale gearbeitet. Beide Ärzte hatten in den Anstalten die „ärztlichen Untersuchungen" von mehreren Tausend zur Tötung bestimmten Patienten durchgeführt. Sie hatten sich also die Kranken vorführen lassen, deren Identität geprüft, eine fingierte Todesursache ausgewählt, nach der Tötung die Krankenakten ausgefüllt und die Trostbriefe an die Angehörigen unterzeichnet.[314] Dr. Ullrich hatte darüber hinaus in einigen Fällen auch das Gasventil betätigt, über das das Gas in den Tötungsraum einströmen konnte. Mit denselben Erwägungen, die fünf Jahre später zu Dr. Borms Freispruch führten, nahm das Frankfurter Landgericht auch bei Dr. Ullrich und Dr. Bunke einen unvermeidbaren Verbotsirrtum an: Wegen der Zahl der Opfer, an deren Tötung sie mitwirkten, hätten sich den Angeklagten Bedenken hinsichtlich der Rechtmäßigkeit „nicht aufdrängen" müssen. Die Angeklagten hätten schließlich keinen Überblick über das Ausmaß und den Gesamtumfang der Tötungsaktion gehabt und hätten weder die Gesamtzahl der Insassen der Heil- und Pflegeanstalten im Reichsgebiet gekannt noch gewusst, wie sich diese Gesamtzahl prozentual auf die einzelnen Kategorien der Geisteskranken verteilte. Auch das Täuschungssystem habe bei den Angeklagten keine Zweifel wecken müssen, denn sie hätten damals „nur unzureichende theoretische und keinerlei praktische Kenntnisse auf dem Gebiet der Psychiatrie und Neurologie" gehabt. Daher sei es ihnen auch unmöglich gewesen, das Endstadium einer Geisteskrankheit zu diagnostizieren. Dies machte das Gericht ihnen jedoch nicht zum Vorwurf, im Gegenteil: Die Angeklagten hätten sich darauf verlassen, dass bei ihnen keinerlei psychiatrische Kenntnis-

---

[310] BGH, Urt. v. 20.03.1974, Rüter XXXVII, S. 291 (293).

[311] Zitiert nach Dressen NS-Euthanasie-Prozesse, S. 35 (48).

[312] Der Brief ist abgedruckt in E. Klee Was sie taten, S. 126 f.

[313] Namen zitiert nach Dressen NS-Euthanasie-Prozesse, S. 35 (49) und E. Klee FS Jäger, S. 15 (29 ff.).

[314] LG Frankfurt a. M., Urt. v. 18.05.1987, Rüter XLVII, S. 191 (210 ff., 215 f.); Urt. v. 23.05.1967, Rüter XLVII, S. 232 (255 ff.).

se vorausgesetzt und ihnen für die Auswahl der Kranken keine Verantwortung aufgebürdet werde. Dies wurde ihnen ausdrücklich gesagt. Daher könne ihnen kein Vorwurf daraus gemacht werden, dass sie trotz ihrer mangelnden psychiatrischen Fähigkeiten die Tätigkeit in den Tötungsanstalten aufgenommen hatten.[315] Sie hätten davon ausgehen dürfen, dass die ihnen vorgeführten Kranken „entsprechend den von Hitler [im Führererlass vom 01.09.1939] aufgestellten Grundsätzen ausgewählt waren". Die Tatsache, dass die Ärzte auch die Schrift von *Binding* und *Hoche* gekannt hatten, genügte dem Gericht für die Unvermeidbarkeit des Verbotsirrtums:

> „Da sich immerhin Wissenschaftler vom Range Bindings und Hoches, denen nicht der Vorwurf verbrecherischer Absichten gemacht werden kann, für die Zulässigkeit der Tötung von Geisteskranken ausgesprochen haben, erscheint der Verbotsirrtum der Angeklagten unüberwindlich".

Das freisprechende Urteil hob der Bundesgerichtshof 1970 wegen eines sachlichen Widerspruchs auf:[316] Einerseits habe das Landgericht es für möglich gehalten, dass die Angeklagten davon ausgegangen seien, es handle sich bei den zur Tötung bestimmten Patienten ausschließlich um „niedergeführte Existenzen ohne jeden natürlichen Lebenswillen", während dies in Wahrheit kaum auf einen von hundert der Getöteten zugetroffen habe. Andererseits sei es der Ansicht gewesen, die Angeklagten hätten das Täuschungssystem insoweit durchschaut, als es darauf abzielte, den Opfern die ihnen bevorstehende Tötung zu verbergen. Wenn aber die Ärzte die täuschenden Machenschaften durchschaut hätten, habe dies notwendig zugleich mit der Erkenntnis verbunden sein müssen, dass die Behauptung vom „fehlenden Lebenswillen" der Kranken ebenfalls nur eine Lüge war. Denn eine Täuschung sei nur erforderlich, wenn der Kranke einen fortbestehenden natürlichen Lebenswillen habe. Durch diesen Widerspruch werde dem Verbotsirrtum die sachliche Grundlage entzogen. Daher hob der Bundesgerichtshof das Urteil auf und verwies die Sache zurück. Wegen zeitweiser Verhandlungsunfähigkeit der Angeklagten urteilte das Landgericht Frankfurt am Main erst siebzehn Jahre später[317] erneut gegen Dr. Ullrich und Dr. Bunke. Es bejahte nunmehr das Bewusstsein der Rechtswidrigkeit bei beiden Angeklagten: Die Verbindlichkeit des Führer-Erlasses und die Befugnis zur Tötung sei nach der Vorstellung der beiden Ärzte beschränkt gewesen auf die Fälle von schwerstkranken und unheilbaren Geisteskranken, die ohne natürlichen Lebenswillen und Wahrnehmungsfähigkeit waren und die von schweren Leiden erlöst werden sollten. Tatsächlich handelte es sich jedoch „offensichtlich um die organisierte systematische Massenvernichtung von Geisteskranken unabhängig davon, ob die körperlichen und geistigen Beeinträchtigungen leicht

315 LG Frankfurt a. M., Urt. v. 23.05.1967, Rüter XLVII, S. 232 (281).
316 BGH, Urt. v. 07.08.1970, Rüter XLVII, S. 284 (284 f.).
317 LG Frankfurt a. M., Urt. v. 18.05.1987, Rüter XLVII, S. 191 ff.

oder schwerwiegend waren“. Für die Angeklagten, beide Akademiker, sei klar gewesen, dass diese Massentötungen über die Formulierungen des Führererlasses weit hinausgingen. Sie hätten gewusst, dass es für diese Aktion keine rechtliche Grundlage geben konnte, da sie gegen die elementarsten Rechtsgrundsätze aller Kulturvölker verstieß. Beide Angeklagten seien mit den christlichen Lehren und Moralvorstellungen eng vertraut gewesen und von den nationalsozialistischen Ideen nicht so besessen, dass sie die Tötung von unschuldigen lebenswilligen Geisteskranken aus parteiideologischen Gründen für gerechtfertigt gehalten hätten.[318] Die Angeklagten wurden daher jeweils zu einer Freiheitsstrafe von vier Jahren verurteilt: Dr. Bunke wegen Beihilfe zum Mord in mindestens 11.000 Fällen; Dr. Ullrich ebenfalls wegen Beihilfe zum Mord in mindestens 4.500 Fällen. Mit Beschluss vom 14.12.1988 setzte der Bundesgerichtshof die Strafe herab. Das Landgericht habe bei der Strafzumessung einige Wochen „urlaubsbedingte Abwesenheit“ der Ärzte nicht berücksichtigt und ihnen daher zu viele Opfer zugerechnet. Bei Dr. Bunke seien es tatsächlich 9.200, bei Dr. Ullrich 2.340 Mordfälle.[319] Dies rechtfertigte nach Ansicht des Bundesgerichtshofes eine Herabsetzung der Strafe auf jeweils drei Jahre.[320]

e) Zusammenfassung

Die Euthanasie-Urteile zeigen, dass die Entscheidung des Bundesgerichtshofs vom 18.03.1952 beachtliche Auswirkungen auf die Bestrafung der Euthanasie-Täter hatte. In den frühen Verfahren nach 1945 folgte nur das Landgericht München I in seiner Entscheidung im Jahr 1948 noch der reichsgerichtlichen Irrtumsrechtsprechung, nach der das fehlende Unrechtsbewusstsein ein unbeachtlicher strafrechtlicher Irrtum war. Er hatte daher keine Auswirkung auf die Strafbarkeit des Täters. Das Münchner Landgericht erkannte aber, dass die Rechtsprechung des Reichsgerichts in dieser Frage nicht mehr lange aufrecht zu halten war und wandte daher zumindest hilfsweise die eingeschränkte Vorsatztheorie an. Im Übrigen folgten die Gerichte zwischen 1946 und 1952 ganz überwiegend der eingeschränkten Vorsatztheorie, die wegen „Rechtsblindheit“ des Täters im Ergebnis, ebenso wie die reichsgerichtliche Rechtsprechung, stets zur Unbeachtlichkeit des vom Angeklagten vorgebrachten Verbotsirrtums führte. Die Tötung unheilbar Geisteskranker im Rahmen der Euthanasie-Aktion verstieß nach Ansicht der Gerichte so offensichtlich gegen das allgemeine Sittengesetz, dass sich die Rechtswidrigkeit der Tötungshandlungen den Angeklagten ohne weiteres aufdrängen musste. Lediglich der Oberste Gerichtshof der Britischen Zone und ihm folgend das Landgericht Düsseldorf wandten in dem Verfahren 1948/49 gegen die zwei Krankenpflegerinnen M. und W. die Schuld-

---

318 LG Frankfurt a. M., Urt. v. 18.05.1987, Rüter XLVII, S. 191 (229).

319 BGH, Beschl. v. 14.12.1988, Rüter XLVII, S. 287 (290).

320 BGH, Beschl. v. 14.12.1988, Rüter XLVII, S. 287 (287).

theorie an. Der irrtümliche Glaube der Krankenschwestern an die Rechtmäßigkeit der Tötungen war nach Ansicht des Landgerichts Düsseldorf ein unüberwindlicher Verbotsirrtum, der sie entschuldigte und folglich zum Freispruch der beiden führte. Abgesehen von dieser Ausnahme blieb jedoch die in den Euthanasie-Prozessen durchweg vorgebrachte Verteidigung der Täter, sie hätten ihr Handeln rechtlich für erlaubt gehalten, zunächst erfolglos.

Mit der Entscheidung des Großen Strafsenats vom 18.03.1952 und dem Anschluss an die Schuldtheorie änderte sich dies: In zahlreichen Fällen bejahten die Gerichte in Anwendung der Schuldtheorie einen unvermeidbaren Verbotsirrtum bei Ärzten, Schwestern und Pflegern, die an der Euthanasie im Dritten Reich mitgewirkt hatten. An die Stelle von Todes- und Zuchthausstrafen traten nun Freisprüche. Den Gerichten bereitete es offenbar keine Schwierigkeiten, entsprechende Argumente zu finden: 1948 verwehrte das Landgericht München den Pflegerinnen der Anstalt Eglfing-Haar noch, sich auf einen Verbotsirrtum zu berufen, weil auch sie aufgrund „ihrer Erziehung, dem Maß ihrer Bildung und ihrer auf viele Jahre Tätigkeit im Umgang mit Geisteskranken zurückgehenden Erfahrung" wussten, dass die Tötungen Kranker rechtswidrig waren.[321] 1965 war dasselbe Gericht dagegen der Ansicht, man würde das Pflegepersonal der Anstalt Meseritz-Obrawalde „in unzumutbarer Weise überfordern", wollte man tatsächlich von ihm erwarten, dass es die Rechtswidrigkeit der Tötungen erkennen musste. Von einer „geistigen Unbeweglichkeit" und einem „unterdurchschnittlichen Kritikvermögen" der Pflegerinnen ist die Rede.[322] Das Oberlandesgericht Frankfurt am Main hatte 1947 noch hinsichtlich der zu lebenslangem Zuchthaus verurteilten Schwester Schürg festgestellt, dass die Fähigkeit zu unterscheiden, was Recht und was Unrecht sei, nicht vom Bildungsgrad abhänge. Nach der Entscheidung des Großen Senats fiel es den Gerichten dagegen auf einmal schwer, selbst Akademikern eine derartige Fähigkeit zu unterstellen. Ärzte, die von der Schrift *Bindings* und *Hoches* auch nur gehört hatten, konnten nunmehr nach Ansicht der Gerichte nicht mehr erkennen, dass die massenhafte Vergasung Geisteskranker, die mit allen erdenklichen Täuschungsmaßnahmen durchgeführt wurde, Unrecht war.

Schon das Vorliegen eines Verbotsirrtums wurde in den späteren Verfahren häufiger bejaht, was umgekehrt bedeutet, dass das Unrechtsbewusstsein der Euthanasie-Täter viel eher verneint wurde. Während die Gerichte vor 1952 das Bewusstsein der Rechtswidrigkeit meist mit Hinweis auf die seelische Reaktion der Angeklagten als erwiesen ansahen (und nur hilfsweise auf den Verbotsirrtum eingingen), lehnten sie später das Unrechtsbewusstsein der Angeklagten mit einer häufig nur sehr kurzen Begründung ab. So meinten die Gerichte in den ersten Euthanasie-Verfahren, die Tatsache, dass die Angeklagten „see-

[321] Siehe LG München I, Urt. v. 21.07.1948, RÜTER III, S. 19 (23).
[322] Siehe LG München I, Urt. v. 12.03.1965, RÜTER XX, S. 695 (712 f.).

lisch stark unter ihren Handlungen litten" oder dass sie zugaben, von den Vorgängen erschüttert gewesen zu sein, sei ein klares Zeichen dafür, dass sie das Unrecht ihrer Handlungen erkannt hatten. Das Tübinger Landgericht erläuterte 1949 etwa, dass die Angeklagten damit, dass sie zu ihrer Verteidigung ihre Abneigung und Abscheu gegenüber den Massentötungen zum Ausdruck brachten, auch zugegeben hätten, dass sie durchaus erkannt hatten, wie krass diese Tötungen gegen die menschlichen Grundrechte verstießen.[323] Im Urteil des Landgerichts München 1965 spielte es dagegen überhaupt keine Rolle, dass die Pflegerinnen die Tötungen nicht billigten, weil sie in ihnen einen Verstoß gegen das fünfte Gebot sahen. Die Angeklagten hatten offenbar klar erkannt, dass sie gegen das Tötungsverbot verstießen. Das Landgericht wertete das Tötungsverbot jedoch als bloße „religiöse Überzeugung", die schon mal mit dem Gesetz in Widerspruch stehen könne und daher dem Zweifelnden keinen Anlass geben müsse, die Norm für unverbindlich und illegitim zu halten.[324] Auch sonst ließen sich nach 1952 offenbar zahlreiche Gründe dafür finden, einen Verstoß gegen menschliche Grundrechte nicht zu erkennen: Autoritätsgläubigkeit, propagandistischer Einfluss, der Gedanke der Rettung anderer Patienten und nicht zuletzt die Ansicht, dass die „Vernichtung lebensunwerten Lebens" gar nicht gegen „naturrechtlich evidente Sätze" verstoße[325]. Mit derartigen Argumenten verneinten die Gerichte reihenweise das Unrechtsbewusstsein derjenigen, die an der massenhaften Tötung von Anstaltspatienten mitgewirkt hatten. War das Unrechtsbewusstsein erst verneint, sah es für die Euthanasie-Täter gut aus: Abgesehen von der Entscheidung des Landgerichts Frankfurt am Main 1968 führten sämtliche Euthanasie-Urteile nach 1952, in denen ein Verbotsirrtum bejaht wurde, zum Freispruch der Täter. Der Bundesgerichtshof hatte bei seiner Entscheidung zugunsten der Schuldtheorie die Kriterien für eine „zumutbare Gewissensanspannung" derart offen gelassen, dass es den Gerichten problemlos gelang, für jeden Einzelfall die nötigen Argumente für die Unvermeidbarkeit des Irrtums zu finden. Der Verbotsirrtum war somit tatsächlich, wie *Freudiger* sagt, ein „Instrument zur Exkulpierung insbesondere von ‚Euthanasie'-Tätern"[326] – und zwar ein sehr erfolgreiches.

2. Prozesse gegen die an der Ermordung der Juden und den Verbrechen im Rahmen des Russlandfeldzugs beteiligten NS-Täter

Der Verbotsirrtum spielte ferner eine Rolle in zahlreichen Verfahren, deren Gegenstand Taten im Rahmen der von Hitler geplanten „Endlösung der Judenfrage" bilden. Hierzu gehören die Verbrechen im Zusammenhang mit der Ju-

[323] LG Tübingen, Urt. v. 05.07.1949, RÜTER V, S. 89 (103).
[324] LG München I, Urt. v. 12.03.1965, RÜTER XX, S. 695 (713).
[325] So das LG Göttingen, Urt. v. 02.12.1953, RÜTER XI, S. 735 (758).
[326] FREUDIGER, S. 343.

denermordung im Dritten Reich, wie die Judendeportationen, Verbrechen in Vernichtungs- und Konzentrationslagern, Ghettos und Zwangsarbeitslagern sowie (sonstige) Straftaten der Einsatzgruppen, Einsatzkommandos und Polizeieinheiten in der Sowjetunion im Rahmen des Russlandfeldzugs.

Die bereits im Parteiprogramm der Nationalsozialisten vorgesehene Ausschaltung der Juden aus dem Gemeinschaftsleben in Deutschland wurde bald nach der Ernennung Hitlers zum Reichskanzler am 30. Januar 1933 schrittweise verwirklicht – zunächst vorsichtiger, dann aber immer radikaler. Die jüdische Bevölkerung wurde durch eine Vielzahl anti-jüdischer Maßnahmen entrechtet und diskriminiert, sowohl durch gesetzgeberische Maßnahmen als auch etwa durch Boykottaufrufe und Gewalttaten kleineren und größeren Ausmaßes. All dies bezweckte zunächst, die jüdische Bevölkerung zur Auswanderung aus Deutschland zu veranlassen, um „den deutschen Volkskörper zu säubern". Nach Beginn des Zweiten Weltkriegs plante Hitler jedoch eine „radikalere" Lösung der „Judenfrage". Spätestens in der ersten Hälfte des Jahres 1941, jedenfalls aber vor Beginn des Russlandfeldzugs, beschloss er die sogenannte Endlösung – die Ermordung aller in Deutschland verbliebenen Juden sowie aller in den von Deutschland bereits besetzten oder noch zu besetzenden Gebieten lebenden Juden. Hitler erteilte Himmler mündlich den Befehl, die jüdische Bevölkerung zu ermorden, und Himmler beauftragte seinerseits den SS-Obergruppenführer Heydrich als Chef des Reichssicherheitshauptamtes (RSHA) mit der Durchführung. Im Rahmen des geplanten Feldzugs gegen die Sowjetunion 1941 („Unternehmen Barbarossa") sollte zunächst das Ostjudentum „vernichtet" werden. Das RSHA bildete vier Einsatzgruppen (A, B, C, D), die sich wiederum in Einsatzkommandos unterteilten. Diese bestanden aus Angehörigen der Gestapo, des Sicherheitsdienstes (SD), der Schutzstaffel (SS) sowie der Kripo. Die Einsatzkommandos unterstanden insgesamt dem Chef der Sicherheitspolizei und des SD Heydrich sowie mittelbar dem Reichsführer SS und Chef der deutschen Polizei, Himmler. Offizielle Aufgabe der Einsatzgruppen sollte die „Sicherung des rückwärtigen Heeresgebiets" sein. Tatsächlich bestand ihre Hauptaufgabe aber darin, die jüdische Bevölkerung im Osten zu ermorden und andere „potentielle Gegner" zu „liquidieren".[327] Zu letzteren gehörten etwa kommunistische Funktionäre, aber auch Zigeuner, Partisanen und Geisteskranke. So wurden ab 1941 in den besetzten Ostgebieten unzählige Menschen, meist Juden, durch Massenexekutionen, Erschießungen, Vergasungen oder auf andere, meist grausamste Weise getötet. Aus Berichten der Einsatzgruppen an das RSHA geht hervor, dass sich die Zahl der bis einschließlich April 1942 Getöteten auf insgesamt

[327] LG Kassel, Urt. v. 09.01.1963, RÜTER XVIII, S. 781 (785 f.); LG Kiel, Urt. v. 08.04.1964, RÜTER XIX, S. 777 (784 f.); LG Köln, Urt. v. 12.05.1964, RÜTER XX, S. 165 (168 ff.); LG Freiburg/Brsg., Urt. v. 12.07.1963, RÜTER XIX, S. 413 (420); RÜCKERL Strafverfolgung von NS-Verbrechen, S. 18 ff.

rund 560.000 beläuft.[328] Die Durchführung der „Endlösung" hatte somit schon längst begonnen, als Heydrich im Januar 1942 den Teilnehmern der Wannsee-Konferenz die geplanten Maßnahmen zur Lösung der „Judenfrage" erläuterte.

Anders als die Euthanasie-Prozesse, die bereits seit 1945 vor deutschen Gerichten verhandelt wurden, fanden die Verfahren im Zusammenhang mit der Ermordung von Juden und Straftaten während des Feldzugs gegen die Sowjetunion ganz überwiegend erst ab den 1960er Jahren statt. Der Grund hierfür liegt unter anderem darin, dass systematische und umfassende Ermittlungsarbeiten zu diesem Bereich erst mit der Gründung der „Zentralen Stelle der Landesjustizverwaltung zur Aufklärung nationalsozialistischer Verbrechen" (kurz: Zentrale Stelle) in Ludwigsburg Ende 1958 möglich waren.[329] Die seit 1959 von der Zentralen Stelle betriebene Aufklärung und Verfolgung von NS-Verbrechen schlug sich ab 1961 auch in einer Zunahme der gerichtlichen Entscheidungen nieder.[330] Daher gibt es zu diesem Komplex kaum Verfahren vor 1952. Die wenigen Verfahren zeigen jedoch bereits, dass die Berufung der NS-Täter auf ein fehlendes Unrechtsbewusstsein nach 1945 zunächst ebenso erfolglos blieb, wie dies nach der reichsgerichtlichen Rechtsprechung der Fall gewesen wäre. Dies änderte sich jedoch – mittelbar – mit der Entscheidung des Bundesgerichtshofs[331] zugunsten der Schuldtheorie. Sie eröffnete den NS-Tätern die Möglichkeit, sich trotz Erkennens der Rechtswidrigkeit des Befehls auf einen Verbotsirrtum zu berufen.

Gemeinsam ist den in diesem Abschnitt behandelten Verfahren, dass es sich bei den Angeklagten um ehemalige Angehörige der Gestapo, des SD, der SS, eines Polizeibataillons oder sonstiger Vereinigungen handelt, bei denen die Angeklagten zum Tatzeitpunkt in einem Befehlsverhältnis standen. Für diesen Personenkreis war der zur Tatzeit geltende § 47 Militärstrafgesetzbuch (MilStGB)[332] anwendbar. § 47 Abs. 1 Satz 1 MilStGB regelte zugunsten des Befehlsuntergebenen, dass allein der befehlende Vorgesetzte strafrechtlich verantwortlich war, wenn der Untergebene durch die Ausführung eines Befehls in Dienstsachen ein Strafgesetz verletzte. Der gehorchende Untergebene war jedoch gemäß § 47 Abs. 1 Satz 2 Nr. 2 MilStGB als Teilnehmer zu bestrafen, wenn ihm bekannt war, dass der Befehl des Vorgesetzten „ein allgemeines oder militärisches Verbrechen oder Vergehen bezweckte" – mit anderen Worten eine rechtswidrige Handlung. Ähnliches galt nach § 7 Abs. 2 Satz 2 des deutschen Beamtengesetzes[333] für Beamte, die auf dienstliche Anordnung ihres Vorgesetzten

---

[328] RÜCKERL Strafverfolgung von NS-Verbrechen, S. 19.

[329] Dazu LICHTENSTEIN Politik und Zeitgeschichte 1981, B 9–10, S. 3 ff.

[330] RÜCKERL Strafverfolgung von NS-Verbrechen, S. 50, 64, 77, 107 f.; VORMBAUM Moderne Strafrechtsgeschichte, S. 221.

[331] BGHSt 2, 194 = Beschl. v. 18.03.1952.

[332] RGBl. 1940 I, S. 1351.

[333] RGBl. 1937 I, S. 42.

handelten: Sie durften solche Anordnungen nicht befolgen, deren Ausführung erkennbar gegen ein Strafgesetz verstieß. In den NS-Prozessen stellten die Gerichte diesbezüglich jedoch – soweit ersichtlich – durchweg fest, dass die Angeklagten die Rechtswidrigkeit des jeweiligen Befehls erkannt hatten, so dass ihre strafrechtliche Verantwortlichkeit nicht nach § 47 MilStGB oder § 7 Abs. 2 Satz 2 DBG entfiel. Das Vorbringen der Angeklagten, man habe aufgrund eines (militärischen) Befehls gehandelt, hatte daher zunächst keine Auswirkung auf die Bestrafung der Täter, wie drei Prozesse des Landgerichts Frankfurt am Main zwischen 1949 und 1951 zeigen:

Mit Urteil vom 12. 12. 1949 verurteilte das Landgericht Frankfurt am Main den Ingenieur Walter Hermann Fasold wegen Mordes an mindestens 180 Juden zu lebenslanger Zuchthausstrafe. Er hatte als Betriebsleiter der Hugo Schneider AG („Hasag") in Tschenstochau (Polen) im Jahr 1943 an der Tötung einer unbestimmten Anzahl – mindestens aber 180 – jüdischer Zwangsarbeiter mitgewirkt. Die Tötungsaktion war auf Anordnung des SD etwa im Sommer 1943 durchgeführt worden. Sie hatte den Zweck – wie der Angeklagte wusste – „unbrauchbare" Arbeitskräfte „auszusortieren". Getötet wurden daher vor allem alte, kranke und schwache Menschen. Dass diese Maßnahme rechtswidrig war, bedurfte dem Frankfurter Landgericht zufolge „keiner weiteren Ausführung". Sie sei weder materiell noch formell durch eine Rechtsnorm gedeckt gewesen.[334] Selbst in der NS-Zeit habe es nie eine gesetzliche Ermächtigung zur Tötung von Juden gegeben. Das Gericht nahm jedoch „[a]uf Grund der ideologischen Einstellung des Angeklagten" an, dass er die Tötung der jüdischen Zwangsarbeiter für rechtmäßig gehalten habe. Das somit fehlende Unrechtsbewusstsein könne ihn aber aufgrund seiner „Rechtsblindheit" nicht entlasten. Das Landgericht wiederholte insoweit nochmal seinen bereits in den Euthanasie-Verfahren aufgestellten Grundsatz[335]:

„Die Bewertung des Einzelnen über Recht und Unrecht muss dann zurücktreten, wenn sie in krassem Widerspruch zu den allgemein anerkannten Anschauungen steht (sog. Rechtsblindheit). Auf ein abnormes Rechtsgefühl kann sich der Täter nicht berufen".

Zur offensichtlichen Rechtswidrigkeit der Judentötungen führte es dann weiter aus:

„Selbst in der Zeit des Krieges widerspricht es aber krass den Anschauungen aller Kulturvölker, Menschen, denen nichts Ernsthaftes vorzuwerfen ist, ohne auch nur das einfachste Verfahren lediglich deshalb zu töten, weil sie Juden und nicht mehr arbeitsfähig

334 Dazu und zum Folgenden LG Frankfurt a. M., Urt. v. 12. 12. 1949, Rüter V, S. 645 (656 f.).

335 LG Frankfurt a. M., Urt. v. 21. 01. 1948, Rüter II, S. 187 (204); Urt. v. 09. 02. 1949, Rüter IV, S. 47 (64); mit ähnlicher Formulierung auch schon LG Frankfurt a. M., Urt. v. 21. 12. 1946, Rüter I, S. 135 (157); Urt. v. 30. 01. 1947, Rüter I, S. 223 (254); Urt. v. 21. 03. 1947, Rüter I, S. 307 (352); dazu bereits oben Teil 3 III 1 c.

sind. Auch das deutsche Volk als Ganzes hat ein solches Vorgehen niemals als Recht betrachtet, abgesehen von einigen wenigen Außenseitern, die es überall und zu allen Zeiten geben wird. Weil die nationalsozialistische Führung diese Ablehnung vorausgesehen hat, hat sie ihre Maßnahmen gegen die Juden niemals öffentlich verkündet und propagiert, sondern sie geheim gehalten, so dass die große Masse des Volkes erst nach dem Ende der nationalsozialistischen Herrschaft unterrichtet worden ist. Nur diejenigen, die an diesen Maßnahmen beteiligt oder von ihnen betroffen waren oder in deren räumlicher Nähe sich die Ereignisse abspielten, hatten schon vorher mehr oder weniger genaue Vorstellungen über das, was geschah."[336]

Auch der Versuch des Angeklagten, sich zu seiner Entschuldigung auf einen verbindlichen Befehl zu berufen, hatte keinen Erfolg: Der Angeklagte hätte die Rechtswidrigkeit des Befehls ebenso erkennen müssen wie die Rechtswidrigkeit einer entsprechenden gesetzlichen Regelung.[337] Das Vorbringen des Angeklagten, er habe „auf Befehl" gehandelt, änderte somit in jenem Fall nichts an seiner strafrechtlichen Verantwortlichkeit.

Ebenso wenig gelang es dem Angeklagten Baab ein Jahr später vor dem Frankfurter Landgericht, sich mit diesem Verteidigungsvorbringen zu entlasten.[338] Der ehemalige Kriminalsekretär Heinrich Baab war 1942/43 als Sachbearbeiter im Judenreferat der Gestapostelle Frankfurt am Main tätig. In dieser Funktion hatte er an den Deportationen zahlreicher Juden mitgewirkt. Nachdem die Nationalsozialisten in den ersten Jahren ihrer Herrschaft versucht hatten, die jüdische Bevölkerung durch eine Vielzahl anti-jüdischer Gesetze und Maßnahmen zur Auswanderung zu veranlassen, gingen sie 1941 dazu über, die Juden nach Osten zu deportieren. Öffentlich sprach man von einer „Evakuierung", tatsächlich wurden die deportierten Juden jedoch – wie heute allgemein bekannt – systematisch ermordet: Sofern sie nicht bereits infolge der absichtlich äußerst schlecht gehaltenen Lebensbedingungen auf den Transporten und in den Lagern verstarben, wurden sie vergast, erschossen, durch Injektionen oder auf andere Weise getötet.[339] Die Gestapostelle Frankfurt am Main nutzte die zahlreichen Verbote und Beschränkungen, denen die Juden im Dritten Reich ohnehin ausgesetzt waren, um ihren Deportationen den äußeren Anschein der Rechtmäßigkeit zu geben: Sie nahm jeden auch nur angezeigten geringfügigen Verstoß zum Anlass, um einen „Schutzhaftbefehl" gegen die jeweilige Person zu erwirken, auf dessen Grundlage der Betroffene in der Regel in ein Konzentrationslager eingewiesen wurde. Die auf diese Weise in „Schutzhaft" genommenen Juden wurden dann zum größten Teil in Auschwitz und anderen Lagern getötet. Hieran war der Angeklagte maßgeblich beteiligt. Als Sachbearbeiter des Judenreferats bei der Gestapostelle Frankfurt am Main nahm er unter ande-

---

336 LG Frankfurt a. M., Urt. v. 12. 12. 1949, Rüter V, S. 645 (656 f.).

337 LG Frankfurt a. M., Urt. v. 12. 12. 1949, Rüter V, S. 645 (657).

338 LG Frankfurt a. M., Urt. v. 05. 04. 1950, Rüter VI, S. 371 ff.

339 Siehe – auch zum Folgenden – LG Frankfurt a. M., Urt. v. 05. 04. 1950, Rüter VI, S. 371 (375 ff.).

rem die Anzeigen gegen Juden auf und vernahm die Beschuldigten. Er „fühlte sich als derjenige, in dessen Hand das Schicksal der vor ihm erschienenen Juden lag". Das Landgericht Frankfurt am Main verurteilte ihn unter anderem wegen Mordes in 55 Fällen und versuchten Mordes in 21 Fällen zu lebenslangem Zuchthaus. Im Rahmen der rechtlichen Würdigung betonte es wiederum, dass es „keiner weiteren Erörterung" bedürfe, dass die Tötung von Menschen allein aus Gründen ihrer Abstammung rechtswidrig sei.[340] Im Gegensatz zu den „Euthanasie-Fällen" habe in diesen Fällen nicht einmal ein (Geheim-)Erlass Hitlers existiert. Ein gleichwohl mögliches fehlendes Unrechtsbewusstsein des Angeklagten („Sollte der Angeklagte aber so fanatisch gewesen sein, dass er die Deportationen als mit der Rechtsordnung vereinbar gehalten hat, [...]"[341]) verneinte das Gericht wiederum mit dem Argument der „Rechtsblindheit": Eine solche Einstellung würde „in krassem Widerspruch zu den allgemein anerkannten Grundanschauungen" stehen. Die weitere Verteidigung des Angeklagten, er habe auf Anweisung des Gestapoleiters gehandelt und diese befolgen müssen, blieb ebenfalls erfolglos. Das Gericht führte hierzu aus, dass ein derartiger Befehl jedenfalls nach § 7 Abs. 2 S. 2 des Deutschen Beamtengesetzes[342] nicht bindend gewesen wäre, weil er gegen Strafgesetze verstoßen hätte. Denn der Befehl beinhaltete die Anweisung, einen harmlosen Verstoß zum Anlass zu nehmen, um einen Menschen der Freiheit oder des Lebens zu berauben. Dies hätte auch der Angeklagte erkannt, da die Einsperrung oder Ermordung von Menschen allein wegen ihrer Rasse gegen die elementarsten Rechtsanschauungen verstoße. „Wenn der Angeklagte das wirklich nicht erkannt haben sollte, so beruht das auf einer Verbildung seiner Rechtsbegriffe, nicht aber darauf, dass er die Tragweite des gegebenen Befehls nicht übersehen hätte".[343] Ein etwaiger Verbotsirrtum des Angeklagten war somit unbeachtlich.

1951 verurteilte das Frankfurter Landgericht schließlich noch den Angeklagten Josef Hirtreiter wegen Mordes in einer unbestimmten Anzahl von Fällen zu lebenslangem Zuchthaus.[344] Er war in den Jahren 1942/1943 im Vernichtungslager Treblinka eingesetzt. Bis zur Auflösung des Lagers im Oktober 1943 wurden dort Juden aus dem damaligen deutschen Herrschaftsgebiet massenweise vergast und erschossen. Der Angeklagte war durch seine Betätigung in dem Lager, welches einzig zum Zweck der planmäßigen Ermordung von Menschen errichtet worden war, an den Ermordungen der Juden teils unmittelbar, im Übrigen jedenfalls mittelbar beteiligt. Letzteres sah das Gericht für die Strafbarkeit des Angeklagten als ausreichend an. Denn auch ohne eine persönliche Mitwirkung des Angeklagten sei seine Betätigung im Lager eine der Bedingungen

---

340 LG Frankfurt a. M., Urt. v. 05. 04. 1950, Rüter VI, S. 371 (392).
341 LG Frankfurt a. M., Urt. v. 05. 04. 1950, Rüter VI, S. 371 (394).
342 RGBl. 1937 I, S. 42.
343 LG Frankfurt a. M., Urt. v. 05. 04. 1950, Rüter VI, S. 371 (395).
344 LG Frankfurt a. M., Urt. v. 03. 03. 1951, Rüter VIII, S. 261 ff.

für den Erfolg der planmäßigen Massenermordung gewesen und somit ursächlich für die Tötungen der Juden. Im Rahmen der Schuldausschließungsgründe prüfte das Landgericht das Unrechtsbewusstsein des Angeklagten: Es sei zumindest denkbar, dass ihm das Unrechtsbewusstsein gefehlt habe, weil die Vergasungen der Menschen auf Veranlassung der obersten Staatsführung erfolgt seien. Zwar hatte das Gericht keinen Zweifel daran, dass dem Angeklagten die Rechtswidrigkeit der Tötungen bewusst gewesen war. Hilfsweise stellt es aber noch klar, dass selbst ein fehlendes Unrechtsbewusstsein den Angeklagten wegen „Rechtsblindheit" nicht entschuldigen könnte.[345] Auch das Vorbringen des Angeklagten, er habe bei der Mitwirkung an den Massentötungen auf Befehl seines Vorgesetzten gehandelt, konnte ihn nicht entlasten. Der Angeklagte berief sich damit auf den zur Tatzeit geltenden § 47 MilStGB[346]. Danach konnte er sich jedoch nicht von seiner strafrechtlichen Verantwortlichkeit befreien, da ihm positiv bekannt war, dass der Befehl von ihm die Teilnahme an Morden verlangte und dass diese durch keine Rechtsnorm gedeckt waren. Er habe, so das Frankfurter Gericht, derartigen Befehlen daher nicht gehorchen dürfen. Ein etwaiger Irrtum des Angeklagten über die Rechtswidrigkeit der „offenkundig verbrecherischen Befehle" wäre wiederum aus Gründen der „Rechtsblindheit" unbeachtlich. Der Bundesgerichtshof bestätigte die Ausführungen des Landgerichts in seiner Revisionsentscheidung vom 10. 01. 1952.[347] Zum Vorbringen des Angeklagten, er habe auf Befehl gehandelt, führte der Bundesgerichtshof ergänzend aus, dass der Angeklagte das, was etwaige Befehle von ihm verlangten, selbst gebilligt und gewollt habe. Dies ergebe sich aus den Feststellungen des erstinstanzlichen Urteils. Der Angeklagte habe demnach auch freiwillig gehandelt. Seine Revision blieb damit ohne Erfolg.

Auch in den Prozessen nach 1952 hatte, soweit ersichtlich, kein Angeklagter Erfolg mit der Verteidigung, er hätte im Zusammenhang mit der Ermordung der Juden an die Rechtmäßigkeit des ihm erteilten Befehls geglaubt. Beispielhaft hierfür sind die Ausführungen des Landgerichts Essen in einem Verfahren gegen drei ehemalige Führerdienstgrade eines Sonderkommandos der Sicherheitspolizei und des SD, die an mehreren Massenerschießungen von überwiegend jüdischen Menschen der zivilen Landbevölkerung Russlands beteiligt waren. Das Schwurgericht gelangte hinsichtlich aller drei Angeklagter zu dem Ergebnis, dass sie „sicheres Wissen" von der verbrecherischen Natur der Tötungsbefehle gehabt hätten:

> „Man muss sich vergegenwärtigen, dass bei diesen Massenerschießungen aus Hass oder Verachtung fremder Rassen wehrlose Menschen, die keinerlei individuelle Schuld auf sich geladen hatten, ohne Unterschied des Alters und Geschlechts auf die grausamste

345 Dazu und zum Folgenden LG Frankfurt a. M., Urt. v. 03. 03. 1951, Rüter VIII, S. 261 (274 f.).

346 RGBl. 1940 I, S. 1351.

347 BGH, Urt. v. 10. 01. 1952, Rüter VIII, S. 277 (279).

Weise abgeschlachtet wurden. Auch unter Berücksichtigung der dem Nationalsozialismus huldigenden Lehre an Schulen und Universitäten, der Schulung in nationalsozialistischen Organisationen, der gesteuerten öffentlichen Meinung und der von Goebbels raffiniert gelenkten Publikationsorgane der Presse und des Rundfunks war es damals für die Angeklagten klar, dass ihnen die Befehle die Mitwirkung an Verbrechen ansonnen [sic!].“[348]

Damit bejahte das Landgericht Essen die positive Kenntnis der Angeklagten von der Rechtswidrigkeit des Befehls. Nur eine solche, positive Kenntnis des Untergebenen vom Verbrechenscharakter des Befehls konnte dessen Verantwortlichkeit nach § 47 MilStGB begründen. Die Grundsätze des Verbotsirrtums waren hingegen innerhalb des § 47 MilStGB nicht anwendbar.[349] Das heißt die Tatsache, dass der Untergebene die Rechtswidrigkeit des Befehls fahrlässig nicht erkannt hatte, führte gemäß § 47 Abs. 2 MilStGB grundsätzlich nicht zu seiner Strafbarkeit. Doch sollte der Verbotsirrtum auch in den Fällen, in denen die Täter aufgrund eines rechtswidrigen Befehls handelten, eine nicht unerhebliche Rolle spielen und den Angeklagten zu einer Strafmilderung verhelfen – nämlich dann, wenn sie vorbrachten, aufgrund ihrer unbedingten Gehorsamspflicht geglaubt zu haben, den Befehl *trotz* seiner Rechtswidrigkeit ausführen zu müssen:

1955 hatte der Bundesgerichthof über die Revision im „Fall Venediger“ zu entscheiden. Günther Venediger hatte im März 1944 als Leiter der Gestapo-Leitstelle Danzig vier britische Fliegeroffiziere von hinten erschießen lassen und die Hinrichtung nachträglich als „Erschießung auf der Flucht“ getarnt. Dies hatte er in Ausführung eines Befehls Hitlers getan. Damit hatte Venediger den Tatbestand der Beihilfe zum Mord erfüllt. Hinsichtlich § 47 MilStGB erläuterte der Bundesgerichtshof in seiner Entscheidung:[350]

> „Der Angeklagte könnte […] nicht auf Grund des § 47 Abs. 1 Satz 2 Nr. 2 MStGB straflos bleiben, wenn er den verbrecherischen Zweck des Erschießungsbefehls erkannt, sich aber trotzdem für verpflichtet gehalten hätte, ihn zu befolgen, weil er jeden ‚Führerbefehl‘ als unbedingt bindend ansah. Dieser Irrtum könnte nur im Rahmen der Grundsätze Beachtung finden, die der Große Senat für Strafsachen in seinem Beschluss vom 18. März 1952 (BGHSt. 2, 194 ff.) zum Verbotsirrtum entwickelt hat.“

Der irrtümliche Glaube an die Verbindlichkeit eines Befehls trotz Erkennens seiner Rechtswidrigkeit war danach also ein Verbotsirrtum, weil die Täter damit irrtümlich an einen von der Rechtsordnung nicht anerkannten Rechtfertigungsgrund geglaubt hatten. Anders hatte dies noch das Landgericht München gesehen in seinem Urteil vom 02. 07. 1948 gegen einen ehemaligen Volkssturmangehörigen („O.“). Dieser hatte am 28. 04. 1945 kurz vor dem Einmarsch

---

[348] LG Essen, Urt. v. 10. 02. 1966, Rüter XXIII, S. 129 (181).
[349] BGHSt 5, 239 (244) = Urt. v. 19. 03. 1953.
[350] BGH, Urt. v. 22. 04. 1955, Rüter XIV, S. 95 (96 f.).

der amerikanischen Truppen in München auf Befehl seines Dienstvorgesetzten einen Mann erschossen, dessen Sohn sich an der „Freiheitsaktion Bayern" zur Einstellung des sinnlosen Widerstandes gegen die vor München stehenden Amerikaner beteiligt hatte. In der Urteilsbegründung des Münchener Landgerichts hieß es insoweit nur knapp: „Wenn sich O. darauf beruft, er sei irrtümlich der Meinung gewesen, dass auch ein verbrecherischer Befehl ausgeführt werden müsste, so irrte er über die Strafbarkeit seiner Handlung, was gemäß § 59 StGB nicht seine Schuld ausschließt"[351]. Mit der Revisionsentscheidung im Fall Venediger hatte der Bundesgerichtshof diesen Irrtum nunmehr jedoch als Verbotsirrtum qualifiziert, der nach den Grundsätzen der Schuldtheorie zu behandeln war. Damit hatte er NS-Tätern eine neue Verteidigungsmöglichkeit eröffnet: Mit Aussagen wie „Befehl war Befehl" oder dem Verweis auf die unbedingte Gehorsamspflicht gegenüber Führerbefehlen machten zahlreiche Angeklagte geltend, sie hätten geglaubt, den ihnen erteilten Befehl trotz seiner Rechtswidrigkeit in jedem Fall ausführen zu müssen – womit sie sich auf einen Verbotsirrtum beriefen.

In dem ersten großen Prozess wegen der Verbrechen der Einsatzgruppen in der Sowjetunion vor dem Landgericht Ulm 1958, dem sogenannten Ulmer Einsatzgruppenprozess, blieb die Berufung der Angeklagten auf einen Verbotsirrtum allerdings noch erfolglos. Vor Gericht standen zehn Mitglieder des Einsatzkommandos Tilsit, die 1941 in Litauen fünf- bis sechstausend Menschen ermordet hatten.[352] Die Angeklagten brachten zu ihrer Verteidigung vor, die Mordbefehle Hitlers für verbindlich gehalten zu haben. Das Ulmer Landgericht glaubte ihnen nicht:

> „Abgesehen davon, dass es in keinem Kulturvolk einen bindenden Befehl gibt, der entschuldigt […], scheidet der Gedanke an die Verbindlichkeit des Befehls in Anbetracht des überaus ungewöhnlichen und ungeheuren Verlangens, diese Massentötungen durchzuführen, von vornherein aus. Dies haben die Angeklagten angesichts des Grauens und aus dem Maß des Verbrechens heraus, das von ihnen verlangt worden ist, […] irrtumsfrei klar erkannt".[353]

Dass die Angeklagten tatsächlich irrtumsfrei die Unverbindlichkeit der Befehle erkannt hatten, kann mit *T. Walter* zwar durchaus bezweifelt werden; denn es war den Deutschen seinerzeit „kein unvertrautes Phänomen, dass ihr natürliches Rechtsempfinden und der moralische Wegweiser ihres Gewissens in eine andere Richtung zeigten als bestimmte Befehle der Obrigkeit und das Recht der Juristen".[354] Jedoch hätte dieses Phänomen, wie *T. Walter* weiter ausführt, im Falle der Mordbefehle Hitlers ein „mächtiger Antrieb" sein müssen, die Befehle

[351] LG München I, Urt. v. 02.07.1948, RÜTER II, S. 753 (762).
[352] LG Ulm, Urt. v. 29.08.1959, RÜTER XV, S. 11 (11 ff.); siehe dazu auch KUKIELKA/T. WALTER JJZG 14 (2014), 61 ff. und T. WALTER Ulmer Einsatzgruppen-Prozess, S. 123 ff.
[353] LG Ulm, Urt. v. 29.08.1959, RÜTER XV, S. 11 (240).
[354] T. WALTER Ulmer Einsatzgruppen-Prozess, S. 123 (143).

in Frage zu stellen. Daher wäre ein etwaiger Verbotsirrtum der Angeklagten in jedem Fall vermeidbar gewesen.[355]

Zu dieser Ansicht gelangten auch die deutschen Gerichte in den nachfolgenden Prozessen. In einer großen Anzahl von Verfahren zwischen 1963 und 1985, in denen NS-Täter vor Gericht standen, die an der Ermordung der Juden und anderen (Massen-)Verbrechen im Rahmen des Feldzugs gegen die Sowjetunion beteiligt waren, erlangte der Verbotsirrtum daher beachtliche Bedeutung: In über siebzig Urteilen prüften und bejahten die Gerichte einen Verbotsirrtum der Angeklagten.[356] So etwa im Prozess vor dem Landgericht Stuttgart im Jahr

---

[355] T. Walter Ulmer Einsatzgruppen-Prozess, S. 123 (143 f.).

[356] LG Kassel, Urt. v. 09.01.1963, Rüter XVIII, S. 781 (830); LG Freiburg/Brsg., Urt. v. 12.07.1963, Rüter XIX, S. 413 (467); LG Hannover, Urt. v. 18.11.1963, Rüter XIX, S. 489 (519); LG Stuttgart, Urt. v. 20.12.1963, Rüter XIX, S. 645 (666, 671); LG Kiel, Urt. v. 08.04.1964, Rüter XIX, S. 777 (803); LG Köln, Urt. v. 12.05.1964, Rüter XX, S. 165 (182); LG Ellwangen, Urt. v. 21.05.1964, Rüter XX, S. 217 (244 f.); LG Hannover, Urt. v. 29.10.1964, Rüter XX, S. 521 (564, 568); LG Augsburg, Urt. v. 02.04.1965, Rüter XX, S. 819 (836); LG Bonn, Urt. v. 23.07.1965, Rüter XXI, S. 227 (243); LG Düsseldorf, Urt. v. 03.09.1965, Rüter XXII, S. 19 (197 f.); LG Fulda, Urt. v. 15.10.1965, Rüter XXII, S. 253 (268); LG Kiel, Urt. v. 26.11.1965, Rüter XXII, S. 415 (439); LG München I, Urt. v. 21.01.1966, Rüter XXIII, S. 5 (33); LG Kiel, Urt. v. 27.01.1966, Rüter XXIII, S. 69 (108); LG Essen, Urt. v. 10.02.1966, Rüter XXIII, S. 129 (181); LG Hannover, Urt. v. 07.06.1966, Rüter XXIII, S. 601 (647 f.); LG Stuttgart, Urt. v. 15.07.1966, Rüter XXIV, S. 5 (126 ff., 213, 234, 249); LG Hagen, Urt. v. 20.12.1966, Rüter XXV, S. 17 (48); LG Hagen, Urt. v. 20.12.1966, Rüter XXV, S. 59 (222); LG Essen, Urt. v. 22.12.1966, Rüter XXV, S. 255 (322); LG Bielefeld, Urt. v. 14.04.1967, Rüter XXVI, S. 5 (127, 129 ff., 134); LG Rottweil, Urt. v. 28.06.1967, Rüter XXVI, S. 389 (407); LG Stuttgart, Urt. v. 15.09.1967, Rüter XXVI, S. 555 (581); LG Stuttgart, Urt. v. 29.04.1968, Rüter XXVII, S. 655 (717, 737, 739, 744, 748, 755, 772); LG Münster, Urt. v. 06.05.1968, Rüter XXVIII, S. 225 (649); LG Kiel, Urt. v. 20.05.1968, Rüter XXIX, S. 3 (24 f.); LG Bochum, Urt. v. 05.06.1968, Rüter XXIX, S. 35 (382); LG Köln, Urt. v. 08.07.1968, Rüter XXX, S. 109 (142); LG Darmstadt, Urt. v. 29.11.1968, Rüter XXXI, S. 7 (94, 103, 116, 142, 154, 167, 172, 179, 221, 227, 247); LG Hannover, Urt. v. 20.12.1968, Rüter XXXI, S. 387 (404 f.); LG Hamburg, Urt. v. 14.01.1969, Rüter XXXI, S. 525 (668); LG Dortmund, Urt. v. 16.01.1969, Rüter XXXI, S. 675 (689); LG Stuttgart, Urt. v. 13.03.1969, Rüter XXXI, S. 697 (784 f.); LG Memmingen, Urt. v. 10.07.1969, Rüter XXXII, S. 407 (451 f., 455); LG Tübingen, Urt. v. 31.07.1969, Rüter XXXII, S. 705 (732); LG München II, Urt. v. 22.12.1969, Rüter XXXIII, S. 311 (322); LG München I, Urt. v. 26.02.1970, Rüter XXXIII, S. 431 (500); LG Hannover, Urt. v. 01.04.1970, Rüter XXXIII, S. 535 (559); LG Köln, Urt. v. 20.04.1970, Rüter XXXIII, S. 621 (738 f.); LG München I, Urt. v. 18.06.1970, Rüter XXXIV, S. 331 (344); LG Kiel, Urt. v. 10.07.1970, Rüter XXXIV, S. 355 (413); LG Memmingen, Urt. v. 11.03.1971, Rüter XXXV, S. 98 (126); LG Regensburg, Urt. v. 05.08.1971, Rüter XXXVI, S. 73 (101); LG Hannover, Urt. v. 14.10.1971, Rüter XXXVI, S. 109 (185, 215, 235, 241 f., 248, 266); LG Düsseldorf, Urt. v. 15.10.1971, Rüter XXXVI, S. 301 (383 f.); LG Hamburg, Urt. v. 24.04.1972, Rüter XXXVII, S. 177 (185); LG Arnsberg, Urt. v. 15.12.1972, Rüter XXXVII, S. 527 (591 f.); LG Darmstadt, Urt. v. 07.12.1972, Rüter XXXVII, S. 627 (693, 717); LG Hamburg, Urt. v. 22.12.1972, Rüter XXXVII, S. 813 (856 f.); LG Düsseldorf, Urt. v. 12.01.1973, Rüter XXXVIII, S. 5 (137); LG Frankfurt a. M., Urt. v. 06.02.1973, Rüter XXXVIII, S. 275 (371); LG Hamburg, Urt. v. 09.07.1974, Rüter XXXVIII, S. 395 (463 ff.); LG München I, Urt. v. 23.03.1973, Rüter XXXVIII, S. 707 (758); LG Heilbronn, Urt. v. 24.05.1973, Rüter XXXVIII, S. 829 (832, 848); LG Stuttgart, Urt. v. 11.03.1973, Rüter XXXIX, S. 157 (178 f.); LG Münster, Urt. v.

1966, der die Ermordung der jüdischen Bevölkerung in Galizien durch Angehörige der Sicherheitspolizei zum Gegenstand hatte: Die drei Angeklagten brachten vor, die ihnen erteilten Befehle für verbindlich und damit ihr Tatverhalten für gerechtfertigt gehalten zu haben. Dass die Angeklagten den verbrecherischen Zweck der Befehle klar erkannt hatten, zeigt die Aussage des Angeklagten Müller in diesem Verfahren: „Ich habe niemals behauptet, ich hätte in der Judenvernichtung etwas gesehen, was Recht wäre. Ich habe selbstverständlich klar erkannt, dass es sich um eine Vernichtung handelt, die unter normalen Umständen nur als Mord bezeichnet werden kann."[357] Dem Vorbringen der Angeklagten, trotzdem an die Verbindlichkeit entsprechender Befehle geglaubt zu haben, glaubte das Stuttgarter Landgericht:

> „Die ‚Heiligkeit' des Befehls stand in der Erziehung der SS, der sie alle lange Jahre angehörten, ebenso wie bei der militärisch formierten, mit der SS weitgehend verschmolzenen Sicherheitspolizei in der Tat derart im Vordergrund, dass das rechtsstaatliche, beamtenrechtliche Denken bei den Angeklagten nur noch in der politisch-militärisch verzerrten Form der damaligen Zeit vorausgesetzt werden konnte. Es war daher davon auszugehen, dass der ‚Führer' in ihren Augen das Recht hatte, alles, auch offensichtliches Unrecht, von ihnen zu verlangen. Den Angeklagten wurde ja nachdrücklich bedeutet, ihre Aufgabe sei auf einen direkten Befehl Hitlers zurückzuführen, so dass sie sich als Vollstrecker des Willens einer Autorität sahen, an der damals in Kreisen der SS und Polizei noch niemand ernstlich zu rütteln wagte."[358]

Dieser Irrtum über die Verbindlichkeit der als rechtswidrig erkannten Befehle habe, so das Gericht weiter, auf der Vorstellung einer rechtlich nicht denkbaren Rechtfertigung beruht. Keine den Geboten der Gerechtigkeit und Menschlichkeit verpflichtende Rechtsordnung könne aber bestimmen, dass eine strafbare Handlung deshalb kein Unrecht sei, weil sie von einer bestimmten Person befohlen werde, selbst wenn diese Person allein die Staatsmacht ausübe. Die Angeklagten hätten sich daher in einem Verbotsirrtum befunden.

---

16. 11. 1973, Rüter XXXIX, S. 467 (520); LG Traunstein, Urt. v. 13. 03. 1974, Rüter XXXIX, S. 567 (577); LG München I, Urt. v. 29. 03. 1974, Rüter XXXIX, S. 591 (624); LG Hamburg, Urt. v. 25. 06. 1974, Rüter XXXIX, S. 677 (757); LG Bochum, Urt. v. 12. 09. 1974, Rüter XL, S. 167 (198); LG München I, Urt. v. 15. 11. 1974, Rüter XL, S. 277 (307); LG Wiesbaden, Urt. v. 15. 12. 1975, Rüter XL, S. 613 (675, 689, 700 f.); LG Hamburg, Urt. v. 09. 03. 1976, Rüter XL, S. 823 (863); LG Hannover, Urt. v. 10. 04. 1978, Rüter XLII, S. 557 (596); LG Saarbrücken, Urt. v. 10. 07. 1978, Rüter XLII, S. 627 (675); LG Bochum, Urt. v. 11. 04. 1979, Rüter XLII, S. 725 (772 f.); LG Düsseldorf, Urt. v. 03. 06. 1981, Rüter XLIV, S. 383 (575); LG Hannover, Urt. v. 31. 07. 1981, Rüter XLV, S. 5 (130); LG Stuttgart, Urt. v. 15. 02. 1982, Rüter XLV, S. 225 (252, 257); LG Traunstein, Urt. v. 26. 05. 1982, Rüter XLV, S. 269 (380, 398); LG Memmingen, Urt. v. 23. 12. 1983, Rüter XLV, S. 777 (788); LG Bochum, Urt. v. 30. 01. 1985, Rüter XLVI, S. 5 (211); LG Traunstein, Urt. v. 02. 08. 1985, Rüter XLVI, S. 329 (386 f.); LG Duisburg, Urt. v. 25. 03. 1993, Rüter XLVIII, S. 385 (496).

[357] LG Stuttgart, Urt. v. 15. 07. 1966, Rüter XXIV, S. 5 (234).

[358] LG Stuttgart, Urt. v. 15. 07. 1966, Rüter XXIV, S. 5 (126); ähnlich insoweit auch etwa die Ausführungen im Urteil des LG Frankfurt a. M., Urt. v. 06. 02. 1973, Rüter XXXVIII, S. 275 (371).

Man mag hier eine gewisse Widersprüchlichkeit feststellen: Einerseits erkannten die Befehlsunterworfenen die Rechtswidrigkeit der ihnen erteilten Befehle positiv, weswegen sie nicht nach § 47 MilStGB entschuldigt waren. Andererseits hielten sie – trotz dieses Wissens – den Befehl für verbindlich und letztlich auch für „rechtmäßig", weil er vom Staatsoberhaupt Hitler selbst erteilt worden war. Das Landgericht Kiel versuchte in einem 1968 ergangenen Urteil, diesen „nur scheinbare[n] Widerspruch" zu erklären:[359]

„Der Angeklagte stand damals im Bann der SS-Ideologie, auf die er als alter Parteigenosse und SS-Mann eingeschworen war. Nach dieser Ideologie waren Tötungsbefehle Hitlers, selbst wenn sie nach damals geltendem Recht noch Mord oder Totschlag bedeuteten, gleichwohl ‚rechtmäßig', weil der Führer berufen war, das ‚Gesetz der Geschichte' zu vollziehen, und daher berechtigt war, sich über das Recht der Gesetzesparagraphen hinwegzusetzen. Die Masse des deutschen Volkes war zwar – mit den Augen dieser Ideologie gesehen – noch nicht reif dazu, diese Maßnahmen des Führers zu verstehen und als ‚rechtmäßig' zu erkennen; daher mussten diese nicht nur vor dem Ausland, sondern auch vor dem deutschen Volke so weit wie möglich geheim gehalten werden. Hingegen war die SS als weltanschauliche Voraustruppe in ihren verschiedenen Gliederungen berufen, sie auszuführen. Eines Tages nach dem Endsieg würden dann – so war die ideologische Meinung – der Führer und seine Getreuen von der SS vor der Geschichte als gerechtfertigt dastehen, und die bis dahin nach geltendem Recht immer noch rechtswidrigen Maßnahmen würden dann in aller Öffentlichkeit für gerechtfertigt erklärt werden".

Nur so war es nach Ansicht des Schwurgerichts zu erklären, dass der Angeklagte zwar die Völkerrechtswidrigkeit und die nach damals geltendem Recht bestehende Strafbarkeit der befohlenen Tat erkannt, den Befehl aber gleichwohl als getreuer SS-Mann und Staatspolizist ohne Bedenken für verbindlich gehalten und ausgeführt hatte. Mit dieser und ähnlichen Argumentationen kamen die Gerichte somit reihenweise zu dem Schluss, dass zahlreiche auf Befehl handelnde NS-Täter einem Verbotsirrtum unterlegen waren.[360] Die Auffassung der Angeklagten über die Verbindlichkeit eines verbrecherischen Befehls beruhe

---

[359] LG Kiel, Urt. v. 20.05.1968, Rüter XXIX, S. 3 (24 f.); Gegenstand des zugrunde liegenden Verfahrens war die rechtswidrige Erschießung vier entflohener Kriegsgefangener; die Tötungen erfolgten ebenfalls auf der Grundlage eines rechtswidrigen Führerbefehls.

[360] Etwa LG Freiburg/Brsg., Urt. v. 12.07.1963, Rüter XIX, S. 413 (467); LG Köln, Urt. v. 12.05.1964, Rüter XX, S. 165 (182); LG Bonn, Urt. v. 23.07.1965, Rüter XXI, S. 227 (243); LG München I, Urt. v. 21.01.1966, Rüter XXIII, S. 5 (33); LG Rottweil, Urt. v. 28.06.1967, Rüter XXVI, S. 389 (407); LG Kiel, Urt. v. 20.05.1968, Rüter XXIX, S. 3 (24 f.); LG Köln, Urt. v. 08.07.1968, Rüter XXX, S. 109 (142); LG Dortmund, Urt. v. 16.01.1969, Rüter XXXI, S. 675 (689); LG Tübingen, Urt. v. 31.07.1969, Rüter XXXII, S. 705 (732); LG Frankfurt a. M., Urt. v. 06.02.1973, Rüter XXXVIII, S. 275 (371 f.); LG Hamburg, Urt. v. 23.02.1973, Rüter. XXXVIII, S. 395 (468); LG Heilbronn, Urt. v. 24.05.1973, Rüter XXXVIII, S. 829 (848); LG München I, Urt. v. 23.03.1973, Rüter XXXVIII, S. 707 (758); LG Traunstein, Urt. v. 13.03.1974, Rüter XXXIX, S. 567 (577 f.); LG München I, Urt. v. 15.11.1974, Rüter XL, S. 277 (307); LG Bochum, Urt. v. 11.04.1979, Rüter XLII, S. 725 (772 f.); LG Stuttgart, Urt. v. 15.02.1982, Rüter XLV, S. 225 (252, 257); LG Duisburg, Urt. v. 25.03.1993, Rüter XLVIII, S. 385 (496).

auf einer „falsch verstandenen Gehorsams- und Treuepflicht“, führte etwa das Landgericht Düsseldorf 1965 in seinem Urteil zu den Massenmorden im Vernichtungslager Treblinka aus.[361] Auf die Frage des Landgerichts Fulda, ob er sich Gedanken über die Verbindlichkeit des Befehls gemacht habe, erklärte ein Angeklagter: „Das Denken soll man den Pferden überlassen.“[362] In einigen Urteilen hieß es zur Bejahung des Verbotsirrtums schlicht:

> „Es ist nicht sicher auszuschließen, dass der Angeklagte die Erschießungsbefehle trotz Kenntnis ihres verbrecherischen Zwecks deshalb als verbindlich ansah, weil es sich um Befehle der höchsten Staatsautorität und noch dazu um ‚Führerbefehle‘ handelte.“[363]

Das Hamburger Landgericht bejahte bereits einen Verbotsirrtum des Angeklagten, der an der Ermordung der lettischen Juden im Rigaer Ghetto beteiligt war, weil sich „nicht mit Sicherheit“ ausschließen ließ, dass er *„möglicherweise* annahm, auf Grund der ihm erteilten, für bindend gehaltenen Befehle persönlich gerechtfertigt zu sein“.[364]

Hinsichtlich der Vermeidbarkeit des Verbotsirrtums hatte schon der Bundesgerichtshof in seiner Revisionsentscheidung im Fall Venediger 1955 ergänzend angemerkt, dass davon auszugehen sei,

> „dass der Glaube an eine unbedingte Gehorsamspflicht gegenüber dem ‚Führer‘ den Angeklagten nicht von der Verpflichtung entband, sich vor seinem Gewissen Rechenschaft darüber zu geben, ob das beabsichtigte Tun mit den Geboten des rechtlichen Sollens vereinbar war […]“.[365]

In den betreffenden NS-Verfahren[366] beantworteten die Gerichte die Frage, ob der irrtümliche Glaube an die Verbindlichkeit eines verbrecherischen Befehls entschuldbar sei, in fast ausnahmslos[367] allen Fällen gleich: Ein derartiger Verbotsirrtum war vermeidbar, die Taten der Angeklagten somit nicht entschuldigt. Das Landgericht Kiel formulierte es beispielsweise folgendermaßen: Der Glaube des Angeklagten an die Rechtmäßigkeit seines Verhaltes „beruhte […] im wesentlichen nur auf seiner Indoktrination in die ihm von Himmler und anderen aufgeprägte SS-Ideologie. Für eine Weltanschauung oder Ideologie, nach der er handelt, ist aber jedermann verantwortlich.“[368] Ähnlich auch etwa das Land-

---

[361] LG Düsseldorf, Urt. v. 03.09.1965, Rüter XXII, S. 19 (197 f.); ebenso etwa LG Bonn, Urt. v. 23.07.1965, Rüter XXI, S. 227 (243); LG München I, Urt. v. 21.01.1966, Rüter XXIII, S. 5 (33); LG Düsseldorf, Urt. v. 15.10.1971, Rüter XXXVI, S. 301 (384).

[362] LG Fulda, Urt. v. 15.10.1965, Rüter XXII, S. 253 (268).

[363] Etwa LG Hannover, Urt. v. 18.11.1963, Rüter XIX, S. 489 (519); LG Kiel, Urt. v. 08.04.1964, Rüter XIX, S. 777 (803).

[364] LG Hamburg, Urt. v. 09.07.1974, Rüter XXXVIII, S. 395 (468); Hervorhebung durch Kursivdruck durch die Verfasserin; weitere Hervorhebung im Original.

[365] BGH, Urt. v. 22.04.1955, Rüter XIV, S. 97.

[366] Siehe Teil 3, Fn. 356.

[367] Anders, soweit ersichtlich, nur LG Stuttgart, Urt. v. 11.07.1973, Rüter XXXIX, S. 157 (179), das einen unvermeidbaren Verbotsirrtum annahm.

[368] LG Kiel, Urt. v. 20.05.1968, Rüter XXIX, S. 3 (26).

gericht Memmingen, in dessen Ausführungen die Unentschuldbarkeit eines solchen Irrtums deutlich wird:

„Blinder Gehorsam als Entschuldigungsgrund, der das eigene Gewissen restlos ausschaltet und abstumpft, kann das Strafrecht nicht anerkennen, ohne die Grundlagen der Verantwortlichkeit des Menschen als Person in Frage zu stellen [...]. Es ist eine so banale Erkenntnis, dass die allgemeinen Grundsätze der Menschlichkeit und ein Mindestmaß an Rechtlichkeit auch ein Gewaltregime nicht beseitigen kann."[369]

Zu dieser Erkenntnis sei in dem betreffenden Fall selbst der „nicht besonders intelligente, in seiner Denkart einfache Angeklagte" in der Lage gewesen. Insgesamt stellten die Gerichte in den einschlägigen Verfahren durchweg fest, dass die Angeklagten „bei gehöriger Anspannung ihres Gewissens" hätten erkennen können und müssen, dass die von ihnen verlangte Befehlsausführung selbst dann Unrecht blieb, wenn sie vom „Führer" angeordnet worden war.

Folge der vermeidbaren Verbotsirrtümer waren in der ganz überwiegenden Zahl der Fälle[370] Strafmilderungen für die Angeklagten. Mangels einer dem heutigen § 17 Satz 2 StGB entsprechenden gesetzlichen Reglung erfolgte die Strafmilderung bis 1975 nach den in BGHSt 2, 194 aufgestellten Grundsätzen[371] durch Anwendung des in § 44 Abs. 2 und 4 StGB a. F.[372] enthaltenen Schlüssels. Danach konnte die Strafe bei einem Verbrechen, für das das Gesetz lebenslanges Zuchthaus oder – in der ab 01. 04. 1970 geltenden Fassung[373] – lebenslange Freiheitsstrafe vorsah, auf zeitige Freiheitsstrafe nicht unter drei Jahren verringert werden (§ 44 Abs. 2 StGB a. F.). In den übrigen Fällen konnte die Strafe gemäß § 44 Abs. 4 StGB a. F. bis auf ein Viertel der Mindeststrafe herabgesetzt werden. Da die Gerichte in nahezu allen dieser NS-Verfahren feststellten, dass die Haupttäter der Verbrechen Hitler, Himmler, Heydrich und andere Personen waren, die zu jener Zeit am oberen Ende der Befehlskette standen, wurden die in der Befehlskette darunter stehenden tatausführenden Angeklagten in der Regel nur wegen Beihilfe zum Mord verurteilt. Infolgedessen wurde Ihnen ganz überwiegend bereits die für Gehilfen vorgesehene Strafmilderung nach §§ 49 Abs. 2, 44 Abs. 2 StGB a. F. gewährt. Damit ermäßigte sich die für Mord angedrohte lebenslange Zuchthaus- oder Freiheitsstrafe bereits auf eine zeitige Strafe von drei bis fünfzehn Jahren. Dieser Strafrahmen konnte dann in einem zweiten Schritt wegen des vermeidbaren Verbotsirrtums nochmals nach

---

369 LG Memmingen, Urt. v. 10. 07. 1969, Rüter XXXII, S. 407 (455).

370 Ausdrücklich abgelehnt wurde die Strafmilderung wegen Verbotsirrtum soweit ersichtlich nur in den Urteilen des LG Hannover, Urt. v. 18. 11. 1963, Rüter XIX, S. 489 (553); LG Kiel, Urt. v. 08. 04. 1964, Rüter XIX, S. 777 (808); LG Ellwangen, Urt. v. 21. 05. 1964, Rüter XX, S. 217 (248); LG Düsseldorf, Urt. v. 03. 09. 1965, Rüter XXII, S. 19 (215 f.); LG Memmingen, Urt. v. 10. 07. 1969, Rüter XXXII, S. 407 (459).

371 BGHSt 2, 194 (210 f.) = Beschl. v. 18. 03. 1952.

372 RGBl. 1981, S. 135; RGBl. 1943 I, S. 341; BGBl. 1953 I, S. 735; BGBl. 1969 I, S. 651.

373 BGBl. 1969 I, S. 651, 680.

§ 44 Abs. 4 StGB a. F. unterschritten werden, so dass die Mindeststrafe nur noch neun Monate betrug. Bis auf wenige Ausnahmen machten alle Gerichte, die einen vermeidbaren Verbotsirrtum des Angeklagten bejaht hatten, von dieser doppelten Milderungsmöglichkeit Gebrauch.[374] In den Urteilen ab 1975 profitierten die Angeklagten ebenfalls von dieser doppelten Strafmilderung, nun aber nach den Normen der neuen Gesetzesfassung.[375] Damit ermäßigte sich die

[374] LG Kassel, Urt. v. 09.01.1963, Rüter XVIII, S. 781 (837); LG Kiel, Urt. v. 08.04.1964, Rüter XIX, S. 777 (807 f.); LG Köln, Urt. v. 12.05.1964, Rüter XX, S. 165 (183); LG Hannover, Urt. v. 29.10.1964, Rüter XX, S. 521 (571); LG Augsburg, Urt. v. 02.04.1965, Rüter XX, S. 819 (837 f.), dort nur einmalige Milderung wegen vermeidbarem Verbotsirrtum; LG Düsseldorf, Urt. v. 03.09.1965, Rüter XXII, S. 19 (218 f.); LG Fulda, Urt. v. 09.05.1967, Rüter XXII, S. 277 (281); LG Kiel, Urt. v. 26.11.1965, Rüter XXII, S. 415 (442); LG München I, Urt. v. 21.01.1966, Rüter XXIII, S. 5 (40); LG Kiel, 27.01.1966, Rüter XXIII, S. 69 (109); LG Essen, Urt. v. 10.02.1966, Rüter XXIII, S. 129 (197, 199 f.); LG Hannover, Urt. v. 07.06.1966, Rüter XXIII, S. 601 (649 f.); LG Stuttgart, Urt. v. 15.07.1966, Rüter XXIV, S. 5 (256 f.); LG Hagen, Urt. v. 20.12.1966, Rüter XXV, S. 17 (49, 51); LG Hagen, Urt. v. 20.12.1966, Rüter XXV, S. 59 (231, 233); LG Essen, Urt. v. 22.12.1966, Rüter XXV, S. 255 (329 f.); LG Bielefeld, Urt. v. 14.04.1967, Rüter XXVI, S. 5 (134 ff.); LG Rottweil, Urt. v. 28.06.1967, Rüter XXVI, S. 389 (414); LG Stuttgart, Urt. v. 15.09.1967, Rüter XXVI, S. 555 (583); LG Stuttgart, Urt. v. 29.04.1968, Rüter XXVII, S. 655 (823); LG Münster, Urt. v. 06.05.1968, Rüter XXVIII, S. 225 (674, 678 ff.); LG Kiel, Urt. v. 20.05.1968, Rüter XXIX, S. 3 (26); LG Köln, Urt. v. 08.07.1968, Rüter XXX, S. 109 (149, 151 ff.); LG Darmstadt, Urt. v. 29.11.1968, Rüter XXXI, S. 7 (260, 263 ff.); LG Hannover, Urt. v. 20.12.1968, Rüter XXXI, S. 387 (405), dort nur einmalige Milderung wegen vermeidbarem Verbotsirrtum; LG Hamburg, Urt. v. 14.01.1969, Rüter XXXI, S. 525 (670); LG Dortmund, Urt. v. 16.11.1969, Rüter XXXI, S. 675 (690 f.); LG Stuttgart, Urt. v. 13.03.1969, Rüter XXXI, S. 697 (793); LG Tübingen, Urt. v. 31.07.1969, Rüter XXXII, S. 705 (732 f.); LG München II, Urt. v. 22.12.1969, Rüter XXXIII, S. 311 (344); LG Hannover, Urt. v. 01.04.1970, Rüter XXXIII, S. 535 (563 f.); LG Köln, Urt. v. 20.04.1970, Rüter XXXIII, S. 621 (740); LG München I, Urt. v. 18.09.1970, Rüter XXXIV, S. 331 (345); LG Kiel, Urt. v. 10.07.1970, Rüter XXXIV, S. 355 (415), dort nur einmalige Milderung wegen vermeidbarem Verbotsirrtum; LG Memmingen, Urt. v. 11.03.1971, Rüter XXXV, S. 73 (95); LG Regensburg, Urt. v. 05.08.1971, Rüter XXXVI, S. 73 (102); LG Hannover, Urt. v. 14.10.1971, Rüter XXXVI, S. 109 (275 f.); LG Hamburg, Urt. v. 24.04.1972, Rüter XXXVII, S. 177 (194); LG Arnsberg, Urt. v. 05.12.1972, Rüter XXXVII, S. 527 (597, 600 f., 621); LG Darmstadt, Urt. v. 07.12.1972, Rüter XXXVII, S. 627 (721 f.); LG Hamburg, Urt. v. 22.12.1972, Rüter XXXVII, S. 813 (857); LG Düsseldorf, Urt. v. 12.01.1973, Rüter XXXVIII, S. 5 (154 ff.); LG Frankfurt a. M., Urt. v. 06.02.1973, Rüter XXXVIII, S. 275 (376); LG Hamburg, Urt. v. 23.02.1973, Rüter XXXVIII, S. 395 (472); LG München I, Urt. v. 23.03.1973, Rüter XXXVIII, S. 707 (765 f.); LG Heilbronn, Urt. v. 24.05.1973, Rüter XXXVIII, S. 829 (848); LG Münster, Urt. v. 16.11.1973, Rüter XXXIX, S. 467 (524); LG Traunstein, Urt. v. 13.03.1974, Rüter XXXIX, S. 567 (580); LG München I, Urt. v. 29.03.1974, Rüter XXXIX, S. 591 (627); LG Hamburg, Urt. v. 25.06.1974, Rüter XXXIX, S. 677 (760); LG München I, Urt. v. 15.11.1974, Rüter XL, S. 277 (310).

[375] LG Wiesbaden, Urt. v. 15.12.1975, Rüter XL, S. 613 (720); LG Hamburg, Urt. v. 09.03.1976, Rüter XL, S. 823 (863); LG Hannover, Urt. v. 10.04.1978, Rüter XLII, S. 557 (597); LG Saarbrücken, Urt. v. 16.07.1978, Rüter XLII, S. 627 (687); LG Bochum, Urt. v. 11.04.1979, Rüter XLII, S. 725 (777); LG Düsseldorf, Urt. v. 03.06.1981, Rüter XLIV, S. 383 (577 ff.); LG Hannover, Urt. v. 31.07.1981, Rüter XLV, S. 5 (132); LG Stuttgart, Urt. v. 15.02.1982, Rüter XLV, S. 225 (258); LG Traunstein, Urt. v. 26.05.1982, Rüter XLV, S. 269 (403, 405); LG Memmingen, Urt. v. 23.12.1982, Rüter XLV, S. 777 (790); LG Bochum, Urt.

in § 211 StGB vorgesehene lebenslange Freiheitsstrafe unter Anwendung der §§ 27 Abs. 2, 17 Satz 2, 49 Abs. 1 StGB auf einen Strafrahmen von mindestens 6 Monaten bis 11 Jahre und 3 Monate Freiheitsstrafe. Die von den Gerichten somit ganz überwiegend gewährte doppelte Strafmilderung führte in zahlreichen Fällen dazu, dass die an der Ermordung der Juden beteiligten NS-Täter Einzelstrafen von unter 3 Jahren erhielten.[376] So verhängte etwa das Landgericht Bonn gegen drei damalige Wachposten im Vernichtungslager Chelmno (Polen) wegen ihrer Beihilfe zur Ermordung von mindestens 45.000, 55.000 beziehungsweise 65.000 Menschen jeweils eine Gefängnisstrafe von 13 ½ Monaten.[377] Einen Angehörigen der Lagermannschaft des Vernichtungslagers Sobibor (Polen) verurteilte das Landgericht Hagen wegen gemeinschaftlicher Beihilfe zum Mord an mindestens 150.000 Menschen zu gerade einmal 3 Jahren Zuchthaus.[378] Für einen Angeklagten, der als Bataillonsangehöriger an der Erschießung von mindestens 1.000 Juden beteiligt war, vergab das Landgericht Hamburg eine Einzelstrafe von 2 Jahren.[379] Das Landgericht Traunstein sah für die Erschießung von mindestens 1.000 jüdischen Männern, Frauen und Kindern für zwei Angehörige des ausführenden Polizeibataillons eine Einzelstrafe von 3 Jahren beziehungsweise 2 Jahren und 3 Monaten als ausreichend an.[380] Wie *Ernst Klee* schon bemerkte, gibt es bei Massenmord offenbar „Mengenrabatt".[381] In eini-

v. 30.01.1985, Rüter XLVI, S. 5 (219); LG Traunstein, Urt. v. 02.08.1985, Rüter XLVI, S. 329 (395 f.); LG Duisburg, Urt. v. 25.03.1993, Rüter XLVIII, S. 385 (499).

[376] LG Hannover, Urt. v. 29.10.1964, Rüter XX, S. 521 (572 ff.); LG Bonn, Urt. v. 23.07.1965, Rüter XXI, S. 227 (265 f.); LG Kiel, Urt. v. 27.01.1966, Rüter XXIII, S. 69 (109); LG Essen, Urt. v. 10.02.1966, Rüter XXIII, S. 129 (200); LG Stuttgart, Urt. v. 15.07.1966, Rüter XXIV, S. 5 (260); LG Essen, Urt. v. 22.12.1966, Rüter XXV, S. 255 (330); LG Rottweil, Urt. v. 28.06.1967, Rüter XXVI, S. 389 (414); LG Münster, Urt. v. 06.05.1968, Rüter XXVIII, S. 225 (678 f., 681 f.); LG Köln, Urt. v. 08.07.1968, Rüter XXX, S. 109 (154 f.); LG Dortmund, Urt. v. 16.01.1969, Rüter XXXI, S. 675 (691); LG Stuttgart, Urt. v. 13.03.1969, Rüter XXXI, S. 697 (794); LG Tübingen, Urt. v. 31.07.1969, Rüter XXXII, S. 705 (734); LG Hannover, Urt. v. 01.04.1970, Rüter XXXIII, S. 535 (565); LG Memmingen, Urt. v. 11.03.1971, Rüter XXXV, S. 79 (95), 98 (127); LG Regensburg, Urt. v. 05.08.1971, Rüter XXXVI, S. 73 (103); LG Hannover, Urt. v. 14.10.1971, Rüter XXXVI, S. 109 (277 ff.); LG Hamburg, Urt. v. 24.04.1972, Rüter XXXVII, S. 177 (194); LG Arnsberg, Urt. v. 15.12.1972, Rüter XXXVII, S. 527 (621); LG München I, Urt. v. 23.03.1973, Rüter XXXVIII, S. 707 (766); LG Heilbronn, Urt. v. 24.05.1973, Rüter XXXVIII, S. 829 (849); LG Hamburg, Urt. v. 25.06.1974, Rüter XXXIX, S. 677 (761); LG München I, Urt. v. 15.11.1974, Rüter XL, S. 277 (311); LG Hamburg, Urt. v. 09.03.1976, Rüter XL, S. 823 (863); LG Hannover, Urt. v. 10.04.1978, Rüter XLII, S. 557 (600); LG Stuttgart, Urt. v. 15.02.1982, Rüter XLV, S. 225 (262); LG Traunstein, Urt. v. 26.05.1982, Rüter XLV, S. 269 (408); LG Duisburg, Urt. v. 25.03.1993, Rüter XLVIII, S. 385 (499).

[377] LG Bonn, Urt. v. 23.07.1965, Rüter XXI, S. 227 (227 f., 265 f.).

[378] LG Hagen, Urt. v. 20.12.1966, Rüter XXV, S. 59 (60); die Strafe wurde vom BGH in eine Freiheitsstrafe von gleicher Dauer umgewandelt, BGH, Urt. v. 25.03.1971, Rüter XXV, S. 234 (234).

[379] LG Hamburg, Urt. v. 24.04.1972, Rüter XXXVII, S. 177 (194).

[380] LG Traunstein, Urt. v. 26.05.1982, Rüter XLV, S. 269 (408).

[381] E. Klee FS Jäger, S. 15 (32).

gen wenigen Fällen sah das Gericht sogar gemäß § 47 Abs. 2 MilStGB[382] ganz von Strafe ab, wobei der vermeidbare Verbotsirrtum und die Tatsache, dass die jeweiligen Angeklagten ausschließlich auf Befehl gehandelt hatten, mit zu den ausschlaggebenden Gründen gehörten.[383]

Eine mildere Bestrafung wegen vermeidbarem Verbotsirrtum kam den Angeklagten selbst dann zugute, wenn das Gericht im Einzelfall starke Zweifel daran hatte, ob überhaupt ein Verbotsirrtum vorlag. Dies zeigt etwa das Urteil zum Einsatzgruppen-Prozess vor dem Landgericht Düsseldorf aus dem Jahr 1973. Die Angeklagten waren in den Jahren 1941/42 an zahlreichen Exekutionen von Juden, Kommunisten, „sonst politisch Verdächtigen" und Geisteskranken im Gebiet der ehemaligen Sowjetunion beteiligt gewesen: Sie hatten unter anderem die Tötungsbefehle weitergegeben, die Exekutionen vorbereitet, die Abtransporte der Opfer zur Exekutionsstätte überwacht, Exekutionskommandos geleitet, Absperrringe am Exekutionsort aufgestellt und die Führer bei der Einteilung von Kommandoangehörigen für die Mitwirkung an den Exekutionen unterstützt.[384] Nach den Feststellungen des Gerichts waren den Angeklagten auch die rassisch-ideologischen Motive klar, die hinter den Tötungsbefehlen standen. In seiner Urteilsbegründung führte das Landgericht Düsseldorf hinsichtlich der strafrechtlichen Verantwortlichkeit der Täter zunächst aus, dass sich die fünf Angeklagten nicht mit Erfolg darauf berufen könnten, dass sie die ihnen erteilten Befehle trotz ihres verbrecherischen Charakters für verbindlich gehalten hätten und drückte hinsichtlich eines etwaigen Verbotsirrtums seine Zweifel aus:

> „Die Richtigkeit dieser Einlassungen erscheint schon um deswillen zweifelhaft, weil die Angeklagten zugleich erklärt haben, für den Fall einer Befehlsverweigerung schwerste Folgen für Leib oder Leben befürchtet zu haben, und das eine an sich das andere ausschließt."[385]

Zugunsten der Angeklagten ging das Gericht trotzdem von beiden Möglichkeiten aus und bejahte einen vermeidbaren Verbotsirrtum, den es auch bei allen fünf Angeklagten im Rahmen der Strafzumessung als mildernden Umstand berücksichtigte.[386] Damit führte in diesem Verfahren auch ein sehr zweifelhafter Verbotsirrtum bei allen Angeklagten zu einer milderen Bestrafung. Die fünf Angeklagten wurden jeweils wegen gemeinschaftlicher Beihilfe zum Mord in

---

382 Nach § 47 Abs. 2 MilStGB konnte von der Bestrafung des untergebenen Befehlsempfängers ganz abgesehen werden, wenn seine Schuld gering war.

383 LG Bonn, Urt. v. 23.07.1965, Rüter XXI, S. 227 (261, 266 f.); LG Bochum, Urt. v. 12.09.1974, Rüter XL, S. 167 (216 ff.); LG Bochum, Urt. v. 11.04.1979, Rüter XLII, S. 725 (773 ff.).

384 LG Düsseldorf, Urt. v. 12.01.1973, Rüter XXXVIII, S. 5 (136).

385 LG Düsseldorf, Urt. v. 12.01.1973, Rüter XXXVIII, S. 5 (137).

386 LG Düsseldorf, Urt. v. 12.01.1973, Rüter XXXVIII, S. 5 (154 ff.).

mehreren Fällen an jeweils mehreren Hundert Menschen zu Gesamtfreiheitsstrafen zwischen 3 Jahren und 6 Monaten und 7 Jahren verurteilt.[387]

In – soweit ersichtlich – nur einem Fall sah das Gericht den Verbotsirrtum sogar als unvermeidbar an, was mangels Schuld des Angeklagten zu einem Freispruch führte.[388] Der Angeklagte war zur Zeit der NS-Herrschaft weder Parteimitglied noch Angehöriger der SS gewesen. Nach den Feststellungen des Landgerichts Stuttgart war er 1942 als Gendarm in Wolbrom (Polen) stationiert. Im September 1942 wurde auch in diesem Ort die jüdische Bevölkerung „ausgesiedelt", tatsächlich also in ein Vernichtungslager transportiert. Mindestens 6.000 Menschen wurden im Rahmen der Aktion getötet. An dieser unter der Leitung einer SS-Einheit durchgeführten Aussiedlungsaktion war der Angeklagte als damaliger Angehöriger des Gendarmeriepostens in Wolbrom zu Bewachungs- und Absperrdiensten eingesetzt worden.[389] Das Landgericht Stuttgart war angesichts dieser Tätigkeit der Ansicht, der Angeklagte sei bei der Aktion „über die Funktion einer absoluten Randfigur nicht hinaus[gekommen]" – obwohl es zuvor festgestellt hatte, dass Art und Umfang seines Tatbeitrags ungeklärt geblieben seien, „*[m]öglicherweise* stand er befehlsgemäß als Bewachungsposten in der äußeren Sicherungskette, also im Randbereich des Geschehens".[390] Trotzdem heißt es zur Begründung der Unvermeidbarkeit des Verbotsirrtums: Von dem Angeklagten „in der Rolle einer Randfigur" könne nicht erwartet werden, dass er sich in der Kürze des Geschehens „unter Berücksichtigung des damals ohnehin fehlgeleiteten Gewissens" über die Verbindlichkeit eines Befehls zu bloßen polizeiüblichen Hilfsdiensten klarwerden konnte. Eine derartige Forderung „würde in der gegebenen objektiven und subjektiven Situation die vorhandenen Möglichkeiten und die individuellen Fähigkeiten des Angeklagten, sein Gewissen zu überprüfen, schlechthin übersteigen".[391] Für ihn sei der Verbotsirrtum daher nicht vermeidbar gewesen. Der Angeklagte wurde daher freigesprochen. Nicht nachgewiesen werden konnte ihm der Vorwurf, bei der Aussiedlungsaktion auch wahllos in die Kolonne der Juden geschossen, Befehle erteilt und die für das Vernichtungslager bestimmten Juden in die Waggons gedrängt zu haben.

3. *Weitere NS-Verfahren*

Bedeutung erlangte der Verbotsirrtum schließlich noch für einige der sogenannten Verbrechen der Endphase. Bei diesen Straftaten handelt es sich vor allem

[387] LG Düsseldorf, Urt. v. 12.01.1973, Rüter XXXVIII, S. 5 (6).
[388] LG Stuttgart, Urt. v. 11.07.1973, Rüter XXXIX, S. 157 (179 f.).
[389] LG Stuttgart, Urt. v. 11.07.1973, Rüter XXXIX, S. 157 (158 ff.).
[390] LG Stuttgart, Urt. v. 11.07.1973, Rüter XXXIX, S. 157 (160); Hervorhebung durch die Verfasserin.
[391] LG Stuttgart, Urt. v. 11.07.1973, Rüter XXXIX, S. 157 (179).

um die in den Wochen kurz vor Kriegsende vorgenommenen willkürlichen rechtswidrigen Exekutionen von Wehrmachtssoldaten oder Gefängnishäftlingen. Die wegen dieser Taten Angeklagten brachten in ihren Prozessen häufig vor, geglaubt zu haben, ein ordnungsgemäßes standgerichtliches Todesurteil vollstreckt oder aufgrund eines rechtmäßigen Erlasses oder Befehls gehandelt zu haben. Hinsichtlich letzterem besteht der Unterschied zu den im vorigen Abschnitt behandelten Fällen darin, dass die Angeklagten hier schon über die *Rechtmäßigkeit* des Befehls irrten. Die Schuldtheorie ermöglichte auch in diesen Fällen einige Freisprüche[392] oder zumindest Strafmilderungen[393]. So sprach etwa das Landgericht Duisburg 1953 zwei Angeklagte frei, die im März 1945 bei der rechtswidrigen Erschießung von fünf festgenommenen Russen Hilfe geleistet hatten. Die Russen waren wegen des Verdachts, zu einer Einbrecherbande zu gehören, festgenommen und ins Polizeigefängnis gebracht worden. Noch am selben Abend, nachdem er einige Telefonate geführt hatte, hatte der zuständige Kriminalsekretär die Russen erschossen, ohne dass diese zuvor vernommen worden waren. Bei dieser Hinrichtung hatten die Angeklagten Hilfe geleistet. Zu ihrer Verteidigung brachten sie vor, nicht daran gedacht zu haben, dass die Erschießung Unrecht sei, weil der Kriminalsekretär ihnen versichert hatte, dass die Festgenommenen als Angehörige einer Einbrecher- und Mörderbande von der Gestapo zum Tode verurteilt worden seien und das Urteil durch sofortige Erschießung zu vollziehen sei.[394] Diese Behauptung konnte das Gericht den Angeklagten nicht widerlegen. Insbesondere hätten beide Angeklagten bei der Kriminalpolizei beziehungsweise Gestapo nur einen untergeordneten Rang gehabt, daher sei es glaubhaft, dass sie in die durch Geheimerlasse geregelten Liquidierungsmethoden der Gestapo gegenüber Ostvölkern nicht eingeweiht gewesen seien. Daher sei es möglich, dass sie an das Vorhandensein eines vermeintlich ordnungsgemäßen Todesurteils und eines entsprechenden vermeintlich rechtmäßigen Vollstreckungsbefehls geglaubt hätten. Dieser Irrtum sei für die Angeklagten in der konkreten Tatsituation nicht vermeidbar gewesen. Daher sprach das Landgericht Düsseldorf sie wegen des unvermeidbaren Verbotsirrtums frei.[395] Ein Kommandeur der Sicherheitspolizei in Kassel, der Ende März 1945 eine Gruppe von Italienern wegen des Verdachts des Plünderns hatte erschießen lassen, erhielt aufgrund eines vermeidbaren Verbotsirrtums immerhin eine Strafmilderung. Der Angeklagte, ein Volljurist, hatte sein Handeln aufgrund des 1945 erlassenen Katastrophenerlasses für rechtmäßig ge-

---

392 LG Hamburg, Urt. v. 30.01.1953, RÜTER X, S. 295 (330 ff.); LG Duisburg, Urt. v. 16.04.1953, RÜTER X, S. 633 (641 f.); LG Hildesheim, Urt. v. 16.06.1953, RÜTER X, S. 775 (784 ff.); LG Marburg, Urt. v. 15.02.1958, RÜTER XIV, S. 629 (644 ff.).

393 LG Kassel, Urt. v. 05.02.1952, RÜTER IX, S. 211 (225 f.); LG Würzburg, Urt. v. 11.03.1955, RÜTER XIII, S. 21 (43 ff., 52); LG Karlsruhe, Urt. v. 10.07.1961, RÜTER XVII, S. 613 (634 ff., 640); LG Hannover, Urt. v. 01.06.1964, RÜTER XX, S. 259 (266, 268).

394 LG Duisburg, Urt. v. 16.04.1953, RÜTER X, S. 633 (635 f.).

395 LG Duisburg, Urt. v. 16.04.1953, RÜTER X, S. 633 (641 f.).

halten. Dieser – tatsächlich rechtswidrige – Erlass beinhaltete die Ermächtigung für die örtlichen höheren SS- und Polizeiführer, bei katastrophenähnlichen Zuständen, bei Fliegerangriffen und bei Ausfall der örtlichen Rechtspflege die erforderlichen Maßnahmen zu treffen, insbesondere gegen Plünderer. Nach Ansicht des Landgerichts Kassel hätte der Angeklagte die Rechtswidrigkeit dieses Erlasses und damit seines hierauf beruhenden Erschießungsbefehls erkennen können und müssen. Es verurteilte ihn daher unter Gewährung einer Strafmilderung zu einer Gefängnisstrafe von zwei Jahren.[396]

Nur in seltenen Fällen berücksichtigte das jeweilige Gericht einen vermeidbaren Verbotsirrtum nicht mildernd.[397] In einem Fall wertete das Landgericht Göttingen den Irrtum sogar strafschärfend, weil der Angeklagte die Pflicht zur Gewissensanspannung „in recht erheblichem Maße vernachlässigt" hatte.[398]

Vor der Entscheidung des Großen Senats 1952 schlossen sich die Gerichte dagegen ganz überwiegend der eingeschränkten Vorsatztheorie an, teilweise auch noch der reichsgerichtlichen Rechtsprechung, wonach der Irrtum regelmäßig unbeachtlich war.[399] Das Landgericht München etwa verwehrte 1947 einem Angeklagten die Berufung auf einen Verbotsirrtum. Er hatte im April 1945 als Angehöriger des Volkssturms befehlsgemäß mehrere Häftlinge erschießen lassen, die aufgrund von rechtswidrigen standgerichtlichen Urteilen wegen Hochverrat und Teilnahme an der Widerstandsbewegung zum Tode „verurteilt" worden waren. Bei den Gefangenen hatte es sich um Personen gehandelt, die an der Widerstandsbewegung „Freiheitsaktion Bayern" teilgenommen hatten und um solche, von denen die NS-Machthaber vermutet hatten, dass sie politische Gegner waren. Das Vorbringen des Angeklagten, er habe an die Rechtmäßigkeit der Urteile geglaubt, war für das Landgericht unbeachtlich. Bei den „Urteilen" handelte es sich nämlich schlicht um „willkürliche Polizeimaßnahmen". Wie der Angeklagte wusste, erhielten die jeweiligen Beschuldigten nicht einmal Gelegenheit, sich zu verteidigen. Daher beruhte der Irrtum des Angeklagten hinsichtlich der Rechtmäßigkeit dieser „Urteile" „auf einer verwerflichen, naturrechtswidrigen, gegen die primitivsten Menschlichkeitsrechte verstoßenden Einstellung".[400] Das Gericht verurteilte den Angeklagten wegen drei in Mittäterschaft begangenen Morden sowie wegen einem versuchten Mord und Beihilfe zum Totschlag zu lebenslangem Zuchthaus. Ebenfalls unbeachtlich war der Verbotsirrtum im Urteil des Landgerichts Freiburg 1949 gegen einen Ange-

---

[396] LG Kassel, Urt. v. 05.02.1952, Rüter IX, S. 211 (220 ff.).

[397] LG Duisburg, Urt. v. 16.02.1959, Rüter XV, S. 663 (664 f., 667); LG Frankfurt a. M., Urt. v. 19.07.1961, Rüter XVII, S. 647 (652 ff.).

[398] LG Göttingen, Urt. v. 03.12.1953, Rüter XI, S. 773 (782).

[399] OLG Stuttgart, Urt. v. 03.03.1948, Rüter I, S. 520 (526 f.); LG München I, Urt. v. 24.11.1947, Rüter II, S. 49 (57 f.); LG Berlin, Urt. v. 29.04.1948, Rüter II, S. 477 (482 f.); LG Freiburg/Brsg., Urt. v. 09.11.1949, Rüter V, S. 451 (461 f.).

[400] LG München I, Urt. v. 24.11.1947, Rüter II, S. 49 (57).

klagten, der die Exekution eines fahnenflüchtigen Soldaten angeordnet hatte.[401] Der Soldat hatte sich im Mai 1945 von seiner Truppe entfernt, um der russischen Kriegsgefangenschaft zu entgehen, traf dann durch Zufall aber wieder auf seine Batterie, die ihn sofort festnahm. Die Batterie hatte ihn per Abstimmung wegen Fahnenflucht zum Tode „verurteilt", woraufhin der Angeklagte den (rechtswidrigen) Erschießungsbefehl erteilt hatte. Der Soldat war noch am selben Abend erschossen worden. Das Gericht bejahte das Unrechtsbewusstsein des Angeklagten, weil er gewusst habe, dass die Erschießung nicht ohne vorhergehendes gerichtliches Urteil erfolgen durfte. Selbst wenn er jedoch ohne Unrechtsbewusstsein gehandelt hätte, wäre dies nach Ansicht des Landgerichts nicht von Bedeutung gewesen, „weil der Irrtum auf einer Einstellung beruhte, die mit der allgemeinen Auffassung von Recht und Unrecht nicht vereinbar ist".[402] Es sei nämlich ein im Naturrecht verwurzelter und seit Menschengedenken in allen Kulturstaaten anerkannter Rechtssatz, dass jede Verurteilung eines Menschen den Spruch eines Gerichts voraussetze. Dieser Grundsatz habe selbst im nazistischen Staat, der auf das Naturrecht und die Rechtsanschauungen der Kulturstaaten wenig Rücksicht genommen habe, auch noch im Kriege gegolten. Dies beweise sogar der Erlass der Verordnung über die Errichtung von Standgerichten vom 15. 02. 1945. Der Angeklagte blieb daher strafrechtlich voll verantwortlich. Nach 1952 hieß es dagegen in einem Urteil des Landgerichts Hamburg: „Der [...] Rechtsgedanke, dass keine Hinrichtung ohne ein dahingehendes Gerichtsurteil erfolgen darf, galt auch damals. Er war jedoch in der Zeit des nationalsozialistischen Regimes mehr und mehr zurückgedrängt worden und schließlich in weiten Kreisen in Vergessenheit geraten."[403] Im zitierten Fall führte der Verbotsirrtum daher letztlich zum Freispruch des Angeklagten.

Dass ein vermeidbarer Verbotsirrtum allerdings auch nach 1952 nicht immer zur Strafmilderung zugunsten der Angeklagten führte, zeigen zwei Urteile von 1954 gegen drei Angeklagte, die als Gestapo-Beamte sogenannte verschärfte Vernehmungen vorgenommen hatten. Aufgrund eines entsprechenden Geheimerlasses glaubten sie, so das Vorbringen, hierzu berechtigt zu sein. Die Angeklagten hatten in mehreren Fällen die von ihnen vernommenen Personen – teils schwer – misshandelt, um von ihnen eine Aussage zu erzwingen. Sowohl das Landgericht Bochum[404] als auch das Landgericht Dortmund[405] sahen in ihren Entscheidungen 1954 den irrtümlichen Glauben der ehemaligen Gestapo-Beamten an die Rechtmäßigkeit der die „verschärfte Genehmigung" gestattenden Erlasse als vermeidbaren Verbotsirrtum an. Beide Gerichte verwehrten den An-

---

401 Dazu schon einmal oben Teil 3 I 3 b 1.

402 Dazu und zum Folgenden LG Freiburg/Brsg., Urt. v. 09. 11. 1949, RÜTER V, S. 451 (461).

403 LG Hamburg, Urt. v. 30. 01. 1953, RÜTER X, S. 295 (330).

404 LG Bochum, Urt. v. 22. 05. 1954, RÜTER XII, S. 423 (444 f.).

405 LG Dortmund, Urt. v. 28. 05. 1954, RÜTER XII, S. 497 (527 f.).

geklagten jedoch ausdrücklich die Strafmilderung: Zum einen weil das konkrete Vorgehen der Angeklagten (Schläge mit Gummikeilriemen und Fäusten, Ohrfeigen und Fußtritte) gezeigt habe, wie gewissenlos sie sich über alle Bedenken hinweggesetzt hatten, „zu denen die Achtung vor der menschlichen Persönlichkeit ihnen hätte Anlass geben sollen“;[406] zum anderen weil der Irrtum „gröblichst verschuldet“ war, weswegen die Schuld des Angeklagten umso schwerer wog.[407]

Abschließend seien hier noch drei Fälle genannt, in denen sich die Angeklagten – so die jeweilige Einlassung – aufgrund der damaligen Umstände des Unrechts ihrer Handlungen nicht bewusst gewesen sein wollen. Die Entscheidungen zeigen noch einmal sehr deutlich, wie unterschiedlich sich die geschilderten Ansichten zur Behandlung des Verbotsirrtums auf die Bestrafungen der Täter auswirkten:

Das Oberlandesgericht Hamburg entschied 1946 über die Revision eines Angeklagten, der 1943 in seiner Eigenschaft als stellvertretender Ortsgruppenleiter einen SA-Mann wegen wiederholten Plünderns erschossen hatte. Das Landgericht Hamburg hatte ihn wegen Totschlags zu sechs Monaten Gefängnis verurteilt.[408] Der Angeklagte hatte vorgebracht, dass er sich für befugt gehalten habe, den SA-Mann zu erschießen. Nach einem schweren Bombenangriff im Juli 1943 hatte der Reichsverteidigungskommissar nämlich aufgrund von Plünderungen überall in Hamburg Plakate anbringen lassen, auf denen zu lesen war: „Wer plündert, wird erschossen“. Daher hatte der Angeklagte irrtümlich geglaubt, dass sein Handeln rechtmäßig gewesen sei. Das Landgericht Hamburg hatte diesen Irrtum entsprechend der reichsgerichtlichen Irrtumslehre als unbeachtlichen Strafrechtsirrtum qualifiziert, der den Vorsatz nicht ausschließe. Das Oberlandesgericht Hamburg war anderer Meinung und verwies die Sache an das Landgericht Bremen: Der Angeklagte hatte über seine Befugnisse als Ortsgruppenleiter geirrt, die ihm entweder schon kraft seines Amtes oder kraft der besonderen Befugnisse zustanden, die sich aus den Anschlägen des Reichsverteidigungskommissars für die Hoheitsträger der Partei ergaben. In beiden Fällen aber gehöre sein Irrtum der Materie des Verwaltungsrechts an.[409] Daher handle es sich um einen beachtlichen außerstrafrechtlichen Irrtum, der nach § 59 StGB a. F.[410] den Vorsatz ausschließe. Das Landgericht Bremen sah folglich den Tatbestand des Totschlags als nicht erfüllt an.[411] In diesem Fall war der

[406] LG Bochum, Urt. v. 22.05.1954, RÜTER XII, S. 423 (485).
[407] LG Dortmund, Urt. v. 28.05.1954, RÜTER XII, S. 497 (539).
[408] OLG Hamburg, Urt. v. 11.09.1946, RÜTER I, S. 101 (101).
[409] OLG Hamburg, Urt. v. 11.09.1946, RÜTER I, S. 101 (105).
[410] RGBl. 1871, S. 138.
[411] LG Bremen, Urt. v. 13.12.1946, RÜTER I, S. 93 (97); Der Angeklagte war jedoch schuldig eines Verbrechens gegen die Menschlichkeit im Sinne des Art. II, Ziff. 1c des Gesetzes Nr. 10 des Kontrollrats und wurde daher zu einer Gefängnisstrafe von 2 Jahren verurteilt.

Verbotsirrtum also auch nach den Grundsätzen der reichsgerichtlichen Irrtumslehre ausnahmsweise beachtlich.

Anders beurteilte 1947 das Landgericht Siegen das fehlende Unrechtsbewusstsein des Angeklagten. Dieser hatte 1943 einen Kollegen aus reiner Rachsucht denunziert und so dessen Strafverfolgung veranlasst. Gegenstand des damit eingeleiteten Ermittlungsverfahrens waren unter anderem von dem Angeklagten angezeigte Witze des Kollegen über Hitler und die Nationalsozialisten. Der denunzierte Kollege war 1943 in Haft genommen und zunächst in das Gerichtsgefängnis Siegen eingeliefert worden. Einige Wochen später war er nach Berlin überführt worden, wo er 1944 vom Volksgerichtshof wegen „defaitistischer Propaganda" zum Tode verurteilt worden war. Vor dem Landgericht Siegen brachte der Angeklagte nun im Rahmen seiner Verteidigung vor, ihm habe das Bewusstsein der Rechtswidrigkeit gefehlt, weil die Anzeige derartiger Äußerungen, wie sie der Kollege getätigt habe, „nach der damals in weitesten Kreisen herrschenden Auffassung erlaubt und sogar vaterländische Pflicht gewesen sei".[412] Dem folgte das Landgericht Siegen nicht: Der Angeklagte habe zugegeben, bei der Denunziation ausschließlich aus Rache gehandelt zu haben. Im Übrigen könne sich auch niemand zur Begründung dafür, dass ihm das Unrechtsbewusstsein gefehlt habe, auf eine Einstellung berufen, die im Gegensatz zum allgemein anerkannten Sittengesetz stehe. Jeder anständige Deutsche habe es aber damals, „mochte die Verwirrung der Geister sonst auch groß sein", als sittenwidrig und verwerflich angesehen, einen anderen zu denunzieren, zumal wenn dies ausschließlich aus Rachsucht erfolgt sei.[413] In Anwendung der eingeschränkten Vorsatztheorie blieb das fehlende Unrechtsbewusstsein somit unbeachtlich. Der Angeklagte wurde wegen Verbrechen gegen die Menschlichkeit zu fünf Jahren Gefängnis verurteilt.

Ganz anders wurde ein entsprechendes Vorbringen wiederum im Fall des Landgerichts Nürnberg-Fürth 1953 beurteilt. Dem Angeklagten, einem ehemaligen KZ-Häftling, lag zur Last, sich an einem dreistündigen „Zu-Tode-Quälen" eines österreichischen Mithäftlings beteiligt zu haben. Dem österreichischen Häftling war fälschlicherweise vorgeworfen worden, ein Denunziant zu sein und daher den Tod anderer Häftlinge auf dem Gewissen zu haben. Die Einlassung des Angeklagten vor dem Landgericht Nürnberg-Fürth, er sei damals der Meinung gewesen, dass der Mithäftling tatsächlich ein Denunziant sei, konnte ihm nicht widerlegt werden. Ein Verbotsirrtum des Angeklagten ergab sich aus folgenden Erwägungen: In dem betreffenden Lager sei es Brauch gewesen, dass die Häftlinge gegen Denunzianten mit den schwersten Strafen vorgingen und dass dies im KZ nicht als Unrecht galt.[414] Die Selbstjustiz der

---

412 LG Siegen, Urt. v. 09.09.1947, RÜTER I, S. 663 (668).
413 LG Siegen, Urt. v. 09.09.1947, RÜTER I, S. 663 (670).
414 LG Nürnberg-Fürth, Urt. v. 21.10.1953, RÜTER XI, S. 455 (462).

Häftlinge sei gegen Denunzianten mit härtesten Strafen vorgegangen, nicht einmal die Tötung eines Verräters galt als unrechtmäßig und sittlich verwerflich. Denn Denunzianten seien eine beträchtliche, dauernde Gefahr für die Mithäftlinge gewesen. Wer einmal seine Gewissenlosigkeit bewiesen und zum eigenen Vorteil einen Mithäftling bei der SS und somit „dem natürlichen Feind der Häftlinge“[415] denunziert hätte, von dem hätte man befürchten müssen, dass er es auch bei nächster Gelegenheit wieder tun werde.[416] Der Angeklagte habe sich daher bei seiner Beteiligung an den Misshandlungen des österreichischen Häftlings in einem Verbotsirrtum befunden, ihm habe bei seiner Handlung jegliches Unrechtsbewusstsein gefehlt. Dieser Verbotsirrtum war nach Ansicht des Landgerichts Nürnberg-Fürth im konkreten Fall unverschuldet.[417] In Anwendung der in BGHSt 2, 194 aufgestellten Grundsätzen kam das Gericht zu dem Schluss, der Angeklagte sei nach seiner Persönlichkeit, Vorbildung und Stellung in seinem damaligen Lebenskreis nicht imstande gewesen, bei Anspannung seines Gewissens das Unrecht seiner Tat einzusehen. Er wurde daher vom Vorwurf des versuchten Mordes freigesprochen.

IV. Zusammenfassung: Auswirkung der Entscheidung BGHSt 2, 194

Die historischen Ausmaße der von den Nationalsozialisten begangenen massenhaften Ermordung von Menschen in und außerhalb von Konzentrationslagern und Euthanasieanstalten sind heute, mehr als 70 Jahre nach Ende des Zweiten Weltkrieges, längst allgemein bekannt. Umso erstaunlicher erscheint es daher, wie viele der an den Morden beteiligten Täter in ihren Prozessen mit Erfolg vorbringen konnten, sie hätten das Unrecht ihres Tuns nicht erkannt. Ein derartiges Vorbringen wäre bis 1945 nach der reichsgerichtlichen Rechtsprechung bei Straftaten wie Mord oder Totschlag völlig unbeachtlich gewesen. In der Nachkriegszeit hielten Literatur und Praxis gleichermaßen die Irrtumslehre des Reichsgerichts jedoch für unhaltbar. Sie boten für die Behandlung des Verbotsirrtums zwei neue Lösungswege an, wobei die nach 1945 zunächst herrschende eingeschränkte Vorsatztheorie in den NS-Prozessen zu demselben Ergebnis gelangte, zu dem auch das Reichsgericht gelangt wäre: Der Verbotsirrtum der Täter war wegen Rechtsblindheit regelmäßig unbeachtlich. Nach der Schuldtheorie war er dagegen beachtlich und führte je nach Vermeidbarkeit zu einem Freispruch oder – in der Regel – jedenfalls zu einer möglichen Strafmilderung.

---

[415] LG Nürnberg-Fürth, Urt. v. 21. 10. 1953, RÜTER XI, S. 464 (476).
[416] LG Nürnberg-Fürth, Urt. v. 21. 10. 1953, RÜTER XI, S. 464 (476).
[417] LG Nürnberg-Fürth, Urt. v. 21. 10. 1953, RÜTER XI, S. 455 (462).

Der Beschluss des Bundesgerichtshofs von 1952 zugunsten der Schuldtheorie hatte daher ganz erhebliche Auswirkungen auf die Bestrafung der NS-Täter.

Die praktische Relevanz des Verbotsirrtums vor allem in den NS-Verfahren war auch den Vertretern der bis dahin streitenden Vorsatz- und Schuldtheorie ganz offensichtlich bewusst, wie etwa *Welzels* Ausführungen in seinem 1948 erschienenen Beitrag zum Verbotsirrtum in der Süddeutschen Juristenzeitung gezeigt haben. Um die Folgen der Vorsatztheorie auf die Strafbarkeit des Täters zu veranschaulichen, schrieb er:

„Man denke etwa an die heute häufigen [!] Fälle: Jemand tötet einen anderen in Ausführung eines offensichtlich rechtswidrigen Befehls, an dessen Rechtmäßigkeit er glaubte. Man denke etwa an die Tötungen von Geisteskranken auf Grund des geheimen Führererlasses vom 1.9.39 oder an die Erschießungen unschuldiger Zivilpersonen auf Grund des Keitel-Himmler-Bormannschen Befehls [...].“[418]

Welzel bezog sich mit letzterem Beispiel möglicherweise auf die Entscheidung des Oberlandesgerichts Stuttgart vom 03.03.1948.[419] Die drei Angeklagten hatten als Angehörige des Volkssturms im April 1945 in Heilbronn auf rechtswidrigen Befehl ihres Dienstvorgesetzten hin mehrere Menschen erschossen, die aufgrund des baldigen Einmarschs der amerikanischen Truppen weiße Flaggen gehisst hatten. Der Befehl des Vorgesetzten („Alle erschießen!“) ging zurück auf den sogenannten Keitel-Himmler-Bormann Befehl, dem gemäß alle Personen im Alter zwischen 16 und 60 Jahren, die eine weiße Fahne gehisst hatten, an Ort und Stelle ohne standgerichtliches Verfahren erschossen werden sollten. Die Angeklagten beriefen sich darauf, die Rechtswidrigkeit des Befehls nicht erkannt, sich also in einem Verbotsirrtum befunden zu haben. Ebenso hatten sich schon in den ersten Euthanasie-Prozessen, die vor deutschen Gerichten seit 1946 verhandelt wurden, Angeklagte reihenweise auf einen Verbotsirrtum berufen. Daher ist es wenig plausibel, wenn *Hirsch* meint, es sei in der wissenschaftlichen Debatte ebenso wie in der 1952 erfolgten Rechtsprechung des Bundesgerichtshofs zum Verbotsirrtum *nicht* – vorder- oder hintergründig – um die Behandlung von NS-Tätern gegangen.[420] Denn angesichts der damaligen Aktualität des Verbotsirrtums gerade in den NS-Prozessen ist kaum denkbar, dass den Bundesrichtern bei dem Plenarbeschluss 1952 nicht bewusst gewesen sein soll, dass die höchstrichterliche Entscheidung zum Verbotsirrtum Auswirkungen vor allem auf diese Verfahren haben würde. Vielmehr kann mit *Heger* davon ausgegangen werden, dass die Entscheidung des Großen Senats zugunsten der Schuldtheorie „nicht nur vom Wunsch nach einer Durchsetzung des Schuldgrundsatzes begründet“ war, sondern zugleich „eine zeitgebundene

[418] Welzel SJZ 1948, Sp. 368 (369f.).
[419] OLG Stuttgart, Urt. v. 03.03.1948, Rüter I, S. 520ff.
[420] Siehe bei Julius ZStW 115 (2003), 671 (696).

Antwort auf die strafrechtliche Bewältigung des NS-Unrechts" ermöglichte.[421] Der Beschluss selbst betraf zwar einen gänzlich unpolitischen Sachverhalt, dies mag aber eine ganz bewusste Wahl der Karlsruher Richter gewesen sein. *Heger* spricht daher auch von einem „‚trojanischen Pferd' für die Etablierung einer auch zugunsten von NS-Tätern zu nutzenden Rechtsfigur".[422] Die Schuldtheorie war ganz eindeutig ein rechtsdogmatisches Werkzeug, das „zugunsten" der Täter genutzt wurde. *Welzel* meinte im Zusammenhang mit dem oben zitierten Beispiel, die Vorsatztheorie führe zu „sehr unzutreffenden Ergebnissen", weil die Bestrafung nur im Rahmen des fahrlässigen Delikts „ganz ungerecht" wäre. Dabei hätte er es besser wissen müssen: Das Oberlandesgericht Stuttgart kam im betreffenden Fall unter Anwendung der eingeschränkten Vorsatztheorie wegen „Rechtsblindheit" der Täter zur Unbeachtlichkeit des Verbotsirrtums und bestätigte die Verurteilungen des Erstgerichts wegen vorsätzlicher Tötungen. Wie die Urteilsanalyse gezeigt hat, kamen alle Gerichte, die sich vor 1952 in NS-Verfahren der Vorsatztheorie angeschlossen hatten, zu diesem Ergebnis: Wenn Euthanasie-Täter oder solche, die an der massenhaften Ermordung der Juden mitgewirkt hatten, ohne Unrechtsbewusstsein gehandelt haben wollten, so konnte dies nur aufgrund einer „rechtsblinden" Einstellung geschehen sein, einer Einstellung, die „im krassen Widerspruch" zu den allgemein anerkannten Anschauungen stand. Ein Irrtum, der auf einem derart „abnormen Rechtsgefühl" beruhte, fand jedoch keine rechtliche Beachtung. Insoweit kamen NS-Täter nicht besser weg, als es unter Anwendung der reichsgerichtlichen Rechtsprechung der Fall gewesen wäre. Der Beschluss des Bundesgerichtshofs zum Verbotsirrtum änderte dies: Die Schuldtheorie ermöglichte Freisprüche und Strafmilderungen für Euthanasie-Täter. Zahlreiche an der „Endlösung" Beteiligte erhielten eine milde Bestrafung, weil sie sich nach Ansicht der Gerichte in einem vermeidbaren Verbotsirrtum befunden hatten. In einem Nachkriegsdeutschland, dessen Gesellschaft ebenso wie dessen Justiz wenig Interesse an einer Aufarbeitung der eigenen NS-Vergangenheit hatte, schaffte der Bundesgerichtshof in den noch jungen Jahren seines Bestehens somit eine Möglichkeit, die Täter gar nicht oder zumindest milde zu bestrafen.

Verbotsirrtum und Schuldtheorie fügen sich damit in eine Reihe strafrechtlicher Konstruktionen der Nachkriegsjustiz, die milde Urteile gegen NS-Täter ermöglichten. Die deutschen Gerichte suchten und fanden entsprechende rechtliche Instrumentarien, die auch außerhalb der hier behandelten NS-Verbrechen zu milden Strafen wegen Tötungsdelikten führten. Die Annahme von „Totschlag" statt „Mord" gehörte dazu ebenso wie die Anerkennung übergesetzlicher Schuldausschließungsgründe oder die Qualifizierung der Täter als bloße

[421] Siehe HEGER Geschichte und Gegenwart des Verbotsirrtums, S. 77 (89).
[422] HEGER Geschichte und Gegenwart des Verbotsirrtums, S. 77 (85).

„Gehilfen".[423] So gelang es in vielen NS-Verfahren derart absurd niedrige Strafen auszusprechen, dass dies, wie *Fritz Bauer* schon 1965 schrieb, „einer Verhöhnung der Opfer recht nahekam"[424]. Hierzu trug die Schuldtheorie in nicht unerheblichem Maße bei.

[423] Dazu BENZLER Justiz und Anstaltsmord, S. 383 (393 ff.); FREUDIGER, S. 35 ff.; NEHMER Täter als Gehilfen, S. 635 (637 ff.); WITTKE Teilexkulpation von KZ-Tätern, S. 547 (547 ff.).

[424] BAUER Im Namen des Volkes, S. 301 (308).

Schlussbetrachtung

Die Aufarbeitung des Nationalsozialismus in Deutschland ist bis heute ein heikles Thema. Trotzdem oder gerade deswegen ist eine Auseinandersetzung mit der Thematik wichtig und erforderlich. Gerade Juristen müssen sich der Frage stellen, wie grausamste Verbrechen auf der Grundlage einer ursprünglich rechtsstaatlichen Rechtsordnung und unter Mitwirkung namhafter Juristen verübt werden konnten. Die vorstehende Arbeit hat gezeigt, wie Hans Welzel durch seine Lehre und seine Dogmatik die nationalsozialistische Strafrechtswissenschaft mitbeeinflusst hat. Sie hat ferner gezeigt, wie der Bundesgerichtshof 1952 mit seiner Entscheidung zugunsten der Schuldtheorie einem weiteren rechtlichen Instrument den Weg ebnete, das die Täter grausamster menschenverachtender Verbrechen vor einer gerechten Bestrafung schützte.

Damit kommt diese Arbeit zum Ende. Ihre wesentlichen Ergebnisse sollen hier noch einmal zusammenfassend festgehalten werden:

1. Hans Welzels wissenschaftliche Karriere begann bereits 1930, als er als promovierter Jurist in Köln seine Habilitationszeit bei Professor Bohne antrat. Seit jener Zeit publizierte er Aufsätze in anerkannten Fachzeitschriften. Seine Habilitationsschrift „Naturalismus und Wertphilosophie im Strafrecht" veröffentlichte er 1935 und damit zu einer Zeit, in der das politische Klima in Deutschland bereits vom Nationalsozialismus beherrscht war. Die Machtergreifung der Nationalsozialisten ließ auch den jungen Hans Welzel nicht unbeeindruckt, wie einige Stellen in seiner 1935 veröffentlichten Habilitationsschrift zeigen.

2. Zwei Jahre später hielt Welzel mit „Über die Ehre von Gemeinschaften" und „Über die Grundlagen der Staatsphilosophie Hegels" zwei juristische Vorträge, die klare nationalsozialistische Inhalte aufweisen. Mit ihnen stellte er seine Konformität mit dem neuen Regime – jedenfalls äußerlich – unter Beweis. Dies mit Erfolg: Im selben Jahr wurde er zum ordentlichen Professor ernannt.

3. Ein Jahr später, 1938, publizierte er in der vom Nationalsozialismus eigens gegründeten Zeitschrift „Deutsche Rechtswissenschaft" den Aufsatz „Tradition und Neubau in der Rechtswissenschaft", in dem er die Gedanken aus seiner Habilitationsschrift fortführte und in ungewohnt kämpferischem Ton die von den Nationalsozialisten propagierte Einheit von Natur und Geschichte argumentativ für seinen finalen Handlungsbegriff heranzieht.

4. Ab 1939 entfernen sich seine Veröffentlichungen wieder von plumpen NS-Inhalten. In den 1939 veröffentlichten „Studien zum System des Strafrechts“ baute Welzel erstmals eine Straftatlehre auf der Grundlage seines finalen Handlungsbegriffs auf. Seine Verbrechenslehre war jedoch keineswegs ein „festes Bollwerk gegen ideologische Einbrüche“, sondern ermöglichte sie, insbesondere durch die in den „Studien“ eingeführte Lehre von der Sozialadäquanz.

5. Dass gerade die finalistische, also zweckbezogene Grundhaltung seiner Lehre geeignet war, das Strafrecht für die Ziele des NS-Staats zu nutzen, zeigt sich spätestens in Welzels 1944 erschienenem Festschriftenbeitrag. Dort führte er aus, dass in Ausnahmelagen, also in Kriegszeiten, das Recht vom aktuellen Zweck her bestimmt sein müsse. Unter dem aktuellen Zweck verstand Welzel 1944 sogenannte kriegswichtige Volkgüter, wie die „Sicherung der seelischen Haltung des Volkes“ und damit „die Erhaltung der effektiven Widerstandskraft des Volkes“. Er befürwortete daher tatbestandslose Normen, wie sie die zahlreichen nach Kriegsbeginn erlassenen Verordnungen enthielten. Normen, die härteste Strafen androhten bei gleichzeitiger völliger Unbestimmtheit des Tatbestandes, waren nach Welzels Lehre rechtskonform und in Kriegszeiten sogar erforderlich, um den „augenblicklichen Kriegsbedürfnissen“ zu dienen. Um eine Einengung der (zu) weit gefassten Tatbestandsmerkmale bemühte Welzel sich nicht, wie auch seine Anmerkung im Aufsatz „Persönlichkeit und Schuld“ im 60. Band der Zeitschrift für die gesamte Strafrechtswissenschaft 1941 zeigt. In seinen Positionen war Welzel damit insgesamt denen nationalsozialistischer Strafrechtler, insbesondere denen der Kieler Schule, vertreten durch Dahm und Schaffstein, nicht fern.

6. Trotz alledem schaffte es Welzel, sich mit seiner finalen Handlungslehre nach 1945 durchzusetzen und zu einem angesehenen deutschen Strafrechtler der Nachkriegszeit zu werden. Sein wissenschaftlicher Erfolg ist sicher auf viele Gründe zurückführen – ein entscheidender war jedoch, dass es Welzel gelang, seine Verbrechenslehre nach 1945 durch geringfügige Modifikationen als „unpolitisch“ zu charakterisieren. Wie die meisten deutschen Rechtswissenschaftler hat auch Welzel sich weder in der Nachkriegszeit noch später von seinen nationalsozialistischen Publikationen zu irgendeiner Zeit öffentlich distanziert.

7. Eines *der* strafrechtlichen Probleme der Nachkriegszeit war die Behandlung des gesetzlich nicht geregelten Verbotsirrtums, welcher in zahlreichen NS-Prozessen eine wichtige Rolle spielte. Literatur und Praxis waren sich zwar nahezu einhellig darüber einig, dass die reichsgerichtliche Irrtumslehre aufzugeben war. Innerhalb der Gegner dieser Irrtumsjudikatur standen sich jedoch im Wesentlichen zwei Positionen gegenüber: Die Vertreter der Vorsatz- und die der Schuldtheorie. Welzel hatte sich schon früh auf die Seite der Schuldtheorie gestellt und wurde nach 1945 zu ihrem wohl vehementesten Vertreter.

8. Der Verbotsirrtum spielte zunächst vor allem in den Euthanasie-Prozessen eine Rolle, die bereits ab 1946 vor deutschen Gerichten verhandelt werden konnten. Für die Euthanasie-Aktion der Nationalsozialisten existierte ein geheimer Führererlass Hitlers, dem die Gerichte nach 1945 zwar keine Gesetzeskraft zubilligten, auf den sich aber einige der nach 1945 Angeklagten beriefen. Sie brachten vor, an die Gesetzeskraft des Führererlasses und somit auch an die Rechtmäßigkeit ihrer Tötungshandlungen geglaubt zu haben. Damit unterlagen sie einem Verbotsirrtum. Mangels einer höchstrichterlichen Rechtsprechung war sich auch die Praxis zunächst nicht einig, wie der Irrtum zu behandeln war. Ganz überwiegend wandten die Gerichte jedoch die eingeschränkte Vorsatztheorie an, mit der Folge, dass ein von den NS-Tätern vorgebrachter Verbotsirrtum wegen der „Rechtsblindheit" der Täter keine Auswirkung auf ihre Bestrafung hatte.

9. Darüber hinaus stellte sich die Frage des Verbotsirrtums vor allem in zahlreichen NS-Prozessen gegen Angehörige der Gestapo, des SD oder der SS, in denen die Anklagten zu ihrer Verteidigung vorbrachten, die massenhaften Ermordungen von Juden und anderen Bevölkerungsgruppen seien aufgrund von Befehlen oder Führererlassen erfolgt, die sie irrtümlich für verbindlich gehalten hätten. Auch in diesen und sonstigen Verfahren, die die Frage eines Verbotsirrtums aufwarfen, schlossen sich die Gerichte zunächst mehrheitlich der eingeschränkten Vorsatztheorie an. Der Verbotsirrtum war somit rechtlich unbeachtlich und hatte keinen Einfluss auf die verhängte Strafe.

10. Dies änderte sich mit der Entscheidung des Großen Strafsenats vom 18. März 1952 zugunsten der Schuldtheorie. In dem Fall, dem interessanterweise ein unpolitischer Sachverhalt zugrunde lag, entschied der Bundesgerichtshof, dass ein vermeidbarer Verbotsirrtum die Schuld des Täters mindere und die Strafe mildere. Wie die Urteilsgründe zeigen, waren die Karlsruher Richter sich dabei der praktischen Relevanz ihrer Entscheidung für die NS-Verfahren durchaus bewusst. Doch hatten weder die deutsche Justiz noch die deutsche Nachkriegsgesellschaft ein besonderes Interesse an der Aufarbeitung der eigenen Vergangenheit und der Verfolgung und Ahndung der Täter.

11. Die Auswirkungen des BGH-Beschlusses auf die NS-Verfahren waren vorgezeichnet: In nahezu jedem einzelnen Fall, in dem ein Angeklagter einen Verbotsirrtum geltend machte, hatte er damit nach 1952 auch Erfolg. In den Euthanasie-Prozessen bejahten die Gerichte nunmehr nicht nur fast durchweg das Vorliegen eines Verbotsirrtums – sie hielten diesen in der Regel sogar für unvermeidbar und sprachen die Täter frei. In den Prozessen gegen die an der Ermordung der Juden und den Verbrechen im Rahmen des Russlandfeldzuges beteiligten Tätern führte der vermeidbare Verbotsirrtum nach 1952 zumindest zu überwiegend gewährten Strafmilderungen für diejenigen, die an den Massenverbrechen beteiligt waren.

12. Hans Welzel und der Nationalsozialismus – als abschließendes Fazit zu diesem Thema bleibt festzuhalten, dass der Strafrechtswissenschaftler Hans Welzel nicht nur bis, sondern auch nach 1945 Einfluss auf den Nationalsozialismus hatte: während der NS-Zeit durch seine rechtswissenschaftlichen Publikationen – in der Nachkriegszeit als Vertreter der Schuldtheorie; vor 1945 auf die nationalsozialistische Strafrechtswissenschaft – nach 1945 auf die Strafjustiz bei den Verfahren gegen die NS-Täter.

Schrifttumsverzeichnis

Quellen

ADAMI, Besprechung von Georg Dahm, Gemeinschaft und Strafrecht, Hamburg 1935, JW 1935, S. 2348.

DERS., Besprechung von Hans Welzel, Naturalismus und Wertphilosophie im Strafecht. Untersuchungen über die ideologischen Grundlagen der Strafrechtswissenschaft, Mannheim 1935, JW 1935, S. 2348.

DERS., Die passive Beleidigungsfähigkeit der SA, zugleich ein Beitrag zu der passiven Beleidigungsfähigkeit von Personengesamtheiten, DRiZ 1935, S. 337–338.

BINDING, KARL, Lehrbuch des gemeinen deutschen Strafrechts. Besonderer Teil, Band I, 2. Auflage, Leipzig 1902. Zitiert: BINDING Lehrbuch BT I, S. 1.

DERS., Grundriss des deutschen Strafrechts. Allgemeiner Teil, 7. Auflage, Leipzig 1907. Zitiert: BINDING Grundriss, S. 1.

DERS., Über den Irrtum bei Delikten im heutigen Strafrecht und in dem der Zukunft, GS 81 (1913), S. 19–62.

DERS., Die Normen und ihre Übertretung. Eine Untersuchung über die rechtmäßige Handlung und die Arten des Delikts,

– Band I, Normen und Strafgesetze, 4. Auflage, Leipzig 1922, Nachdruck Aalen 1965. Zitiert: BINDING Normen I, S. 1.

– Band III, Der Irrtum, Leipzig 1918, Nachdruck Aalen 1965. Zitiert: BINDING Normen III, S. 1.

DERS./HOCHE, ALFRED, Die Freigabe der Vernichtung lebensunwerten Lebens. Ihr Maß und ihre Form, Leipzig 1920.

BERGES, AUGUST, Pflichtwidrigkeit und Willensstrafrecht, Deutsches Strafrecht 1934, S. 239–243. Zitiert: BERGES DStR 1934, 239.

DERS., Besprechung von Hans Welzel, Naturalismus und Wertphilosophie im Strafecht. Untersuchungen über die ideologischen Grundlagen der Strafrechtswissenschaft, Mannheim 1935, Deutsches Strafrecht 1936, S. 60–61. Zitiert: BERGES DStR 1936, 60.

BOHNE, GOTTHOLD, Kriminalpolitik und Eugenik, DJZ 1934, Sp. 17–27.

BRANDT, GÜNTHER, Unsere Ehre, DR 1934, S. 393–394.

DAHM, GEORG, Die Ehre im Strafrecht, DR 1934, S. 417–419.

DERS., Die drei Arten des rechtswissenschaftlichen Denkens, ZgS 1935, S. 181–188.

DERS., Verbrechen und Tatbestand, in Georg Dahm u. a., Grundfragen der neuen Rechtswissenschaft, Berlin 1935, S. 62–107.

DERS., Der Ehrenschutz der Gemeinschaft, in Georg Dahm u. a., Gegenwartsfragen der Strafrechtswissenschaft. Festschrift zum 60. Geburtstag von Graf W. Gleispach, Berlin u. a. 1936, S. 1–49. Zitiert: DAHM FS Gleispach, S. 1.

DERS., Der Methodenstreit in der heutigen Strafrechtswissenschaft, ZStW 57 (1938), S. 225–294.

DERS., Der Tätertyp im Strafrecht, in Leipziger Juristenfakultät (Hg.), Festschrift der Leipziger Juristenfakultät für Dr. Heinrich Siber zum 10. April 1940, Band I, Leipzig 1941, S. 183–246. Zitiert: DAHM FS Siber, S. 183.

DENKSCHRIFT AKDR, Denkschrift des Zentralausschusses der Strafrechtsabteilung der Akademie für Deutsches Recht über die Grundzüge eines Allgemeinen Deutschen Strafrechts, Berlin 1934. Zitiert: BEARBEITER/Denkschrift AkDR, S. 1.

DOHNA, ALEXANDER GRAF ZU, Recht und Irrtum. Zwei Kernprobleme der Verbrechenslehre, Mannheim u. a. 1925.

DERS., Der Aufbau der Verbrechenslehre, Bonn 1936.

DERS., Ein neuer Grundriss des Strafrechts, ZStW 60 (1941), S. 287–296.

DULCKEIT, GERHARD, Besprechung von Hans Welzel, Naturalismus und Wertphilosophie im Strafecht. Untersuchungen über die ideologischen Grundlagen der Strafrechtswissenschaft, Mannheim 1935, Zeitschrift für Deutsche Kulturphilosophie 1935, S. 291–297. Zitiert: DULCKEIT ZfDKPhil 1935, 291.

ECKHARDT, KARL AUGUST, Zum Geleit, DRW 1 (1936), S. 3–5.

FRANK, HANS, Nationalsozialistisches Handbuch für Recht und Gesetzgebung, 2. Auflage, München 1935.

DERS., Nationalsozialistischer Ehrenschutz, DR 1937, S. 265–273.

FRANK, REINHARD, Das Strafgesetzbuch für das Deutsche Reich nebst dem Einführungsgesetz [Kommentar], 17. Auflage, Tübingen 1926. Zitiert: FRANK § 1 I 1.

FREIESLEBEN, HANS u. a. (Hg.), J. von Olshausen's Kommentar zum Strafgesetzbuch für das Deutsche Reich, Band I, 11. Auflage, Berlin 1927. Zitiert: BEARBEITER/Olshausen StGB § 1 Nr. 1 (S. 1).

FREISLER, ROLAND, Der Wandel der politischen Grundanschauungen in Deutschland und sein Einfluss auf die Erneuerung von Strafrecht, Strafprozessrecht und Strafvollzug, DJ 1935, S. 1247–1254.

DERS., Gedanken zum Gemeinschaftsehrenschutz, DJ 1936, S. 1458–1466.

DERS., Gedanken zum Schutz der Bewegung im neuen Strafrecht, Deutsches Strafrecht 1936, S. 65–91. Zitiert: FREISLER DStR 1936, 65.

DERS., Mut zu lebenswahrem Strafrecht. Behandelt an Hand eines Beispiels verständlicher Tötung, Deutsches Strafrecht 1941, S. 65–71. Zitiert: FREISLER DStR 1941, 65.

DERS., Nach geltendem Recht unmöglich? Eine Entgegnung, Deutsches Strafrecht 1941, S. 77–85. Zitiert: FREISLER DStR 1941, 77.

DERS. u. a., Denkschrift des Zentralausschusses der Strafrechtsabteilung der Akademie für Deutsches Recht über die Grundzüge eines Allgemeinen Deutschen Strafrechts, Berlin 1934. Zitiert: BEARBEITER/Denkschrift AkDR, S. 1.

GALLAS, WILHELM, Tatstrafe und Täterstrafe, insbesondere im Kriegsstrafrecht, ZStW 60 (1941), S. 374–417.

GAUWEILER, OTTO, Rechtseinrichtungen und Rechtsaufgaben der Bewegung, München 1939.

GEMMINGEN, HANS DIETER FREIHERR VON, Besprechung von Hans Welzel, Naturalismus und Wertphilosophie im Strafrecht. Untersuchungen über die ideologischen Grundlagen der Strafrechtswissenschaft, Mannheim 1935, ARSP 31 (1937/1938), S. 244–248.

DERS., Der Irrtum über die eigene Tatbereitschaft, ZStW 60 (1941), S. 1–32.

DERS., Zum Täterproblem. Denknotwendigkeiten, taktische Bedürfnisse, Gefahren, ZStW 62 (1944), S. 28–64.

GERCKE, ACHIM, Das Lebensrecht der biologischen Gemeinschaft, DR 1934, S. 308–310.

GERLAND, HEINRICH, Einige Bemerkungen zur Beleidigungslehre im geltenden und künftigen Strafrecht, GS 110 (1938), S. 9–76.

GOLTZ, RÜDIGER GRAF VON DER, Beleidigungsfähigkeit von Personengemeinschaften, Deutsches Strafrecht 1936, S. 209–211. Zitiert: V. D. GOLTZ DStR 1936, 209.

GÜRTNER, FRANZ (Hg.), Das kommende deutsche Strafrecht. Allgemeiner Teil. Bericht über die Arbeit der amtlichen Strafrechtskommission, 2. Auflage, Berlin 1935. Zitiert: BEARBEITER/Gürtner, Das kommende deutsche Strafrecht AT, S. 1.

DERS. (Hg.), Das kommende deutsche Strafrecht. Besonderer Teil. Bericht über die Arbeit der amtlichen Strafrechtskommission, 2 Auflage, Berlin 1936. Zitiert: BEARBEITER/Gürtner, Das kommende deutsche Strafrecht BT, S. 1.

DERS./FREISLER, ROLAND, Das neue Strafrecht. Grundsätzliche Gedanken zum Geleit, Berlin 1936.

HIPPEL, ROBERT VON, Vorsatz, Fahrlässigkeit, Irrtum, in Karl von Birkmeyer u. a. (Hg.), Vergleichende Darstellung des Deutschen und Ausländischen Strafrechts. Vorarbeiten zur deutschen Strafrechtsreform. Allgemeiner Teil, Band III, Berlin 1908, S. 373–599. Zitiert: V. HIPPEL Vorsatz, Fährlässigkeit Irrtum, S. 373.

DERS., Das Bewusstsein der Rechtswidrigkeit, Berlin u. a. 1924.

DERS., Deutsches Strafrecht, Band II, Das Verbrechen. Allgemeine Lehren, Berlin 1930.

DERS., Vorsatz und Bewusstsein der Rechtswidrigkeit, ZStW 51 (1931), S. 153–164.

HÖHN, REINHARD, Staat als Rechtsbegriff, DR 1934, S. 322–324.

HUBER, ERNST RUDOLF, Verfassungsrecht des Großdeutschen Reiches, 2. Auflage, Hamburg 1939.

KERRL, HANNS u. a., Nationalsozialistisches Strafrecht. Denkschrift des Preußischen Justizministers, Berlin 1933. Zitiert: KERRL Denkschrift, S. 1.

KLEE, KARL, Besprechung von Hans Welzel, Der Allgemeine Teil des deutschen Strafrechts in seinen Grundzügen, Berlin 1940, Deutsches Strafrecht 1940, S. 206. Zitiert: K. KLEE DStR 1940, 206.

DERS., Das Volksempfinden als Rechtfertigungsgrund an sich strafbaren Verhaltens. (Umkehrschluss aus § 2 StGB), Deutsches Strafrecht 1941, S. 71–76. Zitiert: K. KLEE DStR 1941, 71.

KOHLER, JOSEF, Ehre und Beleidigung, GA 1900, S. 1–48 und S. 98–154.

KOHLRAUSCH, EDUARD, Irrtum und Schuldbegriff im Strafrecht, Band I, Berlin 1903.

KUHN, Passive Beleidigungsfähigkeit der Gliederungen der NSDAP, DJ 1935, S. 1494–1497.

LARENZ, KARL, Besprechung von Carl Schmitt, Über die drei Arten des rechtswissenschaftlichen Denkens, Hamburg 1934, Zeitschrift für Deutsche Kulturphilosophie 1934, S. 112–118. Zitiert: LARENZ ZfDKPhil 1934, 112.

DERS., Rechts- und Staatsphilosophie der Gegenwart, 2. Auflage, Berlin 1935.

DERS., Über Gegenstand und Methode des völkischen Rechtsdenkens, Berlin 1938.

LEIPZIGER KOMMENTAR ZUM RSTGB, Band I: §§ 1–152, 6. Auflage, Berlin 1944. Zitiert: BEARBEITER/Leipziger Kommentar, § 1 I 1 a.

LISZT, FRANZ VON, Strafrechtliche Aufsätze und Vorträge,
- Band I, 1875 bis 1891, Berlin 1905, Nachdruck 1970. Zitiert: V. LISZT Aufsätze I, S. 1.
- Band II, 1892 bis 1904, Berlin 1905, Nachdruck 1970. Zitiert: V. LISZT Aufsätze II, S. 1.

LUCAS, Der Rechtsirrtum nach den Beschlüssen der Strafrechtskommission, DJZ 1914, Sp. 249–256.

MAYER, HELLMUTH, Das Strafrecht des Deutschen Volkes, Stuttgart 1936. Zitiert: H. MAYER Strafrecht des Deutschen Volkes, S. 1.

MEZGER, EDMUND, Strafrecht, München u. a. 1931.

DERS., Besprechung von Hans Welzel, Naturalismus und Wertphilosophie im Strafrecht. Untersuchungen über die ideologischen Grundlagen der Strafrechtswissenschaft, Mannheim 1935, DJ 1935, S. 1394–1395.

DERS., Rechtsirrtum und Rechtsblindheit, in Paul Bockelmann u. a., Probleme der Strafrechtserneuerung [Festschrift für Eduard Kohlrausch zum 70. Geburtstag], Berlin 1944, S. 180–198. Zitiert: MEZGER FS Kohlrausch, S. 180.

NAGLER, JOHANNES, Die Problematik der Begehung durch Unterlassung, GS 111 (1938), S. 1–121.

DERS. u. a. (Hg.), Reichs-Strafgesetzbuch nach dem neuen Stand der Gesetzgebung. Leipziger Kommentar, Band I: §§ 1–152, 6. Auflage, Berlin 1944. Zitiert: BEARBEITER/Leipziger Kommentar, § 1 I 1 a.

N. N., Besprechung von Hans Welzel, Naturalismus und Wertphilosophie im Strafecht. Untersuchungen über die ideologischen Grundlagen der Strafrechtswissenschaft, Mannheim 1935, Zeitschrift der Akademie für deutsches Recht 1935, S. 704. Zitiert: N. N. ZAkDR 1935, 704.

OLSHAUSEN, JUSTUS VON, J. von Olshausen's Kommentar zum Strafgesetzbuch für das Deutsche Reich, Band I, 11. Auflage, Berlin 1927. Zitiert: BEARBEITER/Olshausen StGB § 1 Nr. 1 (S. 1).

RADBRUCH, GUSTAV, Besprechung von Hans Welzel, Naturalismus und Wertphilosophie im Strafrecht. Untersuchungen über die ideologischen Grundlagen der Strafrechtswissenschaft, Mannheim 1935, in Arthur Kaufmann (Hg.), Gustav Radbruch Gesamtausgabe, Band III, Rechtsphilosophie III, Heidelberg 1990, S. 29–31. Zitiert: RADBRUCH Rechtsphilosophie III, S. 29.

DERS., Elegantiae juris criminalis. Sieben Studien zur Geschichte des Strafrechts, Basel 1938.

RAMM, HARRY, Der Ehrbegriff als Grundlage des Ehrenschutzes im Strafrecht, Breslau-Neukirch 1936.

RAUCH, HERBERT, Die klassische Strafrechtslehre in ihrer politischen Bedeutung, Leipzig 1936.

RITTER, JOHANNES MARTIN, Die Ehre des Volkes und seiner Gemeinschaftsformen im Strafrecht, ZAkDR 1936, 580–590. Zitiert: RITTER ZAkDR 1936, 580.

DERS., Der Einzelne als Helfer bei der Verbrechensverhinderung, GS 116 (1942), S. 121–213.

ROSENBERG, ALFRED, Der Mythus des 20. Jahrhunderts. Eine Wertung der seelisch-geistigen Gestaltenkämpfe unserer Zeit, 31.–32. Auflage, München 1934.

SCHÄFER, K., Anmerkung zu RG, Urteil vom 12. 03. 1936, 3 D 939/35 (= RGSt 70, 140), DJ 1936, S. 608.

SCHAFFSTEIN, FRIEDRICH, Das Verbrechen als Pflichtverletzung, in Georg Dahm u. a., Grundfragen der neuen Rechtswissenschaft, Berlin 1935, S. 108–142.

DERS., Besprechung von Hans Welzel, Naturalismus und Wertphilosophie im Straffrecht. Untersuchungen über die ideologischen Grundlagen der Strafrechtswissenschaft, Mannheim 1935, ZStW 56 (1937), S. 112–115.

DERS., Rechtswidrigkeit und Schuld im Aufbau des neuen Strafrechtssystems, ZStW 57 (1938), S. 295–336.
SCHMIDT, EBERHARD, Der Arzt im Strafrecht, Leipzig 1939.
SCHMITT, CARL, Bericht über die Fachgruppe Hochschullehrer im BNSDJ, DR 1934, S. 17.
DERS., Nationalsozialismus und Rechtsstaat, JW 1934, S. 713–718.
DERS., Über die drei Arten des rechtswissenschaftlichen Denkens, Hamburg 1934.
SCHÖNKE, ADOLF, Besprechung von Hans Welzel, Naturalismus und Wertphilosophie im Strafrecht. Untersuchungen über die ideologischen Grundlagen der Strafrechtswissenschaft, Mannheim 1935, Deutsches Strafrecht 1936, S. 191–192. Zitiert: SCHÖNKE DStR 1936, 191.
SIEGERT, KARL, Grundzüge des Strafrechts im neuen Staate, Tübingen 1934.
WITTICH, WERNER, Volk als Rechtsbegriff, DR 1934, S. 325–327.
WOLF, ERIK, Besprechung von Helmut Mittasch, Die Auswirkungen des wertbeziehenden Denkens in der Strafrechtssystematik, Berlin 1939, ZStW 60 (1941), S. 317–321.

Schriften von Hans Welzel

WELZEL, HANS, Kausalität und Handlung, ZStW 51 (1931), S. 703–720.
DERS., Über Wertungen im Strafrecht. Eine prinzipielle Bemerkung zur sog. emotional-normativen Logik, GS 103 (1933), S. 340–347.
DERS., Die Wahrheitspflicht im Zivilprozess, Berlin u. a. 1935.
DERS., Naturalismus und Wertphilosophie im Strafrecht. Untersuchungen über die ideologischen Grundlagen der Strafrechtswissenschaft, Mannheim u. a. 1935.
DERS., Besprechung von Rudolf Thierfelder, Normativ und Wert in der Strafrechtswissenschaft unserer Tage, ZgS 97 (1937), S. 381–384.
DERS., Über die Ehre von Gemeinschaften, ZStW 57 (1938), S. 28–52. [Hinweis d. Verf.: In der neueren (grauen) Bindung der ZStW ist Band 57 mit dem Jahr 1937 ausgewiesen.]
DERS., Über die Grundlagen der Staatsphilosophie Hegels, Artur Schürmann (Hg.), Volk und Hochschule im Umbruch, Oldenburg u. a. 1937, S. 87–104.
DERS., Besprechung von Herbert Rauch, Die klassische Strafrechtslehre in ihrer politischen Bedeutung, Deutsche Literaturzeitung 59 (1938), Sp. 679–682.
DERS., Tradition und Neubau in der Strafrechtswissenschaft. Bemerkungen zur Ideengeschichte, Deutsche Rechtswissenschaft 3 (1938), S. 113–121. Zitiert: WELZEL DRW 3 (1938), 113.
DERS., Studien zum System des Strafrechts, ZStW 58 (1939), S. 491–566.
DERS., Der allgemeine Teil des deutschen Strafrechts in seinen Grundzügen,
– Berlin 1940. Zitiert: WELZEL Der Allgemeine Teil, S. 1.
– 2. Auflage, Berlin 1943. Zitiert: WELZEL Der Allgemeine Teil^2, S. 1.
– 3. Auflage, Berlin 1944. Zitiert: WELZEL Der Allgemeine Teil^3, S. 1.
DERS., Persönlichkeit und Schuld, ZStW 60 (1941), S. 428–474.
DERS., Besprechung von Eduard Kohlrausch, Richard Lange, Strafgesetzbuch mit Nebengesetzen und Erläuterungen, Berlin 1940, ZStW 61 (1942), S. 178–183.

DERS., Über den substantiellen Begriff des Strafgesetzes, in Paul Bockelmann u. a., Probleme der Strafrechtserneuerung [Festschrift für Eduard Kohlrausch zum 70. Geburtstag], Berlin 1944, S. 101–119. Zitiert: WELZEL FS Kohlrausch, S. 101.
DERS., Das deutsche Strafrecht in seinen Grundzügen,
– Berlin 1947 (zugleich 4. Auflage von „Der allgemeine Teil des deutschen Strafrechts"). Zitiert: WELZEL Das deutsche Strafrecht, S. 1.
– 2. Auflage, Berlin 1949 (zugleich 5. Auflage von „Der allgemeine Teil des deutschen Strafrechts"). Zitiert: WELZEL Das deutsche Strafrecht², S. 1.
– 4. Auflage, Berlin 1954 (zugleich 7. Auflage von „Der allgemeine Teil des deutschen Strafrechts"). Zitiert: WELZEL Das deutsche Strafrecht⁴, S. 1.
DERS., Über die ethischen Grundlagen der sozialen Ordnung, SJZ 1947, Sp. 409–415.
DERS., Der Irrtum über die Rechtswidrigkeit des Handelns, SJZ 1948, Sp. 368–372.
DERS., Anmerkung zu OGH, Urteil vom 05.03.1949, StS 19/49 (= MDR 1949, S. 370), MDR 1949, S. 373–376.
DERS., Nochmals der Verbotsirrtum, NJW 1951, S. 577–579.
DERS., Schuld und Bewusstsein der Rechtswidrigkeit, MDR 1951, S. 65–67.
DERS., Anmerkung zu BGH, Beschluss vom 18.03.1952 (= BGHSt 2, 194), JZ 1952, S. 340–344.
DERS., Das neue Bild des Strafrechtssystems, 2. Auflage, Göttingen 1952.
DERS., Der Irrtum über einen Rechtfertigungsgrund, NJW 1952, S. 564–566.
DERS., Zur Abgrenzung des Tatbestandsirrtums vom Verbotsirrtum, MDR 1952, S. 584–590.
DERS., Aktuelle Strafrechtsprobleme im Rahmen der finalen Handlungslehre. Vortrag gehalten vor der Juristischen Studiengesellschaft in Karlsruhe am 29. Mai 1953, Karlsruhe 1953.
DERS., Gesetzmäßige Judentötungen?, NJW 1964, S. 521–523.
DERS., Die deutsche strafrechtliche Dogmatik der letzten 100 Jahre und die finale Handlungslehre, JuS 1966, S. 421–425.
DERS., Zur Dogmatik im Strafrecht, in Friedrich-Christian Schroeder, Heinz Zipf (Hg.), Festschrift für Reinhart Maurach zum 70. Geburtstag, Karlsruhe 1972, S. 3–8. Zitiert: WELZEL, FS Maurach, S. 3.

Sekundärliteratur

ANDERBRÜGGE, KLAUS, Völkisches Rechtsdenken. Zur Rechtslehre in der Zeit des Nationalsozialismus, Berlin 1978.
ARNDT, ADOLF, Umwelt und Recht, NJW 1964, S. 486–488.
BAUER, FRITZ, Im Namen des Volkes. Die strafrechtliche Bewältigung der Vergangenheit, in Hammerschmidt, Helmut (Hg.), Zwanzig Jahre danach. Eine deutsche Bilanz 1945–1965, München u. a. 1965, S. 301–314.
BAUMANN, JÜRGEN, Rechtmäßigkeit von Mordgeboten?, NJW 1964, S. 1398–1405.
BECKER, HANS-JÜRGEN, 600 Jahre Rechtswissenschaft in Köln. Aus der Geschichte der Rechtswissenschaftlichen Fakultät, in Festschrift der Rechtswissenschaftlichen Fakultät zur 600-Jahr-Feier der Universität zu Köln, Köln u. a. 1988, S. 3–30.
BENZLER, SUSANNE, Justiz und Anstaltsmord nach 1945, in Redaktion Kritische Justiz (Hg.), Die Juristische Aufarbeitung des Unrechts-Staats, Baden-Baden 1998, S. 383–411.

DIES./PERELS, JOACHIM, Justiz und Staatsverbrechen. Über den juristischen Umgang mit der NS-„Euthanasie“, in Hanno Loewy, Bettina Winter (Hg.), NS-„Euthanasie“ vor Gericht. Fritz Bauer und die Grenzen juristischer Bewältigung, Frankfurt am Main u. a. 1996, S. 15–34.

BEULKE, WERNER/SATZGER HELMUT, Wessels/Beulke/Satzger. Strafrecht Allgemeiner Teil. Die Straftat und ihr Aufbau, 46. Auflage, Heidelberg 2016. Zitiert: BEULKE/SATZGER W/B/S, Rn. 1.

BOCKELMANN, PAUL, Anmerkung zu OGHBZ, Urteil vom 04.04.1950, StS 416/49 (= NJW 1950, S. 551), NJW 1950, S. 830–832.

BREZINA, MARKUS, Ehre und Ehrenschutz im nationalsozialistischen Recht, Augsburg 1987.

BROSZAT, MARTIN, Der Staat Hitlers. Grundlegung und Entwicklung seiner inneren Verfassung, 12. Auflage, München 1989.

BRÜDERMANN, STEFAN, Entnazifizierung in Niedersachen, in Dieter Poestges (Hg.), Übergang und Neubeginn. Beiträge zur Verfassungs- und Verwaltungsgeschichte Niedersachsens in der Nachkriegszeit, Göttingen 1997, S. 97–118.

BUSCH, RICHARD, Moderne Wandlungen der Verbrechenslehre. Bonner Antrittsrede, Tübingen 1949.

DAHMS, HANS-JOACHIM, Einleitung, in Heinrich Becker, Ders., Cornelia Wegeler (Hg.), Die Universität Göttingen unter dem Nationalsozialismus, 2. Auflage, München 1998, S. 29–74.

DILLMANN, FRANZ, Beschweigen ist unverfänglicher als Aufdeckung. Die juristische Fakultät im Nationalsozialismus, in Wolfgang Blaschke u. a. (Hg.), Nachhilfe zur Erinnerung. 600 Jahre Universität zu Köln, Köln 1988, S. 98–109.

DRESSEN, WILLI, NS-„Euthanasie“-Prozesse in der Bundesrepublik Deutschland im Wandel der Zeit, in Hanno Loewy, Bettina Winter (Hg.), NS-„Euthanasie“ vor Gericht. Fritz Bauer und die Grenzen juristischer Bewältigung, Frankfurt am Main u. a. 1996, S. 35–58.

ENGISCH, KARL, Hans Welzel †, ZStW 90 (1978), S. 1–10.

ESER, ALBIN u. a. (Bearb.), Schönke/Schröder. Strafgesetzbuch, Kommentar, 29. Auflage, München 2014. Zitiert: BEARBEITER S/S § 1 Rn. 1.

FISCHER, HELMUT JOACHIM, Hitlers Apparat. Namen, Ämter, Kompetenzen: Eine Strukturanalyse des 3. Reiches, Kiel 1988.

FISCHER, THOMAS, Strafgesetzbuch mit Nebengesetzen [Kommentar], 64. Auflage, München 2017. Zitiert: FISCHER § 1 Rn. 1.

FÖRSTER, MICHAEL, Rechtsschutz für Behinderte im Dritten Reich? Wie die führenden Köpfe der Justiz den Massenmord an den Behinderten deckten, in Hanno Loewy, Bettina Winter (Hg.), NS-„Euthanasie“ vor Gericht. Fritz Bauer und die Grenzen juristischer Bewältigung, Frankfurt am Main u. a. 1996, S. 59–79.

FREUDIGER, KERSTIN, Die juristische Aufarbeitung von NS-Verbrechen, Tübingen 2002.

FROMMEL, MONIKA, Von der Strafrechtsreform zur „Rechtserneuerung“, in Hubert Rottleuthner (Hg.), Recht, Rechtsphilosophie und Nationalsozialismus. Vorträge aus der Tagung der deutschen Sektion der internationalen Vereinigung für Rechts- und Sozialphilosophie (IVR) in der Bundesrepublik Deutschland vom 11. Und 12. Oktober 1982 in Berlin (West), Wiesbaden 1983, S. 45–54.

DIES., Welzels finale Handlungslehre. Eine konservative Antwort auf das nationalsozialistische Willensstrafrecht – oder die Legende von der „Überwindung des Wertneutralismus“ im Strafrecht, in Udo Reifner, Bernd-Rüdeger Sonnen (Hg.), Strafjustiz und Polizei im Dritten Reich, Frankfurt am Main u. a. 1984, S. 86–96.

DIES., Rechtsphilosophie in den Trümmern der Nachkriegszeit, JZ 2016, S. 913–920.

GÖDECKE, PETRA, Die juristischen Fakultäten nach 1945, in Gerhard Pauli, Thomas Vormbaum (Hg.), Justiz und Nationalsozialismus – Kontinuität und Diskontinuität. Fachtagung in der Justizakademie des Landes NRW, Recklingshausen am 19. und 20. November 2001, Berlin 2003, S. 85–103.

GRUCHMANN, LOTHAR, Euthanasie und Justiz im Dritten Reich, Vierteljahreshefte für Zeitgeschichte 1972, S. 235–279.

DERS., Justiz im Dritten Reich 1933–1940. Anpassung und Unterwerfung in der Ära Gürtner, 3. Auflage, München 2001.

HALFMANN, FRANK, Eine “Pflanzstätte bester nationalsozialistischer Rechtsgelehrter“: Die Juristische Abteilung der Rechts- und Staatswissenschaftlichen Fakultät, in Heinrich Becker, Hans-Joachim Dahms, Cornelia Wegeler (Hg.), Die Universität Göttingen unter dem Nationalsozialismus, 2. Auflage, München 1998, S. 102–155.

HARTL, BENEDIKT, Das nationalsozialistische Willensstrafrecht, Berlin 2000.

HARTUNG, FRITZ, Der Rechtsirrtum in der Rechtsprechung des Reichsgerichts, DRZ 1949, S. 342–347.

DERS., Irrtum über „negative Tatumstände“, NJW 1951, S. 209–213.

DERS., Noch einmal: „Irrtum über negative Tatumstände“, NJW 1951, S. 390.

DERS., Die Entscheidung des Bundesgerichtshofes zur Frage des Verbotsirrtums, NJW 1952, S. 761–765.

HASSEMER, WINFRIED, Vorwort zu Radbruchs Rechtsphilosophie III, in Arthur Kaufmann (Hg.), Gustav Radbruch Rechtsphilosophie III, Heidelberg 1990, S. VII. Zitiert: HASSEMER Radbruchs Rechtsphilosophie III (Vorwort), S. VII.

HATTENHAUER, HANS, Die Akademie für Deutsches Recht (1933–1944), JuS 1986, S. 680–684.

DERS., Die geistesgeschichtlichen Grundlagen des deutschen Rechts, 4. Auflage, Heidelberg 1996.

HEGER, MARTIN, Geschichte und Gegenwart des Verbotsirrtums im deutschen Strafrecht, in Arndt Sinn (Hg.), Menschenrechte und Strafrecht. Beiträge zur 4. Sitzung des International Forum on Crime and Criminal Law in the Global Era (IFCCLGE), Göttingen 2013, S. 77–101.

HEINE, GÖTZ-THOMAS, Juristische Zeitschriften zur NS-Zeit, in Peter Salje (Hg.), Recht und Unrecht im Nationalsozialismus, Münster 1985, S. 272–293.

HIRSCH, HANS JOACHIM, Der Streit um Handlungs- und Unrechtslehre, insbesondere im Spiegel der Zeitschrift für die gesamte Strafrechtswissenschaft, ZStW 93 (1981), S. 831–863.

DERS., Zum 100. Geburtstag von Hans Welzel, ZStW 116 (2004), S. 1–14.

HITLER, ADOLF, Mein Kampf, Band II, Die nationalsozialistische Bewegung, München 1927, zitiert nach Christian Hartmann u. a. (Hg.), Hitler, Mein Kampf. Eine kritische Edition, Band II, München u. a. 2016, S. 959 ff. Zitiert: HITLER Mein Kampf II, S. 959.

JAKOBS, GÜNTHER, Hans Welzel †, NJW 1977, S. 1186–1187.

DERS., Welzels Bedeutung für die heutige Strafrechtswissenschaft, in Wolfgang Frisch u. a. (Hg.), Lebendiges und Totes in der Verbrechenslehre Hans Welzels, Tübingen 2015, S. 257–275.

JULIUS, KARL-PETER, Diskussionsbeiträge der Strafrechtslehrertagung 2003 in Bayreuth, ZStW 115 (2003), S. 671–703.

KAUFMANN, ARMIN, Hans Welzel zum Gedenken, in Gerhard Dornseifer u. a. (Hg.), Strafrechtsdogmatik zwischen Sein und Wert. Gesammelte Aufsätze und Vorträge, Köln u. a. 1982, S. 279–293. Zitiert: ARMIN KAUFMANN Hans Welzel zum Gedenken, S. 279 (280).

DERS., Nachruf auf Hans Welzel, in Rheinisch-Westfälische Akademie der Wissenschaften (Hg.), Jahrbuch 1977, S. 43–45. Zitiert: ARMIN KAUFMANN Nachruf, S. 43.

KLEE, ERNST, Was sie taten – Was sie wurden. Ärzte, Juristen und andere Beteiligte am Kranken- oder Judenmord, Frankfurt am Main 1986.

DERS., Wo die Täter Opfer spielten, war für die wirklichen Opfer kein Platz. Über die Strafverteidigung von Nazi-Verbrechern, in Lorenz Böllinger, Rüdiger Lautmann (Hg.), Vom Guten, das noch stets das Böse schafft. Kriminalwissenschaftliche Essays zu Ehren von Herbert Jäger, Frankfurt am Main 1993, S. 15–32. Zitiert: E. KLEE FS Jäger, S. 15.

DERS., „Euthanasie" im NS-Staat. Die „Vernichtung lebensunwerten Lebens", 11. Auflage, Frankfurt am Main 2004.

KLEINHEYER, GERD, Gedenkansprache anlässlich der Gedenkfeier der Rheinischen Friedrich-Wilhels-Universität Bonn, in Gerd Kleinheyer, Friedrich Nowakowski, In memoriam Hans Welzel. Reden, gehalten am 10. Februar 1978 bei der Gedenkfeier der Rheinischen Friedrich-Wilhelms-Univeristät Bonn, Bonn 1981, S. 7–8. Zitiert: KLEINHEYER In memoriam Hans Welzel, S. 7.

KOPPEL, WOLFGANG (Hg.), Ungesühnte Nazijustiz. Hundert Urteile klagen ihre Richter an, Karlsruhe 1960.

KUBICIEL, MICHAEL, „Welzel und die Anderen". Positionen und Positionierungen Welzels vor 1945, in Wolfgang Frisch u. a. (Hg.), Lebendiges und Totes in der Verbrechenslehre Hans Welzels, Tübingen 2015, S. 135–155.

KUHLEN, LOTHAR, Die Unterscheidung von vorsatzausschließendem und nichtvorsatzausschließendem Irrtum, Frankfurt am Main 1987.

KUKIELKA, KAROLINA/WALTER, TONIO, Vergangenheitsbewältigung durch Strafrecht? Der Einsatzgruppen-Prozess von Ulm, in Thomas Vormbaum (Hg.), Jahrbuch der Juristischen Zeitgeschichte, Band 14 (für 2013) 2014, S. 61–68. Zitiert: KUKIELKA/T. WALTER JJZG 14 (2014), S. 61.

LANGER, WINRICH, Vorsatztheorie und strafgesetzliche Irrtumsregelung – Zur Kompetenzabgrenzung von Strafgesetzgebung, Verfassungsgerichtsbarkeit und Strafrechtswissenschaft –, GA 1976, S. 193–218.

LANG-HINRICHSEN, DIETRICH, Zur Problematik der Lehre von Tatbestands- und Verbotsirrtum, JR 1952, S. 184–192.

DERS., Tatbestandslehre und Verbotsirrtum (Zur Entscheidung des Bundesgerichtshofs über den Verbotsirrtum vom 18. 3. 52), JR 1952, S. 302–307 und S. 356–358.

LICHTENSTEIN, HEINER, NS-Prozesse – viel zu spät und ohne System, Aus Politik und Zeitgeschichte 1981, B 9–10, S. 3–13.

LOOS, FRITZ, Hans Welzel (1904–1977). Die Suche nach dem Überpositiven im Recht, in Ders. (Hg.), Rechtswissenschaft in Göttingen. Göttinger Juristen aus 250 Jahren, Göttingen 1987, S. 486–509.

DERS., Hans Welzel (1904–1977), JZ 2004, S. 1115–1119.

MARXEN, KLAUS, Der Kampf gegen das liberale Strafrecht. Eine Studie zum Antiliberalismus in der Strafrechtswissenschaft der zwanziger und dreißiger Jahre, Berlin 1975. Zitiert: MARXEN Kampf, S. 1.

DERS., Die rechtsphilosophische Begründung der Straftatlehre im Nationalsozialismus. Zur Frage der Kontinuität strafrechtswissenschaftlichen Denkens, in Hubert Rottleuthner (Hg.), Recht, Rechtsphilosophie und Nationalsozialismus. Vorträge aus der Tagung der deutschen Sektion der internationalen Vereinigung für Rechts- und Sozialphilosophie (IVR) in der Bundesrepublik Deutschland vom 11. Und 12. Oktober 1982 in Berlin (West), Wiesbaden 1983, S. 55–64. Zitiert: MARXEN Straftatlehre im NS, S. 55.

DERS., Das Problem der Kontinuität in der neueren deutschen Strafrechtsgeschichte, KritV 1990, S. 287–298.

MATUS ACUNA, JEAN PIERRE, Nacionalsocialismo y derecho penal. Apuntes sobre el caso de H. Welzel. Un homenaje tardío a Joachim Vogel, ZIS 2014, 622–628.

MAYER, HELLMUTH, Der Bundesgerichtshof über das Bewusstsein der Rechtswidrigkeit. Zu BGH GSSt 2/51 v. 8. 3. 1952, MDR 1952, 392–394.

DERS., Strafrecht. Allgemeiner Teil, Stuttgart, Köln 1953. Zitiert: H. MAYER Strafrecht AT, S. 1.

MEINHARDT, GÜNTHER, Die Universität Göttingen. Ihre Entwicklung und Geschichte von 1734–1974, Göttingen u. a. 1977.

MEZGER, EDMUND, Moderne Wege der Strafrechtsdogmatik, Berlin 1950.

DERS., Unrechtsbewusstsein im Strafrecht, NJW 1951, S. 500–503.

DERS., Fiktion und Analogie beim sog. Verbotsirrtum, NJW 1951, S. 869–870.

MÜLLER, INGO, Furchtbare Juristen. Die unbewältigte Vergangenheit unserer Justiz, München 1987.

NAUCKE, WOLFGANG, NS-Strafrecht als Teil einer längeren Entwicklungslinie im Strafrecht?, in Franz Jürgen Säcker (Hg.), Recht und Rechtslehre im Nationalsozialismus. Ringvorlesung der Rechtswissenschaftlichen Fakultät der Christian-Albrechts-Universität zu Kiel, Baden-Baden 1992, S. 233–240.

NEHMER, BETTINA, Die Täter als Gehilfen? Zur Ahnung von Einsatzgruppenverbrechen, in Redaktion Kritische Justiz (Hg.), Die Juristische Aufarbeitung des Unrechts-Staats, Baden-Baden 1998, S. 635–668.

PAULI, GERHARD, Die Rechtsprechung des Reichsgerichts in Strafsachen zwischen 1933 und 1945 und ihre Fortwirkung in der Rechtsprechung des Bundesgerichtshofes, Berlin u. a. 1992.

PAWLIK, MICHAEL, Die Aufgabe des Strafrechts und die Legitimation von Strafe bei Welzel, in Wolfgang Frisch u. a. (Hg.), Lebendiges und Totes in der Verbrechenslehre Hans Welzels, Tübingen 2015, S. 49–67.

PUPPE, INGEBORG, Tatirrtum, Rechtsirrtum, Subsumtionsirrtum, GA 1990, S. 145–182.

RADBRUCH, GUSTAV, Anmerkung zu OLG Frankfurt, Urteil vom 12. 08. 1947, Ss 92/47, SJZ 1947, Sp. 633–636.

RAIM, EDITH, Der Wiederaufbau der Justiz in Westdeutschland und die Ahndung von NS-Verbrechen in der Besatzungszeit 1945–1949, in Martin Löhnig u. a. (Hg.), Krieg und Recht. Die Ausdifferenzierung des Rechts von der ersten Haager Friedenskonferenz bis heute, Regenstauf 2014, S. 69–86.

ROESEN, ANTON, Rechtsfragen der Einsatzgruppenprozesse, NJW 1964, S. 133–136 und S. 1111–1112.

ROXIN, CLAUS, Strafrecht Allgemeiner Teil, Band I, Grundlagen. Der Aufbau der Verbrechenslehre, 4. Auflage, München 2006.

RÜCKERL, ADALBERT, Die Strafverfolgung von NS-Verbrechen 1945–1978. Eine Dokumentation, Heidelberg u. a. 1979.

RUCKES, OTTILIE/UNGEFROREN, HEINZ, Die Wahrheit. Aufrichtigkeit und Vertrauen. Intrigen und Verleumdungen, Beselich 1996.

RÜTER, CHRISTIAAN FREDERIK/DE MILDT, DICK WELMOED (Hg.),
- Justiz und NS-Verbrechen. Sammlung deutscher Strafurteile wegen nationalsozialistischer Tötungsverbrechen 1945–1999, Bd. I–XXII, 2. Auflage, Amsterdam 2010 [Digitale Veröffentlichung 2012].
- Justiz und NS-Verbrechen. Sammlung deutscher Strafurteile wegen nationalsozialistischer Tötungsverbrechen 1945–1999, Bd. XXIII–XLVII, Amsterdam 1998–2011 [Digitale Veröffentlichung 2012].
- Justiz und NS-Verbrechen. Sammlung deutscher Strafurteile wegen nationalsozialistischer Tötungsverbrechen 1945–2002, Bd. XLVIII, Amsterdam 2012 [Digitale Veröffentlichung 2012].

RÜTHERS, BERND, Entartetes Recht. Rechtslehren und Kronjuristen im Dritten Reich, 2. Auflage, München 1989.

DERS., Die Ideologie des Nationalsozialismus in der Entwicklung des deutschen Rechts von 1933 bis 1945, in Franz Jürgen Säcker (Hg.), Recht und Rechtslehre im Nationalsozialismus. Ringvorlesung der Rechtswissenschaftlichen Fakultät der Christian-Albrechts-Universität zu Kiel, Baden-Baden 1992, S. 17–36.

DERS., Die unbegrenzte Auslegung. Zum Wandel der Privatrechtsordnung im Nationalsozialismus, 7. Auflage, Tübingen 2012.

DERS./FISCHER, CHRISTIAN/BIRK, AXEL, Rechtstheorie mit Juristischer Methodenlehre, 9. Auflage, München 2016.

DERS./SCHMITT, MARTIN, Die juristische Fachpresse nach der Machtergreifung der Nationalsozialisten, JZ 1988, S. 369–377.

SCHAFFSTEIN, FRIEDRICH, Putative Rechtfertigungsgründe und finale Handlungslehre, MDR 1951, S. 196–200.

SCHMIDHÄUSER, EBERHARD, Der Verbotsirrtum und das Strafgesetz (§ 16 I Satz 1 und § 17 StGB). Zugleich zum Beschluss des Bundesverfassungsgerichts vom 17. 12. 1975 über die Verfassungsmäßigkeit des § 17 StGB: JZ 1976, 91, BVerfGE 41, 121, JZ 1979, S. 361–369.

SCHMIDT, EBERHARD, Anmerkung zu OLG Oldenburg, Urteil vom 20. 06. 1950, Ss 59/50 (= SJZ 1950, Sp. 834), SJZ 1950, Sp. 837–840.

SCHMIDT-LEICHNER, ERICH, Zur Problematik der Irrtumslehre, GA 1954, S. 1–11.

SCHÖNE, W., Welzel, Hans (1904–1977), in Michael Stolleis (Hg.), Juristen. Ein biographisches Lexikon. Von der Antike bis zum 20. Jahrhundert, München 2001, S. 667–668.

SCHÖNKE, ADOLF, Unrechtsbewusstsein, Vorsatz und Irrtum, DRZ 1946, S. 101–102.

DERS., Strafgesetzbuch. Kommentar, 4. Auflage, München u. a. 1949. Zitiert: SCHÖNKE StGB § 1 I 1 a (S. 1).

SCHÖNKE, ADOLF/SCHRÖDER, HORST, Strafgesetzbuch, Kommentar, 29. Auflage, München 2014. Zitiert: BEARBEITER S/S § 1 Rn. 1.

SCHREIBER, HANS-LUDWIG, Hans Welzel 70 Jahre, NJW 1974, S. 735.

SCHRÖDER, HORST, Vorsatz und Schuld, MDR 1950, S. 646–650.

DERS., Tatbestands- und Verbotsirrtum, MDR 1951, S. 387–390.

SCHRÖDER, IMKE, Zur Legitimationsfunktion der Rechtsphilosophie im Nationalsozialismus. Kontinuität und Diskontinuität rechtsphilosophischer Lehren zwischen Weimarer Republik und NS-Zeit, Frankfurt am Main u. a. 2002.

SCHROTH, ULRICH, Vorsatz und Irrtum, München 1998.

SCHUBERT, WERNER/REGGE, JÜRGEN (Hg.), Quellen zur Reform des Straf- und Strafprozessrechts, II. Abteilung: NS-Zeit (1933–1939) – Strafgesetzbuch, Band 2, Protokolle der Strafrechtskommission des Reichsjustizministeriums, 1. Teil, 1. Lesung. Allgemeiner Teil. Besonderer Teil (Tötung, Abtreibung, Körperverletzung, Beleidigung, Staatsschutzdelikte), Berlin u. a. 1988. Zitiert: SCHUBERT/REGGE Quellen II/2.1, S. 1.

SCHUMANN, EVA, Die Göttinger Rechts- und Staatswissenschaftliche Fakultät 1933–1955, in Dies. (Hg.), Kontinuitäten und Zäsuren. Rechtswissenschaft und Justiz im „Dritten Reich" und in der Nachkriegszeit, Göttingen 2008, S. 65–121. Zitiert: SCHUMANN Göttinger Rechtsfakultät, S. 65.

DIES., Die juristischen Fakultäten in der NS-Zeit. Ein Überblick über den Forschungsstand und konzeptionelle Überlegungen zur Aufarbeitung, in Thilo Ramm, Stefan Chr. Saar (Hg.), Nationalsozialismus und Recht. Erste Babelsberger Gespräche, Baden-Baden 2014, S. 39–154. Zitiert: SCHUMANN Juristische Fakultäten, S. 39.

STICHT, OLIVER, Sachlogik als Naturrecht? Zur Rechtsphilosophie Hans Welzels (1904–1977), Paderborn u. a. 2000.

STOLLEIS, MICHAEL, Gemeinwohlformeln im nationalsozialistischen Recht, Berlin 1974.

DERS., Geschichte des öffentlichen Rechts in Deutschland, Band III, Staats- und Verwaltungsrechtswissenschaft in Republik und Diktatur 1914–1945, München 1999.

STRATENWERTH, GÜNTER, Hans Welzel †, JZ 1977, S. 530.

DERS., Hans Welzel, in Deutsche Sektion der Internationalen Vereinigung für Rechts- und Sozialphilosophie (IVR) und Deutschen Gesellschaft für Philosophie (DGPhil) (Hg.), Enzyklopädie zur Rechtsphilosophie, http://www.enzyklopaedie-rechtsphilosophie.net/inhaltsverzeichnis/19-beitraege/83-welzel-hans, abgerufen am 06.08.2016. Zitiert: STRATENWERTH Hans Welzel, Rn. 1.

STUCKENBERG, CARL-FRIEDRICH, Vorsatz, Unrechtsbewusstsein, Irrtumslehre, in Wolfgang Frisch u. a. (Hg.), Lebendiges und Totes in der Verbrechenslehre Hans Welzels, Tübingen 2015, S. 87–109.

SUNNUS, MICHAEL, Der NS-Rechtswahrerbund (1928–1945). Zur Geschichte der nationalsozialistischen Juristenorganisation, Frankfurt am Main u. a. 1990.

TISCHLER, WERNER GEORG, Verbotsirrtum und Irrtum über normative Tatbestandsmerkmale. Dogmengeschichte eines Abgrenzungsproblems, Berlin 1984.

VOGEL, JOACHIM, Einflüsse des Nationalsozialismus auf das Strafrecht, Berlin 2004.

VORMBAUM, THOMAS, Erläuterung zu Friedrich Schaffstein, Das Verbrechen als Rechtsgutsverletzung?, in Ders. (Hg.), Strafrechtsdenker der Neuzeit, Baden-Baden 1998, S. 633–634. Zitiert: VORMBAUM Strafrechtsdenker der Neuzeit, S. 633.

DERS., Einführung in die moderne Strafrechtsgeschichte, 3. Auflage, Berlin u. a. 2016. Zitiert: VORMBAUM Moderne Strafrechtsgeschichte, S. 1.

WAGNER, HEINZ, Das Strafrecht im Nationalsozialismus, in Franz Jürgen Säcker (Hg.), Recht und Rechtslehre im Nationalsozialismus. Ringvorlesung der Rechtswissenschaftlichen Fakultät der Christian-Albrechts-Universität zu Kiel, Baden-Baden 1992, S. 141–184.

WALDOW, JÖRG ERNST AUGUST, Der strafrechtliche Ehrenschutz in der NS-Zeit, Baden-Baden 2000.

WALTER, TONIO, Der Kern des Strafrechts. Die allgemeine Lehre vom Verbrechen und die Lehre vom Irrtum, Tübingen 2006.

DERS., Der Ulmer Einsatzgruppen-Prozess – eine Urteilsanalyse, in Martin Löhnig, u. a. (Hg.), Krieg und Recht. Die Ausdifferenzierung des Rechts von der ersten Haager Friedenskonferenz bis heute, Regenstauf 2014, S. 123–149.

WAPLER, FRIEDERIKE, Werte und das Recht. Individualistische und kollektivistische Deutungen des Wertbegriffs im Neukantianismus, Baden-Baden 2008.

WEBER, HELLMUTH VON, Der Irrtum über einen Rechtfertigungsgrund, JZ 1951, S. 260–263.

DERS., Grundriss des deutschen Strafrechts, 2. Auflage, Bonn 1948.

WEGNER, ARTHUR, Über Irrtum. Seine Behandlung in Strafrechtsprechung und Strafrechtslehre, in Hans Peter Ipsen (Hg.), Festschrift für Leo Raape zu seinem 70. Geburtstag, Hamburg 1948, S. 401–421. Zitiert: WEGNER FS Raape, S. 401.

WERLE, GERHARD, Der Holocaust als Gegenstand der bundesdeutschen Strafjustiz, NJW 1992, S. 2529–2535.

WESSELS, JOHANNES/BEULKE, WERNER/SATZGER HELMUT, Wessels/Beulke/Satzger. Strafrecht Allgemeiner Teil. Die Straftat und ihr Aufbau, 46. Auflage, Heidelberg 2016. Zitiert: BEULKE/SATZGER W/B/S, Rn. 1.

WINKLER, VIKTOR, Der Kampf gegen die Rechtswissenschaft. Franz Wieackers „Privatrechtsgeschichte der Neuzeit“ und die deutsche Rechtswissenschaft des 20. Jahrhunderts, Hamburg 2014.

WINNEFELD, H., Bewusstsein der Rechtswidrigkeit und Vorsatz, DRZ 1947, S. 365–366.

WINTERFELD, ACHIM VON, Strafrechtsirrtum und Strafrechtsreform, JR 1950, S. 385–388.

WITTKE, STEFAN, Teilexkulpation von KZ-Tätern?, in Redaktion Kritische Justiz (Hg.), Die Juristische Aufarbeitung des Unrechts-Staats, Baden-Baden 1998, S. 547–594.

Register

Beiträge zur Rechtsgeschichte des 20. Jahrhunderts

herausgegeben von
Thomas Duve, Hans-Peter Haferkamp, Joachim Rückert
und Christoph Schönberger

Die Schriftenreihe *Beiträge zur Rechtsgeschichte des 20. Jahrhunderts* (BtrRG) wurde 1988 gegründet. Sie hat sich dank ihrer methodischen und thematischen Offenheit als wichtiges Forum für Forschungen zu Recht und Rechtsgeschichte des 20. Jahrhunderts etabliert. Aufgenommen werden Arbeiten zur Geschichte des Zivil- und Strafrechts, zum öffentlichen Recht und Sozialrecht, zur Geschichte der Rechtswissenschaft und der Justiz. Unweigerlich standen zunächst Unrecht und Recht des Nationalsozialismus im Vordergrund, aber bald kamen Wirtschafts- und Arbeitsrecht der Weimarer Zeit ebenso hinzu wie die zentralen Rechtsfragen der Nachkriegszeit beider deutscher Staaten. Zur Geschichte der Rechtswissenschaft haben zahlreiche Studien über Leben und Werk einflussreicher Juristen beigetragen.

ISSN: 0934-0955
Zitiervorschlag: BtrRG

Alle lieferbaren Bände finden Sie unter *www.mohrsiebeck.com/btrrg*

Mohr Siebeck
www.mohrsiebeck.com